QUANTITATIVE INVESTMENT AND RISK HEDGING
FROM STRATEGY TO PRACTICE

量化投资与风险对冲

策略到实战

[美] 姚威力（William Z. Yao） ◎著
宋光辉

机械工业出版社
CHINA MACHINE PRESS

成功且可持续的量化策略研发、执行、风险对冲工作一定是个系统化的工程。作者在本书中融合量化投资和风险对冲理论及多年境内外对冲基金实操经验,由浅入深地介绍了这个系统工程中三个主要组成部分:金融知识、策略逻辑、量化投资实操。读者可以通过本书建立起较全面的量化投资和风险对冲知识体系及入门行动路径。需要深入了解或从事量化投资工作的读者也能通过本书获得赢在起跑线上的必要条件。随着人工智能大模型等新技术的突破,量化能力可以赋能每一个人,量化投资也必将成为投资策略的主流。

本书既适合想学习或进入此领域的学生、量化爱好者、IT 人员、策略研发人员、主观投资经理、理财顾问等,也适合已经进入此领域的初、中级从业人员阅读。

北京市版权局著作权合同登记　图字:01-2024-4452 号。

图书在版编目（CIP）数据

量化投资与风险对冲：策略到实战 /（美）姚威力
(William Z. Yao), 宋光辉著. -- 北京：机械工业出版社, 2025.8. -- ISBN 978-7-111-78678-8
I. F830.59
中国国家版本馆 CIP 数据核字第 2025XZ5585 号

机械工业出版社（北京市百万庄大街 22 号　邮政编码 100037）
策划编辑：杨熙越　　　　　　　　　责任编辑：杨熙越　章承林
责任校对：高凯月　马荣华　景　飞　责任印制：常天培
北京联兴盛业印刷股份有限公司印刷
2025 年 9 月第 1 版第 1 次印刷
170mm×230mm・23.75 印张・358 千字
标准书号：ISBN 978-7-111-78678-8
定价：99.00 元

电话服务　　　　　　　　　　网络服务
客服电话：010-88361066　　　机 工 官 网：www.cmpbook.com
　　　　　010-88379833　　　机 工 官 博：weibo.com/cmp1952
　　　　　010-68326294　　　金 书 网：www.golden-book.com
封底无防伪标均为盗版　　　　机工教育服务网：www.cmpedu.com

市场喧嚣时，凭算法过滤噪音；
市场沉寂时，从数据挖掘价值。

致敬量化从业者，你们用量化模型和科学手段
来构筑市场理性的防波堤！

致谢家人、朋友、合作伙伴，
感谢一路的坚定支持和热情鼓励！

| 前　　言 |

在城堡投资集团工作的第一天，我坐在交易台环视周围对冲基金行业中的顶级交易员们，以及十米开外的基金创始人、芝加哥首富的办公室，心里是非常忐忑不安的。我能胜任这份工作吗？毕竟我的专业是物理，对投资和金融行业的了解仅限于股票的买卖操作。

那时量化投资并没有现在这么普及，也找不到什么书能让我快速学习这方面的知识。交易员们的工作都非常繁忙，他们交代我做事时基本上就是几句话，不会解释什么。我能做的也只是先答应下来，心里默念这些任务，后续再理解问题并四处寻找解决方案。他们的对话中充满了那些每一个字都知道，但放到一起我就不懂的术语。我也只能边开车边学习修理引擎。好在经过三个月紧张而高强度的工作之后，我已经可以及时应对他们大部分的请求了。但我还是感觉没有底气，不清楚这个领域都包括哪些工作，这些工作中还有哪些我没有触及。我需要的是系统的学习，在大脑中建立一个金融和投资知识框架。只有这样才可以将已经学习到的零散的知识点放到这个框架中牢记下来，并逐渐补足未触及的部分，最后将所有重要的知识融会贯通。进入城堡投资集团后的第二年，我决定申请芝加哥大学商学院的 MBA 项目来系统地学习。事实证明，这个选择对我的职业生涯非常有帮助。

量化投资是一个综合的跨学科领域，其中的关键岗位角色，如策略研发、投资管理、风险管理等都至少需要金融、数学及计算机技术三个方面的技能。所以拥有理工科背景的人更容易进入量化投资领域，但我看到一些文科教育背景的人通过自我学习在这个领域也取得了不错的成绩。毕竟不同的量化策略对这三个方面技能的要求深度是不同的，并不是所有策略都需要有高深的数学模型知识才能驾驭。量化投资初学者可以从金融、数学、计算机技术三个方面循序渐进地学习，在这个过程中找到自己最擅长的领域。

本书的定位是对量化投资和风险对冲的基本知识、执行体系框架、相关计算机技术进行介绍，让有任何知识背景的读者都能快速且系统地了解量化投资领域。无论你是准备进入量化投资领域，还是刚刚进入量化投资领域，通过本书都可以非常容易地确定你的工作方向，找到你欠缺的知识领域，完善它们，并将这一领域的知识与其他量化投资工作有机地结合成一体，融会贯通。我的职业生涯中经常会碰到一些量化从业人员在工作中出现低级错误，这实际上是因为他们对量化投资的基础框架缺乏系统化的了解。

本书分为三个部分，系统地介绍了量化投资和风险对冲的基本概念、量化投资策略的逻辑要点和量化投资实战工作，基本覆盖了量化投资和风险对冲在金融、数学模型和计算机技术三个方面的框架性知识。

第一部分走进量化投资与风险对冲的世界，介绍量化投资和风险对冲的基础知识，包括量化投资和风险对冲的定义、金融工具和金融市场、量化投资策略分类、投资策略绩效评估，以及量化投资执行体系。这部分没有复杂的金融理论和公式，适合所有对量化投资感兴趣的人，例如基金销售人员、财富管理人员、想进入或者刚进入量化投资的人员等。

第二部分挖掘量化投资策略的逻辑要点，本部分从策略逻辑、策略要点、策略特征、策略风险及对冲四个维度对常见的量化投资策略进行了介绍。依据策略的复杂程度，本部分在策略要点部分上的描述详细程度不同。如果你对个别策略中的公式和理论理解有困难，可以略过它们，只关注策略逻辑、策略特征、策略风险及对冲部分。

第三部分开启量化投资的实战之旅，本部分对策略系统、策略数据、策略程序研发进行了介绍。量化投资各阶段的工作中至少有一部分是通过计算机程序来实现的。量化从业人员要选择至少一门计算机语言学习并熟练掌握。我们推荐量化初学者使用 Python 进行数据研究、策略研发和策略执行。如果你只是想了解量化投资和风险对冲的框架性知识，并不想做策略研发，那么可以简略浏览这一部分。因为在量化投资相关领域工作，即使不做策略程序开发，也经常需要参加与策略系统相关的讨论，那么对系统的概要性理解也是必要的。

本书通过上述三个部分的层层递进，让读者对量化投资和风险对冲的整体框架和要点有了初步的理解，为后续进一步开展量化投资和风险对冲方面的工作打下了坚实的知识基础。

量化投资是传统投资方法的自然进化。科学技术能促进各行各业进行革命性变革，投资领域未来也必将越来越多地使用量化和科技的手段。这一发展趋势不可避免，所以量化投资知识对于投资领域从业人员而言是不可或缺的。希望读者能够以本书为起点，进入一个崭新的、科学的、量化的投资世界。

姚威力

2025 年 5 月

| 目　　录 |

前言

第一部分　走进量化投资与风险对冲的世界

第 1 章　量化投资概述 / 2

1.1　引言 / 2

1.2　什么是量化投资 / 4

1.3　量化投资相关概念 / 10

1.4　量化投资策略的优势和局限性 / 16

1.5　风险对冲与 Alpha / 18

1.6　量化投资从业技能要求 / 19

1.7　小结 / 21

第 2 章　量化投资基础金融知识 / 22

2.1　引言 / 22
2.2　金融工具种类 / 23
2.3　金融工具相关知识 / 32
2.4　金融市场和交易所 / 35
2.5　小结 / 37

第 3 章　量化投资策略分类体系 / 38

3.1　引言 / 38
3.2　量化投资策略的分类 / 38
3.3　对冲基金与量化策略 / 41
3.4　其他投资策略分类方法 / 43
3.5　小结 / 44

第 4 章　投资风险管理 / 46

4.1　引言 / 46
4.2　风险管理框架 / 47
4.3　风险管理策略制定 / 49
4.4　风险计量 / 50
4.5　风险监控 / 56
4.6　风险对冲 / 57
4.7　小结 / 59

第 5 章　投资策略绩效评估 / 60

5.1　引言 / 60
5.2　以单位净值为基础的指标计量 / 62
5.3　以交易流水为基础的指标计量 / 71

5.4 基于指标的绩效评估 / 74

5.5 归因分析 / 77

5.6 小结 / 80

第 6 章 量化投资执行体系 / 82

6.1 引言 / 82

6.2 量化投资全过程 / 83

6.3 量化体系中的角色及工作职责 / 91

6.4 软硬件资源 / 93

6.5 交易环境 / 94

6.6 小结 / 95

第二部分 挖掘量化投资策略的逻辑要点

第 7 章 因子策略 / 98

7.1 引言 / 98

7.2 因子理论 / 99

7.3 因子类型 / 101

7.4 因子挖掘 / 105

7.5 策略模型构建 / 114

7.6 策略回测与策略评估 / 115

7.7 小结 / 115

第 8 章 股票策略 / 116

8.1 引言 / 116

8.2 股票因子策略 / 117

8.3 指数增强策略 / 120

8.4 统计套利策略 / 123

8.5 股票多空策略 / 126

8.6 事件驱动策略 / 128

8.7 ETF 套利策略 / 132

8.8 小结 / 135

第 9 章 期货策略 / 136

9.1 引言 / 136

9.2 量化 CTA 策略 / 137

9.3 期现套利策略 / 141

9.4 跨期套利策略 / 144

9.5 跨品种套利策略 / 147

9.6 小结 / 150

第 10 章 期权策略 / 151

10.1 引言 / 151

10.2 期权基础理论 / 152

10.3 平价套利策略 / 165

10.4 波动率策略 / 167

10.5 方向性策略 / 175

10.6 小结 / 181

第 11 章 债券策略 / 182

11.1 引言 / 182

11.2 债券基础理论 / 183

11.3 久期策略 / 198

11.4 骑乘策略 / 201

11.5 利差策略 / 203

11.6 小结 / 206

第 12 章 可转债策略 / 207

12.1 引言 / 207

12.2 可转债基础理论 / 208

12.3 可转债套利策略 / 209

12.4 小结 / 212

第 13 章 高频策略 / 213

13.1 引言 / 213

13.2 高频策略概述 / 214

13.3 做市策略 / 215

13.4 高频套利策略 / 217

13.5 小结 / 219

第 14 章 组合及配置策略 / 220

14.1 引言 / 220

14.2 FOF 策略 / 221

14.3 MOM 策略 / 223

14.4 风险平价策略 / 225

14.5 小结 / 227

第 15 章 基于大数据与人工智能技术的策略 / 229

15.1 引言 / 229

15.2 大数据简介 / 230

15.3 人工智能简介 / 234

15.4　基于大数据和人工智能模型的量化策略 / 240

15.5　小结 / 246

第三部分　开启量化投资的实战之旅

第 16 章　量化投资编程 / 248

16.1　引言 / 248

16.2　编程语言与编程工具 / 249

16.3　Python 安装和运行 / 253

16.4　Python 常用库 / 270

16.5　数据库与 SQL 基础 / 278

16.6　小结 / 289

第 17 章　量化投资基础数据及衍生指标 / 290

17.1　引言 / 290

17.2　价格数据与成交量数据 / 293

17.3　基本面数据 / 300

17.4　公司行为数据 / 306

17.5　另类数据 / 310

17.6　数据来源 / 310

17.7　数据清洗、预处理与导入 / 313

17.8　小结 / 316

第 18 章　量化投资系统平台 / 317

18.1　引言 / 317

18.2　市场上的量化投资平台 / 319

18.3　量化投资平台组成模块 / 319

18.4 策略数据输入模块 / 323

18.5 通用数据管理模块 / 325

18.6 策略回测与评估模块 / 328

18.7 策略执行与管理模块 / 331

18.8 小结 / 337

第 19 章 量化投资全流程示例 / 338

19.1 引言 / 338

19.2 策略研发 / 339

19.3 策略模拟盘运行 / 361

19.4 策略实盘运行 / 363

19.5 策略盘后分析和管理 / 363

19.6 策略优化及拓展 / 364

19.7 小结 / 365

| 第一部分 |

走进量化投资与
风险对冲的世界

| 第 1 章 |

量化投资概述

1.1 引言

在国外投资管理行业中,量化投资的主力军对冲基金是高端投资者最热衷配置的投资品种。表现良好的对冲基金管理人使用复杂的投资策略赚取稳定的市场超额收益。他们稳居投资管理行业金字塔的顶端。对冲基金管理人既可以收取基本管理费,也可以对基金超额收益提成,在为客户赚取巨额收益的过程中赚得盆满钵满。2022 年,全球规模排名前十的对冲基金公司中,前七位都将量化投资策略作为主要的投资策略。

作为国内的新兴投资策略,量化投资在中国资产管理领域蓬勃发展,其中的主导力量,与国外对冲基金形式相似的量化私募,其基金管理规模在 2018—2023 年不到五年的时间里增长了 3 倍,从 4000 亿元增长到了 16 000 亿元以上。同时,量化投资基金也为投资者交付了靓丽的收益成绩单。国外的量化投资已经有近四十年的发展历史,而中国的量化投资出现还不到十年,中国的量化投资在规模和成熟程度上还有巨大的发展空间。

在讨论量化投资时,依据不同的视角和场景,量化投资可以指量化投资方法、量化投资理念、量化投资策略、量化投资风险管理、量化投资流程、量化基金等不同的主题。而作为投资者、基金销售人员、财富管理人员、策略研发人员、交易员或投资基金经理，最关注的就是量化投资作为一种投资方法论或者投资策略，以及与之相关的风险管理。

本书后续内容如果不特别解释，所使用的"量化投资"一词主要从"量化投资策略"（量化策略）或"量化投资方法论"的视角来讲解。

量化投资策略是投资策略的一种，其他投资策略大类还有主观投资、技术分析等。

量化投资策略是相对于主观投资策略来说的。主观投资策略由来已久，主要依赖投资经理、交易员的主观判断来做出投资决策。量化投资策略则主要依据计算机和模型做出投资决策。

量化投资策略是信息技术革命后主观投资策略的自然进化。实际上很多量化投资策略来自主观投资策略的抽象化和模型化提炼，并用计算机技术进行逻辑复制，进而成为量化投资策略。技术分析投资策略如果不只是依赖人工分析图表，而是用计算机完成数据分析，甚至下单交易，它也就转换成了量化投资策略。

因为量化投资过程中使用了让人生畏的数学或金融模型和计算机程序，对于没有学习过这些理论的普通人来说，其获得收益的原因也就非常神秘，也容易让想要进入量化投资领域的人望而却步。但随着人工智能技术的成熟和其在量化投资过程中的应用，量化投资会逐渐占据投资策略的主导地位，所以无论你是否在量化行业中工作，都有必要了解量化投资的基本概念和原理。我们既不能神化量化投资，又不能低估投资策略的量化趋势。

不同的投资策略就如同武侠小说里面不同的武林门派。武林中存在着众多门派，量化投资只是其中一种。量化投资策略内部也分为不同的门派，每个门派专注的武功都不太一样，其中，部分武功非常容易理解，而部分武功看起来就非常神秘，但任何一类武功练到极致，都可以一招制敌，战胜对手。量化投资策略有简单的，也有复杂的，但简单的策略不一定比复杂的策略表现差，不同场景下要找到适当的策略。

本章我们来介绍量化投资的基本概念、与其他投资策略的异同点，并对市场上与量化投资相关的概念，如风险对冲、程序化交易、算法交易等进行解释。

1.2 什么是量化投资

根据投资交易的时间我们一般将投资过程分成投前、投中、投后等不同阶段。在不同的阶段需要执行不同的工作。

量化投资方法的一个重要特点就是在投前、投中或投后的过程中使用包含数学或金融模型的计算机程序来协助或者完全替代人的工作。这里，计算机程序实现的数学或者金融模型可以非常简单，也可以非常复杂。

主观投资策略只是依据个人经验、投资理念和大脑内的推演做出投资决策，一般不需要复杂的数学模型，也不需要编制计算机程序，它们依赖人的大脑直接进行信息处理、判断和决策。主观投资策略和基于行情图表的人工技术分析策略在计算机技术普遍应用到投资行业之前就被广泛使用了。

从过程的视角来看，量化投资包括策略研发、策略模拟盘运行、策略实盘运行，以及这三个阶段中的风险管理、资金管理、策略评估、策略生命周期管理等整个量化投资研发和执行过程。策略评估是对策略的表现进行评估，并做出是否终止或者暂停的策略管理决策，它贯穿策略研发、策略模拟盘运行和策略实盘运行三个阶段。本书将介绍这些过程，并以策略为主线让读者能够开始研发和执行简单的量化投资策略。

我们可以从策略研发及策略执行的视角来定义量化投资策略：

量化投资策略是基于金融、数学模型，或者市场规则，利用计算机技术来对历史或者实时数据进行定量分析，发现因果规律，做出有关买卖的投资标的、买卖时间/价格及投资组合权重的一种或者多种投资决策，并依据这些决策执行交易，最终实现收益的一种投资策略。

在量化投资的三个阶段中，量化策略研发作为量化投资过程的核心部分，包括策略思想和原型构建、策略回测、策略评估等部分，它是驱动量化投资获取收益的首要工作。量化投资策略强调使用模型和计算机技术，以避免人为主观判断，从而自动化地实现各个投资步骤。

策略运行和决策输出是策略执行全流程中重要的步骤，它又可以细分为四个部分：获取策略的输入数据、设定策略执行的参数、运行策略模型进行分析处理、输出策略的决策。后续策略执行部分将根据这些决策输出来执行交易，建立持仓。

具体来说：

- 数据输入（Data Input）：历史或者实时的数据。
- 参数设定（Parameter Set）：策略的限制条件，数学或金融模型的参数。
- 模型处理（Model Process）：编制包含数学或金融模型的计算机程序，有时算法也是模型的代名词，尤其是人工智能领域，大家更喜欢用算法这个词。
- 决策输出（Model Output）：输出下面一种或者多种决策：①选取的投资标的（如选出来的股票代码）；②择时信号（买卖时间、价格和仓位）；③选择恰当的权重构建投资组合。

举个简化了的经典的双均线量化投资策略的例子，让你对量化投资策略有一个基本的了解。

策略名称：双均线量化投资策略。

投资范围：沪深 300 指数成分股。

收益基准：$0.2\times$ 前一月平均活期存款利率 $+0.8\times$ 沪深 300 指数收益。

策略逻辑：用股票收盘价计算出来的短期（5 日）和长期（20 日）移动平均线的位置来判断股票是否形成中期价格上升或者下跌趋势，选择形成上升趋势的部分沪深 300 指数成分股进行投资，达到超越收益基准的目的。

站在今日收盘时点，对前 5 或前 20 交易日的股票收盘价进行计算得到 5 日移动平均线和 20 日移动平均线。①如果前期 5 日移动平均线低于 20 日移动平均线，那么当出现 5 日移动平均线跨越 20 日移动平均线时，就是价格上升趋势形成的时候，是买入该股票的信号。②反之，如果前期 5 日移动平均线在 20 日移动平均线上方，那么当某日 5 日移动平均线开始向下穿越 20 日移动平均线时，则被视为价格下跌趋势开启，是卖出该股票的信号。③如果没有①和②股票，则是空仓时刻，将资金进行逆回购操作以赚取无风险收益。

策略执行步骤：

1）从炒股软件或者三方数据公司获得当前沪深 300 指数所有成分股股票代码，以及这些股票的前 20 日收盘价格数据。

2）计算这些股票的 5 日和 20 日移动平均线。

3）然后根据 5 日和 20 日移动平均线之前的相对位置和是否穿越对方，标识出现买入和卖出信号的股票。把出现买入信号的股票作为投资目标。假设我们有 1000 万元资金，策略运行的第一天就是每只股票平均分配资金。根据分配的资金量计算出股数。一般要把股数取为 100 的整数。

4）假设策略开始的第一个周末我们编写了计算机程序，根据最新数据完成了上述步骤，得到了 10 只股票的代码和买入数量。周一开盘，我们就打开交易软件，手工输入这 10 只股票的买入指令。当然如果这个软件支持算法交易指令，我们也可以使用算法执行交易，这样当天就完成了全部买入。如果没有任何信号，我们就做 1 天的逆回购，赚取收益。

5）调仓流程：后续每一天收盘，我们计算移动平均线，如果已经持仓的股票出现了卖出信号，那就需要将这只股票卖出。同时看是否有新的股票出现买入信号，加上当前持有的股票，计算总体股数，然后把整体组合的现金＋持仓市值进行平均分配。如果股票持仓市值超越这个平均值就需要卖出，低于就需要买入，目标是调整每只股票的持仓使之等于或者接近平均值。

6）持续执行步骤1）—5）直到决定停止策略。

策略风险：

1）模型风险。这是一个非常简单的因子选股策略，实际上股票收益的驱动因素有很多，这个均线因子只反映很少的一部分因素。

2）市场风险。由于股票自身因素或者市场环境变化导致整体沪深300指数价格下跌，从而导致投资组合中的股票损失的风险。

3）集中度风险。由于出现买入或者卖出信号的股数不确定，可能只是选取了很少几只股票，集中度风险加剧，组合波动比指数波动剧烈得多。

4）操作风险。系统编程过程中可能存在没有在测试中发现的缺陷，运行过程中也可能出现错误，这会导致错误的策略决策和交易。

风险对冲：

对于上面描述的风险，我们可以使用股指期货来对冲市场环境变化导致的股票整体下跌的风险。每日计算持有的股票市值，根据这个市值卖出沪深300股指期货。注意如果执行股指对冲，在资金分配计算中要预留相应资金作为股指期货保证金。如果执行风险对冲，我们的收益取决于模型选出的股票是否能够跑赢大盘。跑赢部分，也就是常说的策略Alpha收益，是选股获得的收益减去大盘收益和对冲成本的收益。股指期货的升贴水也会影响对冲效果。

为了让读者对量化策略计算机程序实现有一些感性认识，下面给出了上述策略执行步骤的Python计算机程序实现。为了方便读者直接拷贝和运行下面的程序，这里只使用了三个模拟股票代码和价格数据。你不用担心对这个策略的量化名词、流程及程序细节不熟悉，后续章节会解释这些。为了简化，这里没有包括策略研发过程中必要的策略回测步骤，而是直接进行策略执行。

```
import pandas as pd
import numpy as np

# 假设的数据集，包含股票代码和前20个交易日的收盘价
# 实际上，这里应使用真实数据获取手段
```

```python
stocks_data = {
    "code": ["000001", "000002", "000003"],
    "close": [
        [20.0, 21.0, 22.0, 23.0, 24.0, 23.0, 22.0, 21.0, 20.0, 19.0, 18.0,
            17.0, 16.0, 15.0, 14.0, 13.0, 12.0, 11.0, 10.0, 9.0],
        [10.0, 11.0, 12.0, 13.0, 14.0, 15.0, 16.0, 17.0, 18.0, 19.0, 20.0,
            21.0, 22.0, 23.0, 24.0, 25.0, 26.0, 27.0, 28.0, 29.0],
        [5.0, 5.0, 5.0, 5.0, 5.0, 5.0, 5.0, 5.0, 5.0, 5.0, 5.0,
            5.0, 5.0, 5.0, 5.0, 5.0, 5.0]
    ]
}

# 初始化数据框
df_stocks = pd.DataFrame(stocks_data)

# 计算 5 日和 20 日移动平均线
df_stocks['MA5'] = df_stocks['close'].apply(lambda x: pd.Series(x).
    rolling(window=5).mean().iloc[-1])
df_stocks['MA20'] = df_stocks['close'].apply(lambda x: pd.Series(x).
    rolling(window=20).mean().iloc[-1])

# 标识买卖信号
def signal(row):
    if row['MA5'] > row['MA20']:
        return 'buy'
    elif row['MA5'] < row['MA20']:
        return 'sell'
    else:
        return 'hold'
df_stocks['signal'] = df_stocks.apply(signal, axis=1)

# 初始资金
initial_capital = 1000000    # 每日收盘后更新这个数字为账户总金额

# 根据信号获得股票列表
buy_signals = df_stocks[df_stocks['signal'] == 'buy']
num_stocks_buy=0
capital_per_stock =0
if len(buy_signals)>0:
    num_stocks_buy=len(buy_signals)
    capital_per_stock = initial_capital / num_stocks_buy

stocks_to_buy = []
sell_signals = df_stocks[df_stocks['signal'] == 'sell']
stocks_to_sell = []

for index, row in buy_signals.iterrows():
    shares = int(capital_per_stock / row['close'][-1] / 100) * 100
```

```python
        stocks_to_buy.append((row['code'], shares))

# 我们不做空，只对持仓卖出，所以这里只是显示卖出信号，具体股数需要根据目前持仓决定
for index, row in sell_signals.iterrows():
    shares = "1"
    stocks_to_sell.append((row['code'], shares))

print(" 卖出的股票代码 :")
print(stocks_to_sell)

print(" 买入的股票代码及数量 :")
print(stocks_to_buy)
```

运行结果会提示你应该卖出的股票代码，以及买入的股票代码和股数，你可以根据这个提示，打开经纪商交易终端，通过手工交易来构建初始持仓和后续调整股票的组合。注意，每天计算前使用你经纪商交易终端上的市值＋现金来设定 initial_capital 变量。

```
卖出的股票代码 :
[('000001', '1')]
买入的股票代码及数量 :
[('000002', 34400)]
```

注意，这里我们不关心 5 日移动平均线和 20 日移动平均线之前的相对位置，只看当前哪一根均线在上面。这是因为我们的策略开始时，某些股票已经形成了趋势，我们只是补仓而已。

在以上程序注释的描述中：

- 数据输入：包括沪深 300 指数成分股股票代码，以及它们前 20 日的每日收盘价。
- 参数设定：包括投资范围、收益基准。投资范围限定了投资标的。投资标的就是策略要投资的资产品种，比如这里的投资标的是股票，如果投资策略是应用在大宗商品期货上，投资标的指的就是期货。
- 模型处理：包括步骤 2）—5）的工作。这个例子中的模型非常简单，只是计算了移动平均线和每只股票的资金分配。
- 决策输出：包括买入或者卖出信号，根据资金配比，计算出每只买入股票的交易数量。

实际上，很多技术分析的投资者也使用这个逻辑，只是通过炒股软件看均线，然后在计算器上算一下买卖多少股股票，不需要编制任何程序。但稳定的实盘策略可以变得非常复杂，只能使用计算机程序来完成这些计算和监控，甚至交易的执行。

我们也可以用通俗的语言来定义量化投资这个概念：

量化投资是使用包括了数学和金融模型的计算机程序对数据进行分析处理和制定投资决策并执行的一种投资方法。

上面提到的量化投资策略执行过程中涉及的四个部分是输入的数据、设定的参数、处理的模型和产生的决策输出。量化投资就是一个在这四个部分中通过策略回测、策略评估等手段不断优化的过程。这也是当你想了解一个新的投资策略时需要提问的四个部分，知道这四个部分的信息也就在一定程度上明白了这个投资策略的核心特征。

量化投资是一个跨学科的领域，从事量化投资策略的研发，至少需要了解金融、数学和计算机技术三个领域的知识。同时依据策略的复杂程度，这三个领域需要的技能深度也不同。

1.3 量化投资相关概念

1.3.1 量化投资与主观投资、技术分析

量化投资策略是众多投资策略的一种，其他投资策略大类上还有主观投资和技术分析。我们举个例子来说明量化投资与主观投资、技术分析的异同点。

三个投资者在券商开了股票交易账户，各自转了 10 万元进入交易账户，要做出明天买入哪只股票的决策。

- 投资者 A 阅读了很多上市公司的新闻和年报，最后根据自己的思维和决策框架决定买入一只头部半导体行业的股票。
- 投资者 B 之前学过看股票 K 线的规律，他做的事情是打开炒股软件，挨个看股票的价格走势，最后也决定买入相同的头部半导体行业的股票。

- 投资者 C 之前学过计算机编程和公司财务课程，他编写了一个计算机程序，从外部数据源读取所有公司财务信息，并对财务指标进行打分排序，最后得到的结论是买入这只头部半导体行业的股票。

我们看到投资者 A、B、C 的目的相同，结果相同，但采用的手段是不同的。实际上这个例子就以最简单的形式代表了投资策略的三大流派：主观投资、技术分析、量化投资。这三个流派实际上是有交叉重叠的，这些交叉重叠的部分又可以形成新的细分策略，比如投资者 C 用基本面分析的原理，但使用量化手段来分析，这是量化基本面策略（Quantamental），而如果是用计算机程序来帮助分析技术指标和 K 线（技术分析），技术分析策略也就变成了量化投资策略。

主观投资是指投资者根据自己的判断和经验，对市场、行业、公司等进行分析和预测，从而制定投资策略和决策的一种投资方式。基本面分析是一种常见的主观投资方法，基本面分析通过对宏观经济、行业以及个股的发展、财务等进行框架性分析来制定投资决策。主观投资的优点是可以利用投资者的信息和远见，寻找被低估或成长性好的资产，获取超额收益。主观投资的缺点是受人性弱点的影响，容易受到贪婪和恐惧情绪的干扰，而且投资者的精力和能力有限，难以同时研究和管理大量股票。

技术分析是指利用历史价格、成交量等数据，通过图表、指标等工具，分析市场的供求关系，预测未来价格走势的一种分析方法。擅长技术分析的人在行业中被称为 Chartist（图表师），因为使用这个方法的投资者将大量时间花在分析股票图表上。技术分析假设历史价格走势蕴含未来驱动市场的因素，所以可以从过去的价格形态预测出未来的价格走势。技术分析的效果受市场有效性和参与者心理的影响，同时，技术图表的理解如果没有定量化，就会彻底变成主观投资的范畴。

量化投资是信息技术革命后主观投资方法的自然进化，在彻底取代主观投资成为主流投资策略之前，它可以作为主观投资的补充和延展。量化投资用计算机程序实现的数学或金融模型来复现历史，用模型程序替代人的大脑思考过程。目前，量化投资在衡量投资效率的很多指标上已经超越了主观投资。

编写量化投资策略的人被称为宽客（Quant），Quant 是 Quantitative（量化）的缩写。

技术分析如果不用定量的技术，就会与主观投资更为贴近，如果将技术分析理念加上量化分析方法进行回测和分析，技术分析实际上就变成了量化投资中的一种策略。

总的来说，这三个流派目标相同但手段不同。目标相同是指，都是为了获得投资收益；手段不同则体现在人工判断、人工图形分析，以及计算机量化模型分析与执行方面。

量化投资策略本身还会有更细致的分类，这一点我们将在第 3 章详细讲述。

1.3.2 程序化交易、算法交易、高频交易

程序化交易、算法交易、高频交易都是量化投资领域的术语，它们的共同点是都使用计算机进行交易，但具体细节上并不相同，它们有不同的侧重点和应用范围。下面我们将描述这几个基本概念。

- **程序化交易**：指的是利用计算机程序来自动执行交易指令的方式。程序化交易是计算机技术出现后手工交易的自然延伸。大多数散户投资者还是以主观决策、手工交易模式为主。
- **算法交易**：指的是根据一条或多条算法来决定交易的时机、数量、价格和方向的方式。执行中根据市场情况，将大笔订单分成小单逐步成交。算法交易的常见方法有成交量加权平均价（Volume Weighted Average Price，VWAP）、时间加权平均价（Time Weighted Average Price，TWAP）、冰山策略（Iceberg Strategy）、跟量策略（Volume Participation，VP）等。算法交易的执行一般都是程序化的。
- **高频交易**：指的是利用高速的计算机系统和网络，以极短的时间间隔（从几微秒到几分钟不等）进行快速买卖交易。高频交易的目的是利用市场短暂的价格波动和套利机会来获利。

那么程序化交易、算法交易、高频交易与量化投资有什么关系呢？

首先，量化投资不等于程序化交易、算法交易或者高频交易。一般人对量化投资的最大误解是，将量化投资与程序化交易和高频交易等同。实际上量化投资领域非常广，虽然其中包括了交易执行步骤，但交易执行不一定必须使用算法交易或者程序化交易，也可以使用人工下单的方法。除非你的投资策略旨在捕捉非常短时间内的价格变化，这时手工交易速度太慢，无法满足要求，就必须使用程序化交易方式。高频交易在量化投资领域的占比较低，不能代表整个量化投资领域。

算法交易一般指通过计算机程序来执行买或者卖的订单交易。如果交易的是大单，则执行中根据市场情况，将大笔订单分成小单逐步成交，力求整体的交易成本低于单个大笔订单的交易成本。但它本身也可以独立作为一个投资策略，即事先选定一个投资标的，然后使用算法交易完成一系列完整的买卖操作来获得收益。算法交易又分为被动算法交易和主动算法交易两大类。被动算法交易有 TWAP、VWAP 等，会被动地跟随市场进行交易。主动算法交易对市场变动做一定预测，根据预测结果执行相关交易。

高频交易利用低延迟和高交易速度捕捉短时间内金融产品的不合理定价，实施频次高但单笔收益比较小的交易，集腋成裘，最终取得稳定的高收益。高频交易必须依赖计算机程序执行交易。高频交易是量化投资领域的一种策略，而大部分量化策略都不采用高频交易方式，这些非高频策略的投资标的持有时间长，单笔收益（损失）可以非常高。

1.3.3 投资策略与有效市场假说理论

投资策略流派中，量化投资、主观投资、技术分析还有其他投资策略，到底哪个投资策略更有效呢？这实际上是要上升至诺贝尔经济学奖层次讨论的问题。

其实我们要问的最基本的问题是证券价格走势是否有规律？这个规律的有效时间有多长？是否能够根据当前已有的信息预测未来的价格？如果答案是肯定的，那么三个投资流派都是有效的，只不过发现规律所使用的手段不同罢了。

当然，有些证券价格走势规律是必须通过量化手段才能发现或捕捉的。

任何根据现有信息预测未来价格策略的前提都是目前信息与未来的价格有因果关系。如果证券价格是一个无序的随机过程，那么未来的价格就是不可预测的，这时模型给出的因果关系也是虚假的，投资策略也是无用的。如果靠分析与靠扔硬币得到的投资信号没有任何区别，那么任何投资策略的存在都将失去意义。

芝加哥大学的教授尤金·法玛的有效市场假说（Efficient Markets Hypothesis，EMH）研究的就是这个课题，他也因为提出这个假说和对其他资产定价领域的贡献而获得了诺贝尔经济学奖。

有效市场假说理论将资本市场分成三种形式，即弱式有效市场、半强式有效市场和强式有效市场。在最后一种形式中，资产价格能够反映所有的信息，因此不可能通过分析来预测市场，从而持续地获得超过市场水平的收益。

- **弱式有效市场**：市场价格已经充分反映了所有历史信息，如成交量和价格等。在这种市场中，技术分析是无效的，因为它只能利用历史的价格信息，而这些信息已经被市场消化了。基本面分析和内幕交易可能是有效的，因为它们可以利用未被市场反映的信息。
- **半强式有效市场**：市场价格已经充分反映了所有已公开的信息，如财务报表、盈利预测、行业趋势等。在这种市场中，技术分析和基本面分析都是无效的，因为它们只能利用已公开的信息，而这些信息已经被市场消化了。内幕交易可能是有效的，因为它可以利用未被市场反映的信息。
- **强式有效市场**：市场价格已经充分反映了所有的信息，包括公开的和非公开的。在这种市场中，技术分析、基本面分析和内幕交易都是无效的，因为它们不能利用任何未被市场反映的信息。

如果市场是强式有效市场，那么就没有必要存在基金经理这个职业了，因为我们只需要买入指数。

有效市场假说理论提供了一个市场有效性分析框架，但仍然有很多限制条件。我们从投资经理的历史投资业绩来看，确实存在持续超越市场表现的投资经理，当只考虑短周期时，有更多获取超越市场收益的投资经理存在。所以说大部分市场至少还是弱式有效市场，也就是说还是能够通过分析和建模在一定程度上预测市场。

在当前市场为弱式有效市场的前提下，主观投资策略和量化投资策略都可以获得超越市场的收益，它们只是分析和执行手段不同。历史上持续超越市场表现的使用主观投资策略的代表是巴菲特，使用量化投资策略的代表是西蒙斯。有很多文章介绍这两位投资界的大佬，这里不再叙述他们的业绩和故事。我们也经常会看到通过内幕交易获利被处罚的新闻，所以大家的共识是目前股票市场并未完全符合法玛教授所定义的严格分类——弱式、半强式和强式有效市场。即便有这样的分类，大多数股票市场也还是处于弱式有效市场模式。我们还是能通过基本面分析的方法来获得超越市场的收益。高频交易也是一种能够持续获得超越市场表现的量化投资策略。

1.3.4 投资组合

读者可能经常听到投资组合这个词。那么投资组合是什么呢？投资组合一般是指投资者持仓，或者某个策略或基金持有的各种资产的集合，这些资产可以包括但不限于股票、债券、货币市场工具、衍生品、房地产、黄金等。一般来说投资组合应由多个证券持仓组成。但理论上来讲，持有单只证券也可以称之为一个特殊的投资组合。多个证券的投资组合原则上分散了投资风险。

大部分量化投资策略都以投资组合的形式来实施。也就是说，策略选取了多个证券，并选取了这些证券的适当权重来构建投资组合。

投资组合在不同时间点的价值和属性是不同的。假设你持有两只股票组成的投资组合，由于股价每天变动，即使你不进行交易，这个投资组合的价值也是在变化的。我们后续的计量都要以整个投资组合的价值为单位。需要借助投资组合的证券买卖交易数量、交易价格、交易费用，以及持有股票的每日价格变动情况来精确计量投资组合的损益和其他指标。量化投资策略研究中，需要对投资组合层面进行定量的计算和评估。

首先要确定投资组合的初始投入资金，这是投资组合开始的资产。然后精确跟踪后续交易，确定持仓和资金情况，定量计算你的投资组合资产。本质上，现金也可以看作一种证券类资产。

专业的基金经理或个人投资者会根据其风险承受能力、投资期限、财务目标和个人偏好来构建和管理不同的投资组合。一个良好的投资组合应当平衡潜在收益与可接受的风险，并随着市场条件的变化和个人目标的演进，定期重新评估和调整。

1.4 量化投资策略的优势和局限性

在认同大部分证券市场至少在一段时间内是弱式有效市场的前提下，我们就可以将投资策略研究作为一个有价值的工作了。量化投资策略与主观投资策略相比有很多优势，但量化投资策略也有其局限性。

1.4.1 量化投资策略的优势

与主观投资策略相比，量化投资策略有什么优势呢？

首先，量化投资能够克服人类主观判断中的情绪和偏见问题。投资是反人性的行为，在盈利/亏损时，人类可以变得贪婪/恐惧，而这些贪婪或恐惧往往会导致错误决策。量化投资依赖大量数据分析，基于模型和算法做出决策。计算机程序根据预设的规则和算法执行，能确保在面对市场波动时依然保持一致的决策流程。这种客观性减少了投资者情绪波动对决策的影响，也避免了因贪婪或恐惧导致的判断失误。

其次，量化投资策略可以通过历史数据进行回测，评估策略的有效性，这使得投资者能够在真实交易前对策略进行评估、优化和调整。

最后，量化投资因为使用了计算机技术，强调系统化、自动化，在广度、深度和速度上都超过只依赖人类大脑的主观投资策略。

- **广度**：覆盖更广的投资市场和投资标的范围。量化投资可以利用计算机技术，搜集和处理海量市场数据，从多个角度和层次来分析市场的规律和趋势。量化投资可以构建多种投资模型和策略，覆盖不同的市场品种和风险收益特征。相比主观投资，量化投资的信息处理能力更强，可以发现更多的投资机会，实现投资的分散化。
- **深度**：覆盖对投资标的更多维度和层次的分析。量化投资可以通过统计、机器学习等手段选择具有超额收益的个股或者因子来构建组合，同时通过风险管理工具来对冲系统性风险，最终赚取超额收益。相比主观投资，量化投资的选股模型更深入，可以挖掘市场的深层因素，实现投资的优化。
- **速度**：可以短时间完成整个投资分析，缩短投资决策的执行周期。量化投资可以快速地跟踪市场的变化，不断发现和利用新的投资机会。量化投资可以通过自动化的交易系统来执行交易，提高交易的效率和准确性。相比主观投资，量化投资的反应更快，可以抓住市场的瞬息机会，实现投资的及时性。

当然，量化投资策略的研发是由人来做的，其核心逻辑和设计依然依赖于人类的智慧。计算机程序将人的投资理念和策略理论落实到快速可重复执行的计算机里，这实际上是在人类的体力和智力上加了杠杆。我们知道目前人工智能技术发展迅猛，相对成熟后，就可以在人类更高智力维度上给人类加杠杆。那时的量化投资也就更有优势。

1.4.2 量化投资策略的局限性

量化投资策略的优势明显，但与所有其他模型和计算机系统一样，也有其局限性。具体体现在以下几个方面。

- **模型风险**：由于人类对于复杂系统的理解有局限性，所以根据这些理解而建立的模型就会有局限性。量化投资策略依赖的数学或金融模型也存在这个问题，尤其是在市场的突发变化和"黑天鹅"事件中，其历史发生的频率低，模型不适用，策略可能造成巨大损失。模型有效期也可能非常短，会随着市场的成熟和竞争而逐渐失去有效性。

- **数据局限性**：模型需要正确的输入数据。需要解决的问题复杂性不同，需要的数据维度和数据量也不同。量化投资的行动环境是金融市场，而目前影响金融市场的数据存在非常低的信噪比，数据也存在不完整的情况。错误的输入数据会导致模型给出错误的结果，同时信噪比低可能会导致模型过度拟合。
- **实施成本高**：由于需要人力开发程序，使用模型和计算机软硬件系统，所以与依赖人工方法的主观投资相比，这部分投入很高。尤其是高频策略，其对计算机和网络的要求极高，而这些在高速交易链路中都是稀缺资源。软件开发周期也可能很长，上实盘时策略可能已经失效。
- **系统风险**：计算机系统运行时可能由于各种原因出错，这样会直接导致策略运行错误，发出错误买卖信号或者不能及时发出交易信号。历史上有多家高频交易公司因系统错误而蒙受巨额亏损，有的甚至倒闭。

1.5 风险对冲与Alpha

在追求投资收益时，我们都可能亏损。这个可能亏损就被称为承担了风险。这些风险的主要种类包括市场风险、行业风险、个股风险、信用风险、流动性风险等。

对于这些风险，一般有三大类管理方法：**风险规避**，即在投资之前就确定风险种类，主动不去进行具有相关风险的投资活动；**风险转移**，即将投资中的风险完全转移给第三方，如购买信用违约互换（CDS），将违约风险转给CDS的卖方；**风险缓释**，即通过风险对冲和其他风险管理手段来降低当前承担的风险，风险缓释本质上还是保留了一部分风险。

风险对冲是消除或者降低一种或多种投资风险（市场风险、行业风险、个股风险等）的风险管理手段，属于上面说的风险转移和风险缓释手段。

比如在量化Alpha股票策略中，除了买入股票外，还可以做空股指期货，其作用就是风险对冲，股指期货对冲的是大盘下跌的市场风险。但即使对冲，由于股指期货有时会出现贴水，所以无法完全对冲掉市场风险，甚至可能带来亏损。

"量化投资"与"对冲"也是完全不同的事情，对冲是指为减少持仓的某一方面风险而采取的交易行为。一般是购买另一种证券，比如购买股指期货空头来对冲股票持仓的市场风险。量化投资则是一种买卖证券的投资策略。

量化投资策略不一定采用风险对冲的措施。比如量化多头没有用任何对冲手段，投资组合中多只股票在一定程度上缓解了集中度风险，但还是承担了整体市场可能下跌的风险。

如果量化投资策略采取了风险对冲措施，那么其目的通常是获得某个层面的超额收益。这个超额收益就是投资行业大名鼎鼎的 Alpha。

在量化金融和投资领域，Alpha（阿尔法）通常指的是一个投资组合或策略相对于基准（通常是市场指数或其他参照物）所产生的超额收益。Alpha 表示的是投资组合的实际收益超过预期收益的部分。这里的"预期收益"通常是基于某个指数，或者某种模型（如资本资产定价模型，CAPM）计算出来的市场基准收益。例如，如果某个投资组合的实际收益为 10%，而根据 CAPM 计算出的预期收益为 8%，那么该投资组合的 Alpha 为 2%。Alpha 是衡量投资经理技能的重要指标之一。

对冲基金不等同于量化投资基金。它们既可以采用主观投资策略，也可以采用量化投资策略，或者二者都有，并在投资过程中实施对冲（这也是对冲基金的来源）。对冲的目的就是获得 Alpha 或者绝对收益，反映了投资经理通过选股或择时等策略获取超出市场收益或者正收益的能力。这里想获得的绝对收益是指追求组合收益为正，而不是相对于某个基准的 Alpha 收益。

1.6 量化投资从业技能要求

我们知道量化投资策略是基于金融理论和数学模型，利用计算机技术来选择、分析投资标的的策略。其特点是在投前、投中、投后过程中用事前开发的包括金融数学理论的计算机程序来协助或者完全替代人的投资决策。

从上述量化投资的描述中读者会注意到三个关键词：金融理论、数学模型、计算机技术。所以说量化投资是一个涉及金融、数学、计算机技术等方面的跨学科领域。可以说，这三个方面的知识是量化从业人员必备的。

当然，不同的量化投资策略对这三方面的深度要求不尽相同。例如，从事高频交易策略的研发人员一般不需要知道深奥的金融理论，但需要非常熟悉交易规则和计算机技术；对从事量化基本面策略的交易员来说，对于数学和计算机方面知识的要求比金融知识要少。量化投资行业中不同的岗位角色，例如量化策略交易员和研发人员，对这些知识掌握程度的要求不尽相同。对于量化初学者来说，这三个方面都应该有初步的了解，然后在实践中培养更多技能，发现自己的擅长领域，进而选择从事更适合的量化投资领域。

量化投资在金融领域最需要的基础知识就是金融市场和金融工具，比如什么是股票、期权、期货、债券等金融工具，以及它们的属性、交易场所和规则。其他金融知识，如策略绩效指标和风险的计量、风险对冲方法、时间价值、债券现金流折现理论、利息计量等也需要有所了解。

数学方面需要的知识包括三大块：基础数学、统计、解析方程。基础数学包括单利、复利计算和转换、矩阵运算等。如果你想要从事股票策略的量化分析与开发，那么统计是必不可少的，如随机变量、平均值、标准差、偏差及更高阶矩的计算、相关性、各种统计分布特点、统计显著性、可靠性验证等。解析方程方面的知识主要应用于风险管理和衍生品相关的策略和分析，如导数、偏微分方程。

计算机技术在量化投资方面必不可少，从业者至少需要熟悉一门编程语言。Python 是目前常用的量化分析和策略编程语言，但如果是做程序化交易，C、C++、Java 等是常用的语言。因为量化投资策略需要大量数据，所以专注于数据查询、处理的 SQL（结构化查询语言）也必不可少。同时也要至少熟悉一种关系型数据库，如 MySQL。有些策略研发和执行还要求有大数据数据库和流式数据库知识。

在大型机构里，量化工作相关的角色分工还是比较细的，例如有量化研究员、数据工程师、金融工程师、软件工程师、技术支持工程师、风控经理、交易员、投资组合经理等。这些角色在第 6 章有具体描述，它们需要的背景知识不尽相同。

在量化投资领域,有计算机编程背景的人具有优势。因为很多量化相关工作都需要和系统及数据打交道。有这方面的知识,在日常工作以及与其他相关量化工作角色交流时,就会压力小,容易沟通。对于各种理工科专业的人来说,虽然程度不一样,但对数学和计算机都有很多接触。目前国内的量化岗位对数学知识要求不算高,但计算机编程技术得过硬。金融知识可以短期内学习一下。

作为一个职业,量化投资在私募基金、公募基金、券商、银行、保险等机构都有相关的工作岗位。

1.7 小结

量化投资、主观投资与技术分析是投资策略的三大主要类别。量化投资是计算机技术出现后的新兴投资方法。量化投资策略中,有一部分是传统主观投资策略与技术分析策略的计算机程序化实现,其他部分如算法交易、高频交易则是量化投资领域特有的策略执行和投资方法。

量化投资策略或多或少都会使用数学和金融模型,涉及的领域也就比较广泛。本章让读者了解了量化投资的基本概念,包括量化投资定义、量化投资策略与其他策略的关系、量化投资相关概念的关系,以及量化投资的优缺点。但对这些概念的深入了解还需要进一步学习和实践。

通过本章的学习,读者应该熟悉了量化投资和风险对冲最基本的一些概念。下一章将介绍量化投资策略要投资的金融工具以及交易这些金融工具的交易所。

| 第 2 章 |

量化投资基础金融知识

2.1 引言

如果问哪些是从事量化投资工作必备的金融知识,答案一定是金融工具和金融市场。这是所有量化投资策略从业者需要了解的金融知识。本章通过对金融工具和金融市场的概要介绍,为后续理解量化投资提供最基本的金融背景知识。这些知识加上后续章节对其他相关话题的介绍,组成了量化投资策略研发和执行必要的金融背景知识。当然,如果你在金融领域经验丰富,可以略过本章。

策略的投资标的又被称为金融工具或金融产品。常见的金融工具包括股票、债券及衍生品(如期货和期权)。金融工具在金融市场中发行、流通和交易。金融工具的基本属性、交易场所、交易规则与策略的研发、策略的运行管理、策略的业绩表现有较紧密的关系。所以了解这些金融工具对于量化投资也是至关重要的。例如,高频交易策略成功的一个首要因素就是要对交易规则和交易数据的推送等细节有深刻的理解。

金融市场是指各种金融工具交易的场所,资金需求方和供给方通过金融市场实现资金的融通和证券的交换。金融市场的主要功能是为企业、政府和个人提供融资渠道，并为投资者提供证券投资机会。投资策略表现实际上就是各个参与方在这个金融市场中的博弈结果。

前面介绍过量化投资策略的一个重要输入部分是数据。金融工具的数据是我们投资策略最常处理的数据。这些数据可以分成静态数据、动态数据两大类。

静态数据是金融工具的基本属性信息，比如对于股票来说，代码、股票发行公司名称、发行日期、发行价格等信息都是静态数据。这部分数据相对稳定，在其生命周期内不会改变或者变化不频繁。

动态数据包括金融工具每日的价格信息，季报、半年报、年报中的财务数据，以及资讯数据。资讯数据主要是指关于这个金融工具的新闻，可以是具体到单个金融工具的数据，也可以是相应行业和地区的宏观数据。

数据来源可以多种多样。专业量化投资者会从交易所相关的技术公司或者其他数据商处购买这些数据。而量化初学者可以通过财经网站、开源软件或者金融终端软件来获得这些金融工具的数据。后续策略研发和运行会使用这些静态和动态数据。

2.2　金融工具种类

金融工具主要包括基础金融工具和金融衍生品两大类。基础金融工具包括股票、债券、大宗商品和外汇等，金融衍生品包括期货、期权、资产证券化产品等。还有一些介于基础金融工具与金融衍生品之间的品种，如回购（Repo）、可转债，从严格定义来说，它们也属于金融衍生品，但行业中一般不称它们为衍生品。金融衍生品的底层连接标的是基础金融工具或者实物资产，也有衍生品的底层标的是另外一个衍生品，但经过穿透，最底层还是基础的金融工具或者实物资产。这样，衍生品的价格就是依据某一个底层资产价格衍生出来的。例如，期货中的股票ETF（交易型开放式指数基金）期货合约是在事先约定好的未来日期内依据当时股票ETF价格进行结算的衍生品。

大多数基础金融工具是一种有发行方的融资工具。产品上市发行时，发行方获得资金。这类里，股票和债券是最典型的两类融资工具。而大部分金融衍生品主要目的不是融资，而是做风险对冲，或者附在其他融资工具上降低成本。

金融工具根据具体属性又可以分为权益、固收、商品、外汇等资产大类。权益主要是指股票、股票 ETF，以及它们的衍生品。固收主要是债券、回购。固收、商品和外汇合并简称为 FICC，也就是 Fixed Income，Currency，and Commodity。在投资机构中如果有权益和 FICC 的投资业务，一般都会分成权益投资部和 FICC 投资部两大部门。这是因为这两类资产的投研和交易方法不同，需要的岗位技能也不一样。

金融工具都有发行或者上市过程，你通过证券公司账户交易这些金融工具并持有它们的时候就意味着你签订了一份虚拟的合同，这份合同让你获得了某些权益或者承担了某些责任。例如你持有股票，就成为对应公司的股东，根据股票类别，你就有了相应股东对公司收益的权利。衍生品一般需要签订特有的合同，而这些合同更为复杂，因为存续期内，双方都可能需要持续履行责任或者获得收益。

国内量化投资策略涉及的主要金融工具是股票、债券、期货、期权、证券指数和指数基金，同时，作为流动性管理还会持有回购产品。下面将对这些金融工具进行概要介绍。

2.2.1 股票

股票是一般投资者最为了解的金融工具。股票是公司发行的一种权益类有价证券，公司以此融资，而股票对于持有者来说代表对公司的部分所有权。购买股票的人被称为股东，他们有权分享公司的收益和增长，同时也承担投资本金损失的风险。股票是一种典型的永久资本融资工具，因为不需要公司偿还股票发行获得的资金。股票融资又被称为直接融资，对应于银行贷款的间接融资。之所以被称为直接融资是因为融资行为直接发生在投资者与公司之间。而银行贷款是储户先把钱存入银行，然后银行代表储户再贷款（融资）给公司。前者公司是不需要偿还的，相当于获得了永远的资本，而后者是需要定期偿还的。

不同模式的融资方式对公司和投资者的收益和风险来说有巨大的区别。

股票价格是受各种因素影响而动态变化的。持有多头仓位的投资者如果股价上涨（下跌）超过（低于）其买入成本，则产生未实现盈利（损失）。这时卖出则产生已实现收益（损失）。持有空头仓位的投资者则获得相反结果。如果公司由于负面消息导致退市甚至破产，股价可以大跌，同时因为退市，流动性溢价会大幅降低，那么投资者的本金可能大幅或者完全损失。

2.2.2 债券

债券是股票外第二类主要基础金融工具，同时也是固定收益类的主要金融工具。债券代表投资者（债权人）向借款方（债务人）提供贷款，在债券存续期间，借款方需要付给投资者票面的利息，并承诺在到期时间偿还本金加上最后的利息（零息债没有利息，但发行时价格会有折扣）。所以债券融资获得的资金是临时资金，这一点与股票有所不同。

与简单的股票种类分类（主要是普通股和优先股）相比，债券种类五花八门。债券有国债、金融债、企业债、公司债、可转债、短期融资券、中期票据、城投债、地方政府债、地方专项债等。国债顾名思义就是以国家为主体发行的债券，国家向投资者借钱。金融债是金融机构，如银行、保险、证券公司为负债主体发行的债券。政策性金融债则是指中国政策性银行，如国家开发银行、农业开发银行、进出口银行发行的债券。城投债、地方政府债等一般是地方政府为负债主体发行的债券，地方政府原来多通过非标融资，后来为降低风险受限，转向了更公开透明的标准债券。

这里我们看到分类中有企业债和公司债，它们有区别吗？实际上公司债是由股份公司和有限公司发行的，而企业债多数是由国企、央企或者国有控股企业发行的。公司债由证监会审批，发行后在交易所交易；企业债由国家发展和改革委员会和国务院审批，一般在银行间交易市场交易。

有违约风险的债券，如公司债也会被笼统地称为信用债；国家或者类国家信用的债券统称为利率债。

可转债（可转换公司债券）是一种特殊类型的公司债，它允许持有人在特定的时间段内按预定的转换价格将债券转换为发行公司的普通股票。可转债结合了债券和股票的特性，既具有债券的固定收益，又有潜在的股价上涨带来的增值机会。可转债发行方与转换的股票发行方是同一个机构。

2.2.3 期货

期货合约（Future Contract），简称期货，是一种标准化的衍生金融工具，主要用于买卖双方在未来某一特定时间和地点交割一定数量的特定资产。这种情形下的资产称为期货合约的标的物、底层资产或合约标的。合约的标的物可以是金融资产，如股票指数、债券等，也可以是棉花、大豆、原油等大宗商品。期货是期货交易所按照一定期限滚动发行的。同一种标的物会有不同起始和到期日期的期货。具体哪些标的物能够有期货在交易所交易，是需要经过交易所监管审批的。

与股票、债券不同，期货是没有融资方的。期货是双向交易，在期货市场上，交易方可以开多头仓位（买入），也可以开空头仓位（卖出），这些交易都需要另外的交易方作为交易对手来完成，持有多空头的双方互为对手方。第一笔交易是一方买一方卖，成交后就生成了这个品种的一份新合约。后续持仓者如果不进行平仓交易，新的交易就会不断产生新的合约存续份数。每日剩余未平持仓合约数量是策略的一个重要输入数据。

期货合约主要条款包括交易代码、合约标的、合约乘数、报价单位、最小变动价位、合约月份、最大波动范围、报价单位、交易时间、最后交易日、交割日期、交割物信息（品级、地点）、最低交易保证金、交割方式、上市交易所等。

在期货市场中，有两个重要的概念是主力合约和主连合约。它们在期货的量化策略研究中非常重要。

期货的主力合约是指当前交易量或者持仓量最大的期货合约。在期货市场中，不同的合约有不同的到期月份，而主力合约通常是指那个交易最为活跃、市场关注度最高的合约。当一个新的月份合约逐渐取代旧的月份合约成为交易量和持仓量最大的合约时，就会发生主力合约的切换。

主力合约是市场参与者关注的重点，因为它代表了当前市场的主要流动性和交易兴趣所在。投资者通常会选择交易主力合约来进行投机或套保活动。

主连合约是指将主力合约拼接起来的连续的虚拟合约。由于主力合约会随着到期月份的临近而改变，主连合约就是将这些不同月份的主力合约连起来形成的序列合约。主连合约的价量数据提供了一个连续的 K 线图，这样投资者就可以看到一个没有间断的价格走势，这对于研究市场趋势非常有用。

在主力合约切换时，旧主力合约与新主力合约的价格一般不是无缝连接的，所以主连合约的数据就会有跳跃，这个跳跃会导致后期的量化策略回测产生虚假信号，所以需要对连接点进行处理。一种方法是抬高或者降低一方的所有价格使之与另外一方合约价格在连接点相同。另一种方法是同时调整两个合约的连接点附近的几个数据点，将价格变得平滑。这两种方法都没有绝对对错，是一种仁者见仁，智者见智的做法。

主连合约本身并不是一个可以交易的合约，而是为了研究和分析而生成的数据序列。

2.2.4 期权

期权是一种衍生金融工具，它赋予买入持有者在特定时间以特定价格买入或卖出某种资产的权利，而不是义务，但对于卖出者来说，则是义务，卖出者要以特定价格卖出或者买入某种资产。买入或者卖出义务与投资者参与交易的期权类型有关。由于行使期权的权利而导致的买卖期权对应标的资产的行为被称为行权。行权由期权买入方发起。

期权对应的资产叫期权的"标的资产"。目前国内交易所上市的期权标的资产品种有股票指数 ETF、股票指数期权和商品期货期权。交割方式包括现金交割和期权标的资产交割。上面三种期权对应着股票 ETF 交割、现金交割和商品期货交割。

根据结构复杂性的不同，期权可分为香草期权（Vanilla Option）和奇异期权（Exotic Option）两大类。香草期权结构简单，包括看涨期权和看跌期权两种基本的期权类型，它们分别赋予持有人在特定时间内以特定价格购买或出售资产的权利。对于卖方来说，则是有义务成为对手盘。奇异期权则有更复杂的结构，如敲入、敲出等。

看涨期权（Call Option），也称为认购期权，它赋予持有人在约定时间内以特定价格购买标的资产的权利。如果投资者购买看涨期权，他们通常预期标的资产的价格将上涨。如果标的资产的市场价格在期权到期日高于执行价格，看涨期权这时被称作处于实值状态，持有人可以行使期权，购买资产并获得收益。反之，如果市场价格低于执行价格，看涨期权这时就被称作处于虚值状态，持有人就不会选择行权，因为此时期权的价值为零，投资者损失所有投资。如果看涨期权的买方决定行权，则看涨期权的卖方有义务以约定的执行价格卖出标的资产，承担损失。

看跌期权（Put Option），也称为认沽期权，它赋予持有人在约定时间内以特定价格出售标的资产的权利。看跌期权的买方有权以某一特定价格卖出资产，这通常是在预期资产价格将下跌时使用的策略。如果标的资产的市场价格在期权到期日低于执行价格，那么看跌期权处于实值状态，持有人可以行使权利卖出资产并获得收益。反之，如果市场价格高于执行价格，则看跌期权处于虚值状态，此时期权的价值为零。如果看跌期权的买方决定行权，看跌期权的卖方就有义务以约定的执行价格买入标的资产，承担损失。

这两种期权给投资者提供了在不同市场条件下进行风险管理和制定投资策略的机会。通过同时购买看涨和看跌期权，投资者可以采用对冲策略来降低单一市场的方向性风险。

期权买方交易时需要直接付出交易的期权价格，也就是期权费。卖方获得期权费，这是卖方能够获得的最大收益。期权的买方损失有限（最大损失为支付的期权费），而收益可能很大；卖方最大的收益为获得的期权费，损失可能远远超过期权费。当标的资产价格向有利于买方的方向变动时，买方可能获得巨大收益，而当价格向不利于买方的方向变动时，买方会放弃行权。买方也可在到期前将期权卖出平仓，以减少部分损失。

由于买方的最大损失仅是已经支付的期权费，因此无须缴纳保证金。卖方可能损失巨大，因此必须缴纳保证金作为履约担保。对于有担保的期权空头，如持有标的股票的同时也持有该股票的看涨期权空头，可将其持有的标的股票作为履约担保。没有股票做对冲而卖出期权被称为裸空头（Naked Short），必须缴纳保证金。

期权可以作为规避标的特定价格风险的对冲工具。期权与期货在对冲标的风险的结果上也是不一样的。

2.2.5 证券指数和指数基金

证券指数是一组经过选择的证券的加权组合，用于衡量特定市场、行业或板块的表现。证券指数通常通过某种计算方法（如市值加权法、等权重法等）将选定的成分股（指数成分）进行组合。其数值变动可以反映出特定市场、行业或资产类别的总体变化趋势。指数的波动可以帮助投资者了解市场整体的表现，而非单一证券的表现。因此，指数在金融市场中具有重要的参考意义。例如，在股票市场中，证券指数通过选取一系列股票来表示整体市场的表现；在债券市场中，指数则通过选取不同种类、不同期限的债券来反映市场的波动。

证券指数通常由独立的金融机构或交易所编制，并得到市场的广泛认可，具有权威性。好的指数应选取具有代表性的成分股，以代表特定市场或行业的总体情况。证券指数的变动为投资者提供了市场走向的参考指标，便于追踪和分析市场走向。指数编制之后，其历史数据会被记录下来，投资者可以通过回溯历史数据分析市场的长期趋势。

根据指数对应的金融资产品种，证券指数可以分为股票指数、债券指数、商品指数等。

股票指数由一组股票组成，反映股市整体的价格变动情况。常见的有宽基指数、行业指数、规模指数等类型。宽基指数包含多种行业、多个公司的股票，代表整个市场的走势。如美国的标普500指数、中国的沪深300指数等。行业指数聚焦于某个特定行业的股票组合，如金融、能源或科技行业指数等。规模指数是根据公司市值规模划分的，如小盘股指数、中盘股指数和大盘股指数等。

债券指数由一组债券组成，用于反映债券市场整体的收益率、价格波动等情况。常见的类型有国债指数、信用债指数和利率期限指数。国债指数由政府发行的国债组成，代表国债市场的整体表现。信用债指数由公司债或其他非政府债券组成，反映信用市场的表现。利率期限指数可根据债券的到期时间分类，如短期债券指数、中期债券指数和长期债券指数。

商品指数反映大宗商品市场的价格变化，通常由黄金、原油、农产品等组成，如上海商品交易所编制的螺纹钢期货指数，国外的标准普尔高盛商品指数（S&P GSCI）、彭博商品指数（Bloomberg Commodity Index）等。

此外，还有其他类型的指数，如汇率指数。汇率指数反映的是某一货币对其他货币汇率的变动情况，如美元指数（US Dollar Index）等。

中国股票市场的主要指数包括上证综合指数、沪深300指数、深证成指、中证500指数、创业板指数等。中国债券市场的主要指数包括中债综合指数、国债指数、信用债指数等。

指数的一个重要的衍生作用就是建立基于指数的金融工具。基于指数的基金产品统称为指数基金。指数基金有场外的，也有在交易所交易的LOF（上市开放式基金）和ETF（交易型开放式指数基金）。

ETF是一种在证券交易所上市交易的基金，通常跟踪某个特定指数的表现。投资者可以像交易股票一样在市场中买卖ETF。由于ETF可以在市场交易时随时买卖，也不需要大量资金，所以投资门槛较低，流动性强。ETF的管理费用相对较低，适合长期投资者进行资产配置。举例来说，沪深300ETF为跟踪沪深300指数的ETF，上证50ETF跟踪上海证券交易所中50只大型股票的表现。ETF还有一级市场赎回和创设机制，这一点将在ETF套利策略中介绍。

投资指数基金的方法被称为被动投资。量化投资策略都应该是主动管理策略，目的就是超越某个指数（指数增强策略）获得Alpha收益，或者市场中性追求绝对收益。

证券指数是金融市场中重要的工具，用于衡量市场整体或特定资产类别的表现。无论是股票市场、债券市场还是大宗商品市场，指数和指数基金为投资者提供了分析市场走势，管理投资组合的重要工具。指数在很多情形下也是量化投资策略业绩的比较基准。

2.2.6 其他金融工具

国内主要的金融工具（如股票、债券、期货、期权等）是量化投资策略涉及的主要金融工具。除此之外，市场中还有如回购、信用衍生品、资产抵押证券等其他种类的金融工具。基于这些金融工具的量化投资策略在国内应用较少。

回购是一种短期融资金融工具，有质押式回购和买断式回购。

质押式回购是指交易双方约定在未来某一日期，由交易一方按约定价格将证券再买回的交易行为。实际上，这是一种短期借贷，卖方（借款方）以证券作为抵押品，向买方（出借方）借入资金，并约定在未来某一日期按商定价格买回这些证券。买断式回购是指交易双方约定，一方卖出证券并在未来某一日期以约定价格买回同等数量和类型的证券。与质押式回购不同，买断式回购在合同期内证券的所有权完全转移给买方。

回购期限一般最长不会超过 1 年。回购有对应的利息，回购到期日借款方将本金和利息一并交割给资金出借方，同时抵押证券解除质押或者返还证券。回购是策略运行中流动性管理的一种工具。

信用衍生品（Credit Derivatives）是挂钩于公司或者证券信用资质的一种衍生工具。它可以被用于转移或对冲信用风险。主要的信用衍生品包括信用违约互换（CDS）、总收益互换（TRS）、信用联结票据（CLN）和信用利差期权（CSO）等。

总收益互换（Total Return Swap，TRS）是一种金融产品合约，对于买方来说，它用于获得资产（如股票、债券或贷款）在给定期间内的总收益（包括利息、股息和资本增值），并按照浮动利率（如 Libor）或固定利率计息支付给卖方。使用总收益互换使得一方获得资产的总收益，即承担基础资产的信用风险，另一方则需要支付浮动或固定利率，承担利率变动的市场风险。TRS 允许投资者通过较小的初始投资获得对基础资产的全面收益，具有杠杆属性。例如，一家对冲基金与一家银行签订 TRS，对冲基金获得某公司债券的总收益，而银行获得 Libor 加一定利差的浮动利率支付。市场上券商的跨境互换产品使用的就是 TRS 模式。

2.3 金融工具相关知识

在交易金融工具时，我们需要了解这些工具的属性、生命周期、交易规则、相关的可用于策略的动态数据和定价，否则会在策略研发和执行过程中犯一些低级错误。

2.3.1 金融工具属性

金融工具属性就是用于标识它们的基本信息。这些信息是相对稳定的静态数据，在其生命周期内不会改变或者变化不频繁。

股票的基本信息包括股票代码、股票名称、面值、发行价格、上市日期、交易所、所属板块、公司信息、所属行业等信息。这部分信息相对稳定，在其生命周期内不会改变或者变化不频繁。债券的基本信息比股票多，还包含利率、付息频率等利息相关基本信息。

期货合约主要条款包括交易代码、合约标的、合约乘数、报价单位、最小变动价位、合约月份、最大波动范围、报价单位、交易时间、最后交易日、交割日期、交割物信息（品级、地点）、最低交易保证金、交割方式、上市交易所等。期权特有属性字段有行权信息，以及其他与期货类似的字段。

这些信息我们称之为证券信息，应该有专门的系统来管理。

2.3.2 金融工具生命周期

每一种金融工具都有其生命周期。基本上都有上市前、上市发行、上市交易，以及到期或者退市阶段四个阶段。量化策略主要涉及上市交易阶段。我们也需要密切关注到期或者退市的策略调整。每种工具在这四个阶段的具体规则都不尽相同，需要查阅具体合约来了解规则的细节。下面以期货为例，进行概要的介绍。

在期货的上市前准备阶段中，交易所开始设计新的期货合约，并在获得监管审批后对市场公布，投资者开始关注并准备交易。国内期货交易所近些年持续丰富其期货合约品种。最近新上市的品种包括原油、猪肉、欧线航运指数等。

期货品种没有发行方，交易所列出合约，交易者互为交易对手。

期货品种上市后进入交易阶段。这期间投资者开始在交易所交易这些期货合约。期货合约的价格由基本面和市场供需决定。

期货实施每日结算制度。即使你一直持有期货，也需要每日计算损益和保证金，扣除保证金后剩下的损益金额变成你的现金持仓。在持仓出现亏损时，投资者就需要在账户中有足够的现金来填补这部分损失以覆盖足额保证金要求。如果你没有足够的保证金，你的经纪商就会发出追保通知。不在规定时间内追加保证金的话，经纪商有权对你的持仓进行平仓。

期货品种在最后交易日结束后进入交割阶段。这也是期货合约到期阶段。双方根据合约规定，进行标的物交割。不同品种交割的标的物不同，有些需要实物交割，有些只能是现金结算。对于投资者来说，如果到期前不想获得实物，那么就需要在最后交易日前将合约平掉。此时买卖双方都需要进行反向平仓交易。注意期货到期日与最后交易日一般是不同的日期。

需要及时进行平仓和移仓操作，以预防合约临近到期的流动性风险。

2.3.3 金融工具交易规则

在买卖金融工具的过程中需要遵守其交易规则，例如订单类型、涨停板限制、交易时间等。这些都会依据品种、交易所而有所变化。

提交证券订单时需要指定订单成交类型。交易中最基本的主要订单类型有市价单和限价单。

- 市价单（Market Order）：按照当前市场上可获得的最佳价格立即买入或卖出证券。
- 限价单（Limit Order）：这种订单指定了一个特定的价格，只有在证券价格达到或超过这个价格时，限价单才会成交。限价单可以是买入限价单（只愿意以不超过指定价格购买）或卖出限价单（只愿意以不低于指定价格出售）。
- 其他类型：如止损单（Stop Order）、止损限价单（Stop-Limit Order）、开 /

收盘市价委托单（Market-on-Open/Market-on-Close Order）等复杂订单类型，一些交易所或交易终端软件会支持这些订单类型。

一般来说，订单或者成交都会有涨跌幅限制。我们知道的不同股票有 ±10%、±20% 或者 ±5% 的涨跌停限制。

不同工具和交易所可能会有不同的交易日期和交易时间，而且这些时间可能由于外部因素而做动态调整。

2.3.4 金融工具动态数据

金融工具共同的动态数据是行情和资讯，依据品种，还有特有的动态数据，如股票财报数据、债券的利率曲线等。这些数据都是动态时间序列数据。

行情数据是指金融工具在市场上的交易价格，包括开盘价、收盘价、交易时间的连续竞价期间的成交、报价的价格和交易手数等。后面有对这部分数据的详细介绍。资讯数据主要是指关于股票的新闻和公告，可以是具体到单只股票的，也可以是相应的行业、宏观方面的信息。

动态数据中行情数据都是相对明确的标准格式数据。资讯数据是非结构化数据。

这些动态数据是量化投资策略中或多或少需要程序化处理的数据。动态数据的来源可以多种多样。专业量化投资者会从交易所相关技术公司或者其他数据商处购买这些数据。而量化投资初学者可以通过财经网站、开源软件或者金融终端软件来免费或者以较低成本获得这些金融工具的数据。

2.3.5 金融工具定价

量化投资策略的一个重要工作是使用金融模型对金融工具进行绝对定价或者相对定价。不同的金融工具定价模型不同。同一种金融工具也会有多种定价模型，不同模型定价结果一般不同，所以我们需要根据场景选取适合的定价模型。

例如，在研究员的研报中经常采用现金流折现和可比乘数模型来对股票价格进行估算。这部分价格主要供主观投资参考。但对于量化投资策略来说，一般不会使用这类估值模型，量化投资策略主要通过行情数据分析（价量策略），使用基本面或者风格因子化数据来对股票进行定价。

对于香草欧式期权来说，Black-Scholes 模型（BS 模型）是常用的期权定价模型之一。除了 BS 模型，研究员和量化投资者可能还会采用其他多种模型来估算期权价值，包括二叉树、蒙特卡洛等定价模型，也包括借助价格时间序列进行技术分析和市场情绪分析等方法。

2.4 金融市场和交易所

金融市场是金融工具（投资标的）生成、交易、流通的市场。直接参与的交易方包括融资企业与投资者。金融市场受政府法律或者协会规则的约束。同时，围绕着投融资和交易买卖，也会有交易所、律师事务所、会计师事务所、软硬件系统提供商等众多服务机构参与。金融市场一般指这个富含各种角色的由一系列规则、环境和交易场所组成的整体生态。

金融市场存在的重要意义在于资本的有效分配（见图 2-1），资本的有效分配可以使实体经济的资源分配更加有效，进而推动社会各行各业的发展。

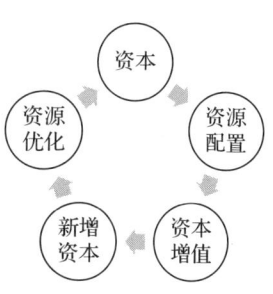

图 2-1　资本的有效分配

金融市场按照其服务的金融工具期限可分为货币市场和资本市场。

货币市场是交易期限在一年以内的短期金融工具的市场，主要用于满足短期资金需求，具有高流动性和低风险的特点。在货币市场交易的金融工具包括回购、票据、短期国债等。

资本市场是交易期限在一年以上的中长期金融工具的市场，主要用于满足长期资金需求，风险和收益较高。在资本市场交易的金融工具包括股票、长期债券、期货、期权、证券化产品等。

量化投资策略涉及的主要投资品种是资本市场交易的金融工具。货币市场的金融工具一般用来进行流动性和现金管理。

金融工具的交易场所可以是集中交易的金融产品交易所形式，也可以是分散的双方约定市场。在前者进行交易的行为称为场内交易，在后者进行交易的行为称为场外交易。

金融交易所是资本市场的重要部分，交易所的作用是提供集中交易的场所、设施，并组织和监督交易的有序进行。交易所一般以法人机构的形式存在，遵守相应法律法规或者协会规则。

根据交易所中主要服务与可交易的金融工具品种，可以将交易所分为股票交易所、金融期货交易所、商品期货交易所等。根据交易所面对的区域范围，又可以将交易所分为全国性交易所和地方性交易所。地方性交易所主要是交易非标准合约的交易所，其标的一般局限于区域性的项目或者公司股权，量化投资策略不适用。本书主要介绍的是全国性的股票和期货交易所。

表2-1和表2-2列出了中国大陆的主要股票和期货交易所信息。

除表2-1中的三个股票交易所之外，2013年1月全国中小企业股份转让系统正式揭牌运营，俗称新三板。新三板上市采用注册制，门槛低，所以短期内挂牌了很多公司。注意这里使用的名词是挂牌，不是上市。新三板股票市值小，流动性非常低，不是量化投资策略的投资范围，这里就不再详述。

表2-1 股票交易所

	上海证券交易所	深圳证券交易所	北京证券交易所
成立时间	1990年11月26日	1990年12月1日	2021年9月3日
总部地点	上海市浦东新区	广东省深圳市福田区	北京市西城区
交易所定位	综合性证券交易所，主要为企业提供股票、债券等证券的发行和交易服务，促进资本市场的发展，含主板A、主板B，以及科创板	致力于服务中小企业和创新型企业的发展，促进资本市场多层次、广覆盖的建设，含主板、中小板，及创业板	主要服务于创新型中小企业，定位于为专精特新中小企业提供融资服务
交易品种	股票、债券、基金、期权、资产支持证券、信用保护工具	股票、债券、基金、期权、资产支持证券	股票、债券
交易时间	股票类三个交易所交易时间相同： 国家法定假日和本所公告的休市日外的周一到周五。每个交易日的9:15至9:25为开盘集合竞价时间，9:30至11:30、13:00至14:57为连续竞价时间，14:57至15:00为收盘集合竞价时间		

资料来源：交易所网站，截至2024年6月。

表 2-2 期货交易所

	中国金融期货交易所	上海期货交易所	大连商品交易所	郑州商品交易所	广州期货交易所
成立时间	2006 年 9 月	1999 年 8 月	1993 年 2 月	1990 年 10 月	2021 年 4 月
总部地点	上海	上海	大连	郑州	广州
主要交易品种	股指期货、股指期权、国债期货	金属、贵金属、工业品期货及期权	农业商品、工业商品期货及期权	农业、能源、化工等期货及期权	碳酸锂、工业硅期货及期权
交易时间	不同品种可能有不同的交易时间，包括日盘和夜盘交易				

资料来源：交易所网站，截至 2024 年 6 月。

各个交易所对于程序化交易的要求和开放程度不一样。如果策略偏高频，那就需要能够程序化交易，而期货交易所都可以使用 CTP 协议（一种广泛应用的期货交易协议）接入程序化交易，所以对于初学者来说，如果尝试高频交易策略，期货是一个比较适合的入门品种。

2.5 小结

本章对于量化投资过程中需要了解的基本金融背景知识、金融市场和金融工具进行了概要性描述。通过阅读本章，读者应该对金融市场和股票、债券、期货、期权、指数等基础金融工具的基本属性和规则有了一定的了解。后续在策略描述过程中我们还会更加详细地讲述相关金融知识。要开发出复杂、持续盈利的量化投资策略，只拥有这些金融知识往往不够，但它为我们提供了一个基础金融工具知识框架，读者后续可以找到相应领域进行深入的学习和探索。

下一章将介绍量化投资策略分类体系。

| 第 3 章 |

量化投资策略分类体系

3.1 引言

作为一个投资过程,量化投资策略包括策略研发、策略执行、风险管理等多个步骤。本章我们主要关心的是量化投资策略分类。我们经常能听到诸如指数增强(指增)、多因子策略、Alpha(阿尔法)策略、期货 CTA(商品交易顾问策略)等名词。它们实际上指的就是不同的量化投资策略。那么都有哪些量化投资策略呢?它们是如何分类的呢?这些策略的投资标的都是什么呢?这些策略都有什么特点呢?

为了回答这些问题,我们先介绍量化投资策略的分类体系,然后再在后续部分详细介绍这些分类中具体量化投资策略的逻辑、要点、特征,以及风险管理。清楚地辨识量化投资策略的分类对于策略特征的理解和策略绩效的评估有着重要意义。

3.2 量化投资策略的分类

在市场上,实际上是没有一个公认的官方机构来对量化投资策略进行分类的。基金经理、基金销售、基金评估机构都会根据自己的需要和标准对量化投资策略进行分类。投资人也需要了解这些分类以便进行基金或基金管理人的选择。所以从相关各方的不同视角,量化投资策略可以有不同的分类标准,分类也就不尽相同。但很多策略名称是行业中通用的。

一般来说,策略分类的依据是策略的不同特征。比如根据策略承受的风险高低特征可以简单分成无风险策略和风险策略两大类;根据策略投资的证券品种特征可以分成股票量化策略、期货量化策略、期权量化策略等;也可以根据策略收益特征分成相对收益策略和绝对收益策略。这些分类中,有些分类方法可以覆盖所有量化策略,即全集覆盖,例如无风险策略与风险策略。而有些分类,如股票T0、CTA这样有交叉特征的分类,这些分类加起来也难以覆盖所有的量化策略,也就是说,不能形成整个投资策略种类的全集。

市场上比较常见的分类并不是用二分法或者依据单一特征来划分的,更多的是多个特征进行组合。比如,将投资品种与收益类型进行组合:股票Alpha策略、期货CTA、期权套利等。而且这些分类并不是互斥的,之间有很多交叉,比如股票Alpha策略实际上也包含市场中性策略、套利策略,但市场中性策略、套利策略又不局限于股票,所以很难有一个清晰的量化投资策略分类树。

不同的分类标准,不同的策略名词也可以指向同一个策略,这些都会让初学者感到困惑。要想清晰地对投资策略进行分类,我们可以从投资策略的基本特征出发,然后根据它的各种特征进行分类。量化投资策略的基本特征有如下几种。

- **投资标的品种**:即量化投资策略投资的证券品种。一个量化投资策略可以投资单一证券品种,比如股票的指数增强;也可以投资多个证券品种,比如做多股票+做空股指期货的股票Alpha策略。
- **收益目标**:即根据策略收益的目标基准来判断是否具有相对收益或绝对收益特征。相对收益的策略目标是超越某个指数或者其他标的的收益,比如指数增强的收益类型特征是相对收益,而市场中性策略追求的是绝对收益,它的对标资产一般是现金型收益率。

- **是否择时**：是否根据量化模型在不同时间段做出全仓、部分持仓或者全部空仓的决定。没有择时的策略基本上是全仓持有投资标的。而如果策略有择时特征，则根据模型信号，有时会全仓持有，有时会部分持仓或者全部空仓。
- **中性、多或者空的方向性策略**：有些策略收益来源于对投资标的价格趋势的判断；有些策略不判断价格走势，而是采用相对价值的不合理价格差进行套利。如果投资策略是通过对投资标的的趋势或者方向的判断来决定投资决策的，那么这个策略就是方向性/趋势性投资策略。如果是基于多个投资标的或者投资品种之间的价格走势长期相似但短期背离这个因素，或者对市场方向风险进行对冲来决定投资决策的，它就具有套利的特征。
- **换手率，持仓周期**：对单个投资标的进行买卖，买卖一个回合称为换手一次。一段时间的换手次数就是换手率。这里的一段时间可以是选定衡量的任何时间，但一般以年为记。比如一年换手率如果是12，那么就意味着平均每个月把当前投资标的买卖一次。但当换手率概念应用到投资组合时，就需要通过一段时间内策略的交易金额除以期间平均资产余额来计算。选定的时间段和换手率又可以转换成持仓周期，上面例子中的持仓周期就是一个月。这个持仓周期和交易频率特征属于一类概念。如果你的平均持仓周期是秒以下，那么这个策略就是高频策略。T0策略是日内买卖流转一次，持仓周期在一天到一个月的属于中频策略，平均持仓周期在一个月以上的策略属于低频策略。
- **风险高低**：风险一般用策略收益的波动率来衡量。在其他特征相同的情况下，波动率（尤其是下行波动率）高的策略，风险就高。一些策略具有"无风险"特征，而其他策略具有"风险"特征。这里"无风险"加上了引号是因为没有哪个策略是绝对无风险的。一般来说打上"无风险"特征的策略风险极低，比如短时间内完成低价买，高价卖的高频套利策略基本上就是"无风险"策略。例如，在美国证券市场，同一只股票可以在多个交易平台上交易，其中存在短时间的价差，高频套利策略就可以利用高速系统进行低买高卖，实现无风险收益。不具备"无风险"特征的其他策略都可归为风险策略。风险高低实际上反映了策略的其他特征导致的组合表现结果。

- **对冲程度**：是否通过多空持仓来形成某种风险对冲，比如多股票+空股指期货的股票Alpha策略，而量化多头则没有对冲特征。
- **资金容量**：策略都有一定的资金容量，过量资金配置到策略上会导致此策略的表现变差。资金容量大、收益高、风险小是不可能三角。例如高频策略风险小，收益较高，但资金容量并不大。投资者应根据资金容量的需求选取策略。

有了上述特征的认识，我们就可以根据投资策略的这些特征来对投资策略进行分类了。

上面提到一般以多个特征来分类。如图3-1所示，我们可以选择以投资标的品种为基准进行一级类别归类，然后以其他特征来进行二级类别归类。

这里的二级类别中有些特征也是相互交叉的，比如统计套利中的配对交易也是一种多空策略。在一级类别下虽然前面几类策略是按照单一投资品种来分的，但是股票策略中我们也会使用期货进行对冲，所以不是说股票策略就不涉及其他证券品种。我们这里的目的是在二级类别中覆盖市场中常见的量化投资策略。

不同种类策略的资金容量、承担的各种风险的大小、需要交易的软硬件环境等是不相同的。这些具体特征催生了量化投资策略的丰富多样性。不同策略擅长捕捉不同市场环境和管理风险敞口暴露，因此分类有助于投资者了解和选择适合自身的策略。细致入微的策略划分也有利于行业参与者更精准地评估、比较和构建基金投资组合。

3.3 对冲基金与量化策略

对冲基金与量化策略是两个不同的概念，但因为对冲基金大量采用量化策略并获得巨大成功，所以很多时候都是同时提及的。

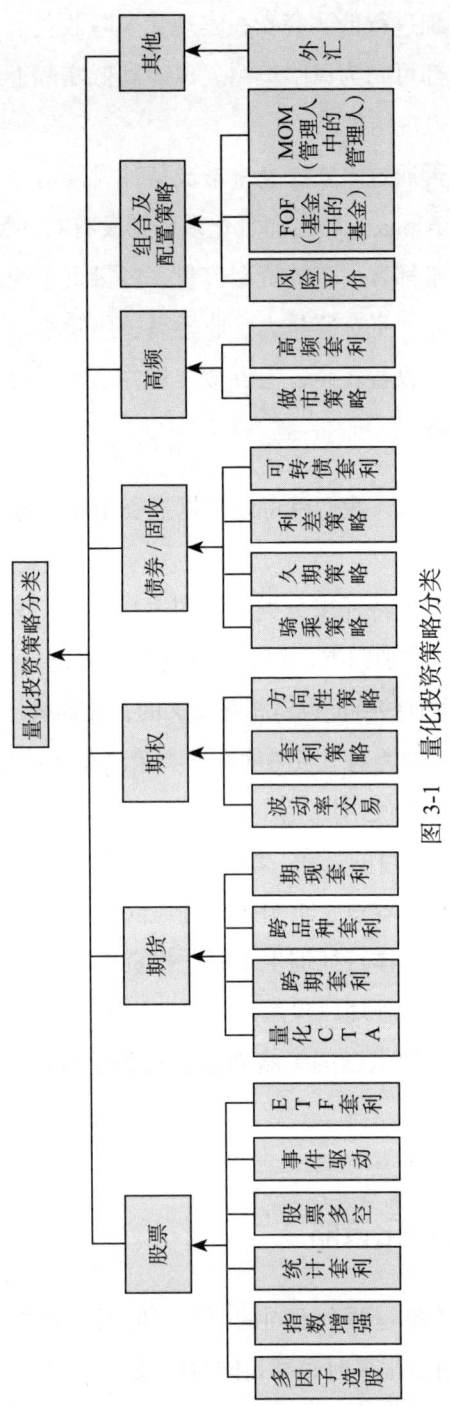

图 3-1 量化投资策略分类

世界上第一个对冲基金是美国人 Alfred Jones 在 1949 年建立的。当时他发现了配对交易策略，Jones 同时做多（买入）被低估的股票和做空（卖出）被高估的股票，试图从市场的相对价格变动中获利。举个例子，可口可乐与百事可乐这两个公司的股票就可以成为配对交易的选项，如果你觉得可口可乐的股票未来一段时间表现要优于百事可乐，那你就可以做多可口可乐，做空百事可乐。

他的这个策略就是一直持续到现在的配对或者多空策略（Long/Short Strategy）。配对或者多空策略在整个市场上涨和下跌时都有可能获得收益，同时可以通过对冲市场风险来降低总体风险。这只对冲基金在熊市获利颇丰，大众开始意识到对冲的威力，其对冲策略受到广泛关注。对冲基金的成功促使其他投资者和金融机构纷纷效仿。这标志着对冲基金行业的诞生。Jones 开创了对冲基金资产管理模式，后续对冲基金行业开始发展壮大，成为量化投资和资管行业重要的一员。

Alfred Jones 成立的采用对冲策略的这类私募基金之后就被称为对冲基金。但随着交易品种的丰富和市场的发展，对冲基金泛指所有私募基金，它们并不一定采用对冲措施，也就是说对冲基金管理的基金本身可以采用只做多或者只做空的方向性策略，也可以采用对冲的中性策略。

因为是私募基金，所以对冲基金的投资者相对公募基金的投资者来说风险承受能力更强，同时由于有业绩提成，所以私募基金策略也比较丰富。对冲基金有的以主观投资策略为主，有的以量化投资策略为主，也有混合模式的基金。与以主观投资策略为主的对冲基金相比，以量化投资策略为主的对冲基金占比更大。上面提到的各类量化投资策略都会被对冲基金采用，尤其是衍生品相关的策略，如期权、期货、复杂衍生品策略，对冲基金是主力。

3.4 其他投资策略分类方法

三方财富管理机构一般有自己的基金策略分类，以便进行相同类别的基金业绩对比和对客户推介。这些策略分类中的相当一部分策略是量化投资策略。它们的分类标准并没有那么严格，覆盖范围也不一定那么全面，它们只是对市场上已经有的策略进行大类归属。

比如国内的私募排排网，它们使用的分类如图 3-2 所示。

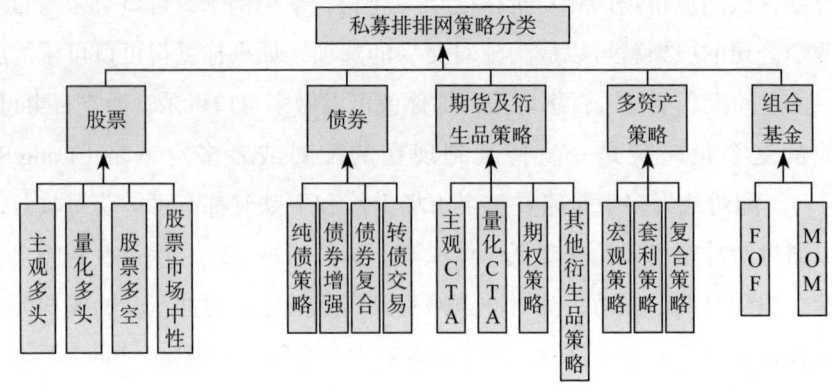

图 3-2　私募排排网策略分类

资料来源：私募排排网网站。

我们看到这个分类主要还是依据资产类型进行分类，既包括主观投资策略，也包括量化投资策略。需要注意的是，这个分类主要针对中国资本市场上可行的策略，并未涵盖国际市场中的可行策略。

国外对冲基金研究公司（Hedge Fund Research，简称 HFR）是全球知名的对冲基金数据和评级机构，它对私募基金策略进行了细致的分类，主要包括如图 3-3 所示的七大类。HFR 也会根据市场变化对这些类别进行调整。同时它的分类既包括量化策略也包括非量化策略。

中国市场的分类与这个分类有相似部分，其中有些策略不适合中国市场，因为不存在这种资产，但了解国外投资策略分类可以为国内后续策略的发展提供借鉴。

3.5　小结

本章对量化投资策略分类的维度、具体策略分类等相关内容进行了介绍。通过本章的阅读，读者应该能够区分基本的量化策略和它们所属的类别。本书第二部分会从策略逻辑要点、特征，及风险管理方面对这里的大部分策略进行讲解。

下一章将介绍投资风险管理的相关知识。

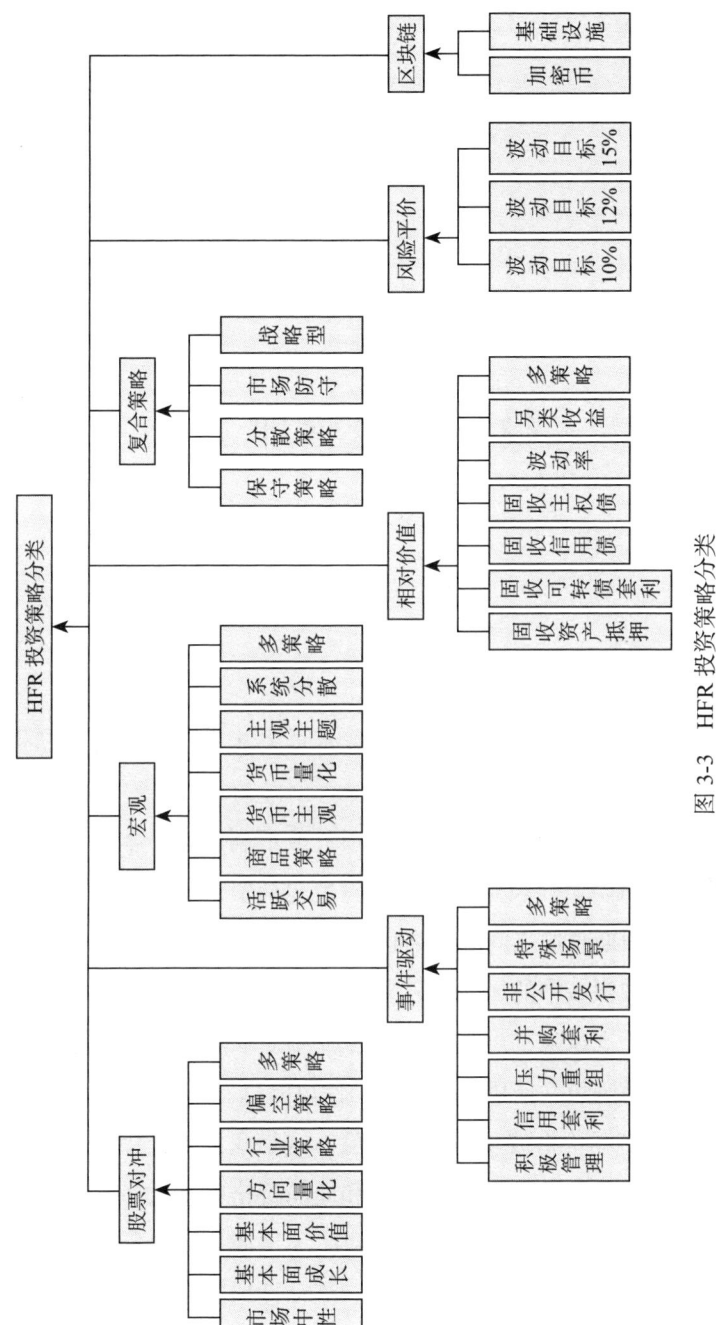

图 3-3 HFR 投资策略分类

资料来源：HFR 网站。

| 第 4 章 |

投资风险管理

4.1 引言

投资的目的是获得收益,但收益与风险永远无法进行分割,所以我们要了解风险并在投资过程中进行风险管理。

风险是指未来的不确定性可能导致的损失或不利后果。本书主要介绍的是金融领域中的投资风险。在投资领域,风险也包括资产、策略,或者任何投资组合的实际收益与预期收益之间的偏离程度。

具体来说,金融领域中的风险可以分为市场风险、信用风险、流动性风险、操作风险、法律和合规风险、声誉风险、国别风险等。投资作为金融的子领域,最需要关注的是市场风险、信用风险与流动性风险这三种类型。

市场风险是由市场价格波动引起的风险。这是我们投资中最常见、最重要的风险类型,比如股票价格、利率、汇率和商品价格的变动带来的相应投资组合损失的风险。信用风险是借款人或交易对手无法履行其合同义务而引起的风险,例如公司债券违约、贷款不还等情形。流动性风险是指无法迅速变现资产或在合理价格下变现资产的风险。对与股票、期货、期权相关的量化投资策略来说，市场风险和流动性风险是主要关注对象。对与信用债券相关的投资策略来说，还要考虑信用风险。

操作风险是由内部流程、人员、系统或外部事件引起的风险，例如人为错误、系统故障、欺诈行为等。法律和合规风险是由不遵守法律法规或合同义务引起的风险。声誉风险是指由声誉受损导致的风险。这些不在本书讨论范围之内。在银行的巴塞尔国际资本协议框架中，市场风险、信用风险、操作风险是银行的三大主要风险类型。

虽然风险的发生和影响都具有不确定性，难以完全预测，但如果遵循结构化的过程和方法就可以降低风险发生的概率，或者减少风险发生时的损失。对投资组合实施的这些过程和方法被称为风险管理和风险对冲。

风险管理是指通过识别、评估和优先处理风险来保护投资组合避免损失的过程；风险对冲是风险管理的一个步骤，旨在有目的地通过使用金融工具或策略来抵消或减少某一风险敞口引起的潜在损失。

风险敞口就是投资承担的风险的大小。我们使用量化指标来衡量风险敞口。每一种风险都需要选定相应指标来衡量这部分风险的大小。

本章首先讲述风险管理和风险对冲的框架，然后使用这个框架来对我们最关注的市场风险相关的概念、方法和管理过程进行详细描述。其他种类的风险也可以依据这个框架来管理，这里不再详细描述。

本章主要关注投资中的市场风险。

4.2 风险管理框架

在投资风险管理中，系统化的框架对于有效识别、评估、计量和管理风险至关重要。投资风险管理一般来说可以分成风险管理策略制定（风管策略制定）、风险计量、风险对冲、风险监控、对冲调整和持仓调整六个步骤。这些步骤与投资策略执行是紧密联系在一起的。投前、投中过程中需要进行风险对冲前后的风险敞口预估和计量，投后需要持续进行风险计量、风险监控、对冲调整或者持仓调整步骤。

由于在有些投资策略中，风险对冲是策略内生特征，风险对冲步骤在这些策略中不是必需的，例如，配对交易中的多空头类似股票的市场风险自然对冲。有些投资策略愿意承担投资风险，所以也不需要进行风险对冲。

图 4-1 展示了这六个步骤的执行路径。

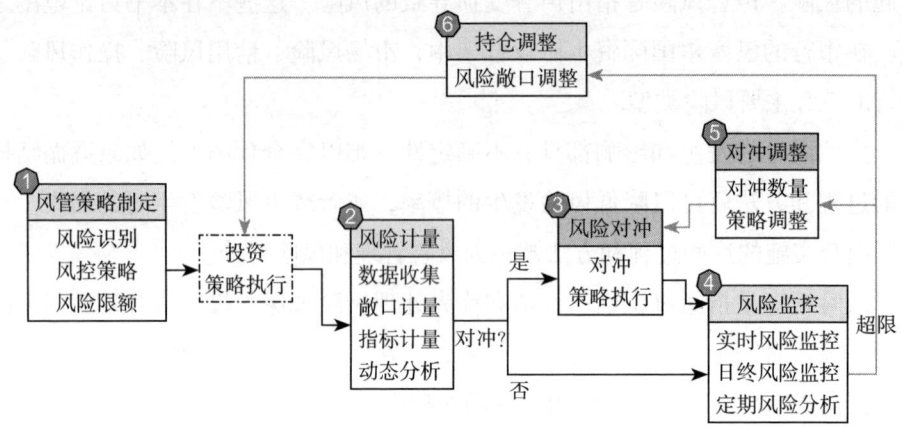

图 4-1　投资风险管理步骤的执行路径

- **风管策略制定**：在策略研发时，就应该同时制定风险管理策略。具体工作包括识别和确认投资策略可能承担的风险。然后对策略可能承担的这些风险制定风险限额，并决定如何管理这些风险。风险管理策略的结论可以是避免承担这部分风险，那就需要调整投资策略，或者对这部分风险敞口的大小进行控制，或者进行对冲管理。这些都是图 4-1 中第 1 步风管策略制定需要做的事情。
- **风险计量**：策略研发成功后进入投资策略执行阶段，也就是开始交易，产生持仓。这时我们需要对这些交易和持仓进行风险敞口计量，例如，最简单的风险敞口是持仓市值，汇总计算每一类资产的市值。
- **风险对冲**：如果风险管理策略中制定了风险对冲要求，就需要执行对冲策略执行流程。这包括选择对冲金融工具，动态评估对冲工具交易成本、对冲效率等，然后根据持仓风险敞口估算对冲交易数量，并执行对冲。对冲头寸建立后，与持仓一并进行风险敞口合并计量。

- **风险监控**：市场持续变化，持仓风险敞口、对冲工具风险敞口都在变化。这时需要持续监控这些风险敞口，并做假设场景风险分析，以预判风险发生后是否会超越限额。
- **对冲调整**：由于存在对冲成本且实操困难，我们是无法连续做对冲操作的。一般选择每日、每周调整，但最终还是要看市场变动的大小，如果变动剧烈，则需要提高对冲频率。
- **持仓调整**：如果风险敞口超越事先制定的风险管理策略中的要求，对冲措施又无法实施，或者成本太高，这时就需要调整持仓，降低风险源的敞口大小。

进行对冲调整或者持仓调整，风险降至规定的风险限额之内后，就会进入下一个策略执行周期。上面这些步骤周而复始。

市场风险是投资策略承担的主要风险。其他类型的风险也可以依据上述步骤进行管理，但实施细节上与市场风险有区别。

4.3 风险管理策略制定

风险管理策略是识别和确定可能影响投资策略组合的各种风险因素并提前制定风控措施的步骤。这个工作在研发投资策略时是需要同步评估的。

投资策略研发时，我们首先要识别这个策略可能承担的风险类型和具体风险大小。举个例子，我们有量化因子选股策略，根据选股范围和选股标准会得到持仓。这些持仓的特性会决定我们承担什么风险。例如股票投资策略承担股票市场风险，而且如果选股范围在小市值股票，那么投资策略还存在流动性风险。如果行业单一，则还有行业集中的风险等。

这些投资策略的风险策略研发人员或者投资经理会制定风险管理策略。对于识别出的风险，有三种风险管理策略：不承担这部分风险；将这部分风险转移到第三方，类似于买保险，这是有成本的；通过风险对冲降低或者彻底消除这部分风险，即风险缓释。

- 不承担这部分风险往往是因为这部分风险不可控，无法对冲，一般来说就是要选择没有这种风险的投资策略，也就是直接避免这种风险。例如，如果策略原计划投资某一个期货品种，但这个期货品种风险大，也不好对冲。这时策略调整就是把这个期货品种从投资范围中剔除。
- 风险转移是将风险彻底转移给第三方，一般通过完全匹配的风险对冲来实现。
- 风险缓释是使用风险对冲手段降低风险敞口的方法，一般就是使用具有相同风险特征的金融工具（衍生品）进行反向操作。

风险管理策略中如果要执行对冲，就需要设定明确的对冲策略和目标，例如减少特定风险的敞口或锁定投资收益，以及对冲工具、对冲比率、对冲时机和执行方式。一些对冲工具会完全将风险转移到交易对手方，但大部分即使对冲后也会有剩余风险敞口或者引进新的风险。

风险限额制度就是根据风险承受能力，在一系列风险指标层面制定风险敞口限额，使风险发生时的损失在可控范围之内。

风险限额制度是有效控制风险敞口的措施。对风险的限额和对冲措施体现了投资者对投资策略的风险偏好程度。

有了明确的风险管理策略，就可以进入投资策略的执行阶段，也就是开始交易。

4.4 风险计量

策略研发完成后进入模拟盘和实盘的策略执行阶段。这个阶段会根据交易信号发送订单，成交订单，产生持仓。这时我们需要对这些交易和持仓进行风险敞口计量。

风险识别确定的是投资策略承担了什么风险。风险计量的工作则是计算出投资策略承担了多大的风险。这实际上综合考虑了风险发生的概率与风险发生后的损失。

同一个资产类型有不同层次的风险敞口，不同资产类型风险敞口的定义和计算方法又不尽相同。

如图 4-2 所示，从市场风险角度，持仓交易相关的风险敞口指标可以从简到繁分为面值/市值敞口指标、敏感性指标、情景分析/压力测试指标、风险价值指标四个层级。

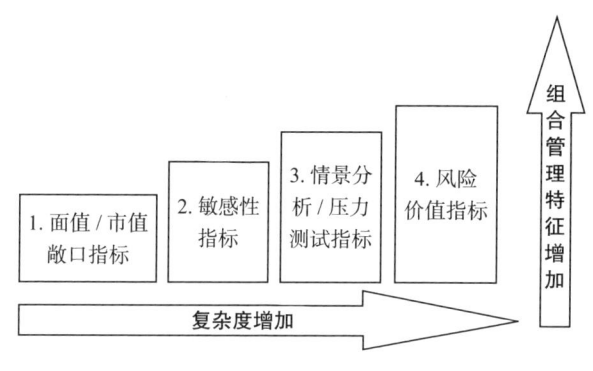

图 4-2　风险敞口指标层级

面值（Notional Value）敞口指标是最简单和容易计量的风险指标。这是因为面值字段含在交易条款中，不需要通过任何金融模型来计算。我们只需要将交易持仓的本金按照资产类别进行汇总。但要注意的点是，股票这一类资产的面值没有实际意义，这时就需要市值这个敞口了。

市值（Market Value）敞口指标则需要计算资产的市值，此时就需要资产的数量和单位价格。数量也是从交易条款中获得的，而价格就稍微复杂一些。如果市场上能够获得资产的公允价格，一般就会使用这个公允价格。但如果市场上没有公允价格的话，那就需要使用金融模型来对资产定价。

敏感性指标是指影响资产价格的风险因子变化对持仓资产价格的影响。与静态的当今市场价格相比，获得动态价格的过程会更复杂。从数学角度来说，敏感性指标是资产价格对于风险因子的一阶导数、二阶导数等。

情景分析/压力测试指标是要计量出如果特定市场情景发生，对于投资策略的损益和风险指标有什么影响。这些与敏感性指标紧密相连，但敏感性指标计量是在风险因子小范围内变动的计量结果，而情景分析/压力测试是真实或者虚拟场景下的市场变动结果，这时风险因子变动可以很大。

风险价值指标是指在一定置信区间下，一段时间内投资组合的最大损失是多少。与情景分析/压力测试一般只关心重点风险因子相比，风险价值指标是对综合多个风险因素、多个资产组合计量一个损益可能性的风险指标。

风险计量的步骤包括获取数据（交易持仓、持仓证券的静态条款、动态价格）和模型计算两个主要步骤。模型方面可以选择已有的模型，或者自行开发新的模型。

在风险计量规划的过程中，还需要确立风险计量和监控的频率，例如是每日收盘后计量监控，还是需要实时计量监控。频率不同，数据选取、模型计算的需求也就不同。一般来说，频率越高，对这些数据和模型的要求就越高。

4.4.1 面值/市值敞口指标

面值/市值敞口指标是最容易计量的。对于股票来说，我们不关心面值，只关心市值。股票面值是股权管理中的概念，而实际价值与面值差距极大。但对债券，尤其是利率债来说，面值是常用的一个风险敞口指标。这是因为虽然到期前债券价格波动，但到期日如果没有违约，债券是以面值兑付本金的。所以债券的面值在一定程度上反映了我们持仓风险的大小。债券交易时，这个面值就是确定的，所以计算或者监控面值指标是非常容易的。

对于衍生品来说，面值和市值都很重要。例如在利率互换的很多市场统计报告中，会时常看到市场规模是以面值和市值两个维度来统计的。在市值不确定的情况下，会更多使用面值来统计这个指标。衍生品的面值与市值差距巨大（隐含的意义就是衍生品杠杆高）。

股票的市值敞口计算非常简单：

$$市值敞口 = 持有股数 \times 每股价格$$

衍生品（如期权）的市值敞口公式：

$$衍生品市值敞口 = 持有手数 \times 乘数 \times 价格$$

其中持有手数、乘数、价格分别是衍生品的持有手数、乘数、价格。

4.4.2 敏感性指标

敏感性指标是用于衡量金融资产对市场因素变化反应程度的指标。这些指标可以帮助投资者了解和预测资产在市场条件变动下的表现，也可以将这些敏感性指标作为风险管理限额的指标。

经常使用的敏感性指标大致可以分为相对度量指标和绝对度量指标。相对度量指标主要测量市场因素的变化与金融资产收益变化百分比之间的关系。绝对度量指标是将相对度量指标转换成具体的货币单位，这个因投资组合仓位数量的不同而不同。通常，使用相对度量指标对市场风险做敏感性分析。

对于股票来说，我们一般用资本资产定价模型中的 Beta 系数（β）作为股票的系统风险敏感性指标（见表 4-1）。它衡量的是股票价格相对于指数变化而变化的大小。$\beta > 1$ 表示资产波动性大于市场波动性；$\beta < 1$ 表示资产波动性小于市场波动性；$\beta = 1$ 表示资产波动性与市场一致（后续内容会介绍 β 的计算公式）。举例来说，当股票的风险指标值是 β 时，如果市场价格变化 1%，则股票价格变动 β%。

表 4-1　股票敏感性指标

指标名称	解释
Beta 系数	Beta 系数是用来衡量个别股票受包括股市价格变动在内的整个经济环境影响程度的指标。Beta 系数用于度量股票价格相对于选定指数的变动风险

对于衍生品来说，敏感性指标是一系列的希腊字母值，分别对应各个风险因子变化情况下衍生品价格变化的大小，具体如表 4-2 所示。

表 4-2　衍生品敏感性指标

指标名称	解释
Delta	衍生品（包括期货、期权等）的价格相对于其标的资产（Underlying Asset）价格变化的敏感程度，Delta 用于度量相对于标的资产的价格风险。它表示基础资产价格变动 1 单位时，衍生品价格的变动
Gamma	Delta 本身相对于其标的资产价格变化的敏感程度。Gamma 通常与 Delta 配合使用，以提高相对于标的资产价格风险的精度
Vega	Vega 是衍生品的价格相对于其波动率（Volatility）变化的敏感程度，Vega 用于度量有期权性质的资产的风险。它表示隐含波动率变动 1 个百分点时，期权价格的变动
Theta	衍生品的价格相对于距其到期日时间长度变化的敏感程度。Theta 通常为负，表示随着到期日的临近，期权价格会逐渐降低
Rho	衍生品的价格对利率水平变化的敏感程度，Rho 用于衡量利率风险。对于看涨期权，Rho 通常为正；对于看跌期权，Rho 通常为负

4.4.3 情景分析/压力测试指标

情景分析和压力测试是金融风险管理中常用的分析方法,可以用于评估投资策略组合在不同市场条件下的表现。定义这些不同市场条件实际上就是输入影响投资策略的市场变化参数,例如股票大盘变动百分比、利率上升或下降变动量、宏观 GDP(国内生产总值)的变动、底层资产波动率变化等。这些方法可以帮助投资者和风险管理者理解潜在的风险和应对措施。

情景分析是通过假设一系列特定的市场条件或事件,评估这些情景对投资组合或单个资产的影响。情景分析可以包括宏观经济变化、市场波动、政策变化等。

举个例子,假设我们的投资组合中包括股票和债券。为了进行情景分析,可以设定以下宏观经济情景和特定行业情景。

- 经济增长情景:假设全球经济增长率提高至 4%。
- 经济衰退情景:假设全球经济增长率下降至 -2%。
- 利率上升:假设美联储提高基准利率至 6%。
- 科技股熊市:假设科技股整体下跌 20%。
- 科技股牛市:假设科技股整体上涨 25%。

在每种情景下,我们都可以将这些参数传导至估值模型来计量其投资组合的表现,例如股票价格、债券收益率和整体投资收益的变化。通过这种方式,就可以在一定程度上识别潜在的风险和机会,并制定应对策略。

压力测试是通过模拟极端但可能发生的市场事件,评估这些事件对投资组合或金融机构的影响。压力测试是一种特殊的情景分析,通常用于评估投资组合在最坏情景下的风险暴露和损失。

假设我们想要评估投资组合在金融危机中的风险暴露。为了进行压力测试,我们可以模拟以下情景:

- 股票市场崩盘:假设全球股票市场下跌 40%。
- 资金市场冻结:假设隔夜资金市场利率飙升至 20%,导致流动性恶化,企业债券价格暴跌，企业技术性违约。
- 失业率大增：社会失业率上升至10%。

在这种压力测试中，使用模型来计量和评估其投资组合的损益和风险指标的变化，这有助于投资经理了解在极端市场条件下的潜在损失，并制定应急措施。

4.4.4 风险价值指标

风险价值（Value-at-Risk，VaR）是多资产投资机构计量市场风险常用的指标。风险价值是指在一定的持有期和给定的置信水平下，利率、汇率等市场风险要素发生变化时可能对某项资金头寸、资产组合或机构造成的潜在最大损失。

这里的几个关键参数是：持有期长度、置信水平和潜在最大损失。图 4-3 展示了一个持有期为 1 天，置信水平为 99%，风险价值（绝对）为 3.5m（m 指 million，百万）的风险价值示意图。x 轴为投资组合的每日损益。y 轴是每一个损益区间的频率。这个频率统计是投资组合前 1 年每日损益的频率。曲线实际上就表达了投资组合每日损益落在一个损益区间的频率。一般来说，大部分日期损益变动不大，但有几天会有比较大的损失或者收益。所以一般来说，这个损益分布曲线是钟的形状，接近于正态分布。图 4-3 还展示了损益频率分布和几个关键数据点的位置。

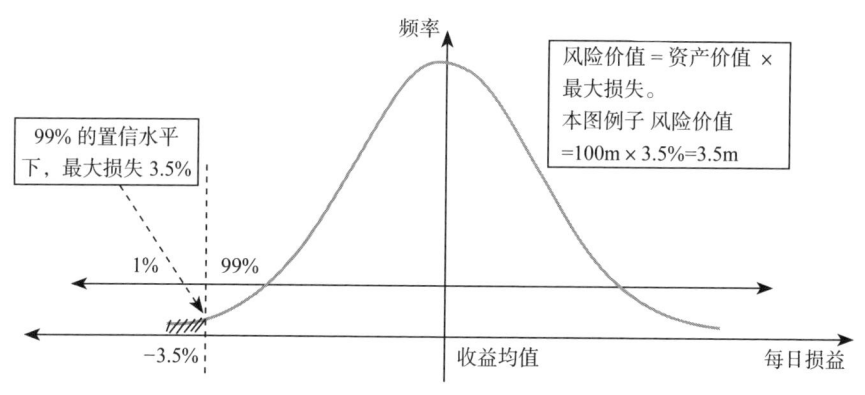

图 4-3　风险价值示意图

实践中主要有三种方法来计算风险价值：

- **方差 – 协方差法**：方差 – 协方差法通过假设资产收益是正态分布的，基于投资组合的方差和协方差矩阵来计算 VaR。
- **历史模拟法**：历史模拟法通过直接使用历史数据来估计 VaR，不依赖特定的分布假设。
- **蒙特卡洛模拟法**：蒙特卡洛模拟法通过构建资产价格的随机模拟路径来估计 VaR。它使用随机生成的资产收益分布来模拟未来可能的价格路径。

这三种 VaR 的计算方法各有优缺点，选择合适的方法需要考虑投资组合的复杂性、数据可用性和计算资源。方差 – 协方差法适合简单且正态分布的投资组合，历史模拟法适合直接使用历史数据的情景，而蒙特卡洛模拟法则适用于复杂和有非线性风险的投资组合。

4.5 风险监控

在投资策略运行过程中，需要持续监控投资组合的收益表现和风险计量过程中计算出的风险指标的变化。随着市场条件或投资组合发生变化，这些组合的风险指标（也称作风险敞口）也会发生变化。

具体来说，我们需要监控风管策略制定方案中事先设定的风险指标，这些风险指标代表的是策略的风险敞口。我们需要将当前的风险指标与设定的限额进行比较。有些指标是硬性管理指标，如果超限必须进行对冲调整或者持仓调整以降低风险敞口。有些指标是预警类或者参考性指标。这两类指标需要结合具体市场情景和对未来的判断来决定是否进行风险敞口调整或者对冲。

常用的风险指标如表 4-3 所示。

对于量化投资策略来说，风险指标还包括后续投资策略绩效评估章节中介绍的交易类的指标。对于交易员和风控人员来说，这是每日盯盘工作中重要的一部分。

根据这些指标的大小和趋势，投资经理会评估策略的运行情况，然后进行相应的开平仓策略调整，或者进行风险对冲。

表 4-3 常用的风险指标

类别	风险指标
面值或市值	面值或市值（规模）小于某一个值
收益类指标	持仓损失要小于某一个值
敏感性指标	衍生品的 Delta、Gamma，或者 Vega，债券的 DV01、CVX01
分析类指标	特定市场情景下损失不能超过一个值，包括压力测试
综合类指标	VaR 值（损失）不能超过某一个值
其他风控类指标	如最大回测等风险类指标
其他综合类指标	如夏普比率等综合类指标

如果风险指标临近限额水平，更需要紧密进行监控，判断风险管理手段的实施频率，防止风险指标不断在限额线上下波动，导致对冲操作过于频繁，产生损失。

4.6 风险对冲

风险对冲是一种风险管理手段，指通过使用金融工具和策略来减少或消除投资组合中某些风险敞口的过程。对冲的主要目的是保护投资组合免受市场波动或不利事件的影响，从而稳定投资收益。

风险对冲的实践可以追溯到 19 世纪中叶的期货市场。1848 年，芝加哥期货交易所（CBOT）成立，成为世界上第一个正式的期货市场。农民和商人通过期货合约对冲农产品价格波动的风险，确保未来的收益。

当基金经理进行风险对冲时，大体上是按照以下具体步骤开展的：

1）确定风险敞口：识别和计量量化投资组合中需要对冲的风险因素。

2）选择对冲工具：根据风险类型选择合适的对冲工具，如期货、期权等。

3）计算对冲头寸：确定需要多少对冲工具来实现有效对冲，即对冲系数（Hedge Ratio）。

4）执行对冲策略：在市场上买入或卖出对冲工具。

5）监控和调整：持续监控对冲效果，并根据市场变化调整对冲头寸。

风险对冲是用某个与持仓资产相关的金融工具做反向风险敞口的交易。对于股票来说，CAPM 理论将其收益来源分成市场收益部分（Beta 部分）和股票特有的收益部分（Alpha 部分），也就是说这两个收益来源对应着市场风险敞口和个股风险敞口两部分。股票的风险对冲策略主要是消除市场风险敞口部分，保留这只股票的个股风险敞口，进而获得股票的个体 Alpha 收益。这部分收益考验的是对个股的选择能力，对冲基金追求 Alpha 收益。所以股票对冲常用的对冲金融工具是反映市场风险的股指期货和期权。

对于利率来说，可以用债券期货、互换、利率远期来对冲利率风险。对于信用债来说，可以用信用违约互换（CDS）对冲信用风险。

对冲系数是投资组合的风险敞口与对冲工具的价值比率。它表示为了有效对冲风险，投资者需要持有多少对冲工具。对冲系数的计算公式如下：

$$对冲系数 = \frac{投资组合的风险敞口}{对冲工具的价值}$$

举例：用股指期货对冲股票投资组合。

假设投资者持有一个由多只股票组成的投资组合，总价值为 10 000 000 美元。为了对冲市场下跌的风险，投资者决定使用股指期货进行对冲。

步骤 1：确定风险敞口。首先，识别投资组合的市场风险敞口，假设投资组合的 Beta 系数为 1.2，表示其波动性大于市场。

步骤 2：选择对冲工具。选择合适的对冲工具，此例中选择标准普尔 500 指数期货（S&P 500 Futures）。

步骤 3：计算对冲头寸。假设一份标准普尔 500 指数期货合约的价值为 250 000 美元。对于股票投资组合来说：

$$投资组合的风险敞口 = 投资组合的市场价值 \times Beta 系数$$

$$对冲系数 = \frac{投资组合的市场价值 \times Beta 系数}{每份期货合约的价值}$$

输入具体数值，得到对冲系数为 48。

$$对冲系数 = \frac{10\ 000\ 000 \times 1.2}{250\ 000} = 48$$

因此，投资者需要卖出 48 份标准普尔 500 指数期货合约来对冲其股票投资组合的市场风险。

需要注意的是，这里我们是计算投资组合对于期货合约价格变化的对冲系数。如果是对指数价格变化进行对冲，还需要计算指数期货合约的 Beta 系数。

步骤 4：执行对冲策略。在市场上卖出 48 份标准普尔 500 指数期货合约。

上文提到 19 世纪 CBOT 开业，农民和商人使用期货对冲交易是为了进行风险管理。但从 20 世纪中叶起，投资经理开始利用对冲原理来进行投资。基于对冲的投资策略出现的标志性事件是 Alfred Jones 于 1949 年建立了第一只对冲基金。

步骤 5：监控和调整。监控对冲效果，根据市场情况的变化，调整对冲。

对冲交易执行之后，随着市场情况的变化，投资组合的风险敞口也会发生变化，这之前对冲工具也许不能将风险敞口对冲掉或者过度对冲了，这时就需要进行对冲调整。对冲工具的流动性也可能发生变化，导致常用的对冲工具成本变高，严重蚕食策略收益。这时就需要转换成不同的对冲策略甚至停止策略来应对。

4.7 小结

本章介绍了投资风险管理的基本概念、风险管理流程、风险分析方法、风险对冲、风险监控等知识。投资过程中的风险管理是指通过风险管理策略制定、风险计量、风险对冲、风险监控、对冲调整和持仓调整等步骤来保护投资组合避免损失的过程。风险对冲是指通过使用金融工具或策略来抵消或减少某一风险敞口的潜在损失的过程。

通过阅读本章，读者应该对这些投资风险管理的框架有一定的理解。风险是投资过程中不可避免的一部分。正确理解和科学管理风险是实现长期投资成功的关键。投资者需要通过系统的风险限额和风险对冲等风险管理手段来有效管理和控制风险，以在复杂多变的市场环境中实现或者超越预期的投资目标和收益。

下一章将介绍投资策略绩效评估。

| 第 5 章 |

投资策略绩效评估

5.1 引言

投资人、FOF（基金中的基金）经理，或者基金销售人员都需要有一定的判断标准来选择未来要投资的基金或者评价已有的投资；基金经理也需要指标体系来评价自身的策略或者基金的表现，这样后续进行投资策略的优化时才能有定量评估的依据。前者的衡量体系一般既包括定量指标评估，也包括定性评估，而基金经理更关注于定量指标。绩效评估不是简单地比对收益率高低，而是要使用多项指标综合评估。

从不同维度和视角看，定量绩效评估可以分为指标评估和归因分析两种。指标评估工作主要包括三个方面，首先是收集指标计量需要的输入数据，然后根据公式来计算出这些绩效指标，最后是根据其中一个或多个指标进行综合策略评估。归因分析主要是对投资组合的收益来源进行分解，了解策略盈利或者亏损的来源。

因为我们只能根据历史数据来计量策略的表现，所以这些指标严格来说只能是对历史的评价。一般来说这些基于历史数据的策略指标对判断未来策略的表现有一定参考意义，但也要注意使用这些指标的认知误区。

一是过分简单化，只选择收益率指标来评估策略，而不关心风险。投资的首要目的是获得收益，但为了获得收益也必将承担一定风险。在关注收益高低的同时必须考虑风险的大小。收益水平必须与承担的风险相匹配。所以我们的绩效指标体系包括收益类指标、风险类指标和综合类指标（即综合了风险与收益的）。

二是过分依赖历史绩效指标来判断未来的策略表现。因为历史表现是在一定市场条件下发生的，市场条件可以改变，但策略也许不适合新的市场状态。如果投资经理不能快速地改变或者修正策略，那么未来表现就会比历史表现差。还有就是区分偶然性和必然性。通俗地讲就是评估运气成分有多少。

本章讲述的就是如何计算策略的收益、风险和综合指标，这些指标和计量方法不仅可以用在量化投资策略上，还可以用在主观、技术面分析等投资策略评估上。当然有些指标只对特定策略类别有使用意义。

投资者使用策略的历史收益、风险及综合指标来评估策略表现，衡量策略研发和执行者的能力，建立未来投资决策的量化依据。同时因为投资者对策略的收益率和风险有不同要求，所以会使用综合指标体系来帮助选择最适合的投资策略。

三个常见的策略绩效评估场景为：

场景一：买方和服务于买方的（如基金投资者）在进行财富管理时通常以基金披露的净值为基础进行指标计量和绩效评估。

场景二：对处于研发阶段且没有上实盘的策略，资金/策略管理方（投资经理、策略研发人员等）通常以模拟交易流水为基础输入数据进行绩效指标的计量和绩效评估。

场景三：对已经上实盘的策略，资金/策略管理方（投资经理、策略研发人员等）通常以真实交易流水为基础输入数据进行绩效指标计量和绩效评估。

在这些场景中因为能得到用来计量指标的输入数据是不一样的，所以能计量的绩效指标和评估方法都不一样。例如你是基金投资者，你只能获得每日的基金净值，还有季报和年报中的部分持仓信息，但你是得不到每日的交易流水的。那么就只能计量依赖于净值数据的指标，如净值收益率、回撤、收益波动率等。但如果你本身就是策略的研发人员，或者基金公司的内部人员，有策略的交易流水和资金流水，那么就能计算所有我们关心的指标。

基于这些场景下指标计量工作也是相通的，我们一般会在场景二和场景三中，将策略或者基金的净资产先计算成净值，然后将这个净值使用在场景一中的指标中。本章 5.2 节将介绍基于场景一的基于净值的指标计量，5.3 节将描述场景二和场景三下如何将交易流水转换成净值，然后使用净值计算出绩效指标。

另外一个指标评估需要关注的维度是评估指标的计量频率。一般来说我们最常用的是计量日频的策略指标，也就是每日收盘后计量绩效指标，并进行绩效评估。对于高频策略，还需要计算分钟甚至 Tick（逐笔成交）级别的指标，这时就需要相应频率的输入数据，但计算方法基本都是一样的。

5.2 以单位净值为基础的指标计量

单位净值（Net Asset Value，NAV）是一个基金领域的概念，它是每份基金单位所代表的资产净值。而这个净值就是基金资产减去基金负债（包括投资组合中的负债和基金的管理运营等费用）而得到的净资产除以基金份额得到的数值。净值的变化代表着基金每单位资产的损益变化。净值是一个重要的衡量指标，也是计算其他基金指标的主要输入。基金发行时净值一般为 1，所以如果你购买 1000 元的基金，那么你得到的就是 1000/1 = 1000 份基金。这样后续只要监控基金净值的大小就能知道基金的收益了。

我们可以把投资策略看成一只基金，设定原始的资金投入，策略开始时净值设为 1，然后在策略运行过程中进行交易，策略资产和负债价值不断变化。我们可以借用净值这个概念来计量投资策略的绩效指标，那么基于净值的绩效评估方法论也就适应于我们关注的投资策略了。

计算基金/策略净值时，要先进行数据准备，然后分别计算收益类指标、风险类指标和综合类指标。

5.2.1 数据准备

以净值为基础的指标计算和绩效评估的数据要求相对简单。需要的数据如表 5-1 所示。

我们后面可以看到，并不是所有的指标计算都需要上述全部信息。一般来说，表 5-1 中净值表、分红表和无风险利率这三个信息是大部分指标计算都需要的。我们也可以对无风险利率进行简化，确保它在一段时间内是不变的。

表 5-1 绩效指标计量的数据输入

数据类别	数据名称	需要字段	描述	变量命名
基金/策略信息	净值表	日期、单位净值	基金公开的每日净值，或者自己研发的策略的每日净值	Nav_j
基金/策略信息	基金份额	日期、持有数量	持有的基金份额	N
基金/策略信息	分红表	日期、分红基数、分红值	当日净值一般是没有除权的，即没有考虑到分红信息，因此还需要分红表。累计净值已经对分红进行了除权	Div_i, CF_i
利率信息	无风险利率	日期、利率值	一般选择短期的国债收益率	R_f
基准信息	基准指数	日期、指数值	可以是指数，也可以是另外一只基金的收益率。如果是基金，则需要除权后的累计收益率	R_b
市场数据	市场预期收益	日期、预期收益	CAPM 模型中的概念，如果持有整个市场资产的预期收益，那么实操中就要选择一个宽基收益作为市场预期收益。市场预期收益用来计算夏普比率等	R_m

5.2.2 收益类指标

持有期损益

持有期损益 P&L（Profit & Loss） 的公式如下：

$$P\&L(货币单位) = (Nav_j - Nav_i) \times N$$

式中，Nav_j 代表 j 时刻的净值；Nav_i 代表 i 时刻的净值；N 代表基金份额。

这里假设从时间 i 到时间 j 的基金份额不变。如果期间基金份额有改变，一种计算损益方法就是对每笔新买入或者赎回的基金份额进行单独计算。

持有期简单收益率

持有期简单收益率 (R_{ij}) 就是从时间 i 到时间 j 的基金收益率。

$$R_{ij} = \frac{\text{Nav}_j - \text{Nav}_i}{\text{Nav}_i} = \frac{\text{Nav}_j}{\text{Nav}_i} - 1$$

收益率年化处理

由于持有期时间长短不同，不同基金策略的简单收益率很难进行横向比较。这时就需要对这些持有期收益率进行标准化处理，一般是转换成以年为周期的收益率。将区间简单收益率转成一年的收益率的过程叫作**收益率年化**。获得的收益率被称为年化收益率。

年化收益率适用于比较不同投资周期的投资收益，可以让投资者对不同时间段的投资表现进行公平对比，尤其在长期投资或跨年度投资时尤为重要。

收益率年化处理公式：

$$\text{Annualized\_R} = (1+R)^{\frac{1}{T}} - 1$$

式中，Annualized_R 代表年化收益率；R 代表持有期简单收益率；T 代表持有期（按年计算），$T = \frac{\text{ndays}}{365}$，ndays 是持有期天数，365 是每年的天数。

多时间段收益率

多时间段收益率（Multi-Period Return，MPR）衡量的是投资在多个连续时间段内的累积收益情况，通常使用几何平均收益率来计算。

此指标适用于评估一个投资在多个时间段内的整体表现，特别是在投资分为多个阶段、每个阶段收益率不同的情况下，该指标可以更全面地反映长期投资的效果。这里讨论的多时间区间，只有当每个时间区间的时间长度相同才有意义。以每月当月收益率来说，我们需要计算前 12 个月的月度平均收益率来描述这 12 个月的收益。平均收益率可以用几何平均计算，也可以做算术平均计算，但几何平均方法更常用，也更接近基金的实际表现。

n 个时间段收益率 MPR 的计算公式：

$$\text{MPR} = \left(\prod_{i=1}^{n}(1+R_i)\right)^{\frac{1}{n}} - 1$$

式中，R_i 代表 i 时间段的收益率。

这些指标在投资策略评估中有着不同的应用场景和适用性，通过合理选择和计算，可以帮助投资者更全面、准确地了解投资绩效。

5.2.3 风险类指标

投资风险是指在投资过程中资产存在损失的可能性。行业中有很多量化指标用来从不同角度衡量风险的大小。其中最简单的风险度量指标就是投资收益率的波动率（Volatility）。它是衡量投资收益率的波动程度的指标，也就是净值收益率的样本标准差。波动率一般使用字母 σ 表示，其计算公式如下

$$\sigma = \sqrt{\frac{1}{N-1}\sum_{i=1}^{N}(R_i - \bar{R})^2}$$

式中，R_i 是计量期间，每一个单独时间段的收益率，总共 N 个；$\bar{R}$ 是 N 个收益率的平均值。

在上面波动率的计算公式中，我们把上行和下行的收益率变动都考虑进去了。但风险是指可能的损失，不是收益。所以如果你持有的是多头，超过平均收益率的收益率是有利的盈利情景，并不适合计入风险。这时候我们就可以只考虑下行收益率波动率。下行波动率是计算波动率时，只将低于平均收益率的波动计入。这时计算的波动率叫下行波动率：

$$\text{SemiVol } \sigma_d = \sqrt{\frac{1}{N-1}\sum_{i=1}^{N}\min(0, R_i - \bar{R})^2}$$

最大回撤（Maximum Drawdown，MDD）是指在一段时间内，投资组合从峰值到谷值的最大跌幅：

$$\text{MDD} = \max_{1 \leq i \leq j \leq N}\left(\frac{\text{Nav}_i - \text{Nav}_j}{\text{Nav}_i}\right)$$

式中，Nav_i 是第 i 时期的净值的峰值；Nav_j 是第 j 时期的净值谷值。$1 \leq i \leq j \leq N$ 表示在观察期间内的所有可能峰值和谷值。

恢复天数（Recovery Days）是指从最大回撤发生到投资组合恢复到之前峰值所需的天数。

假设我们有一组每日价格数据 $P_t(t=1,2,\cdots,T)$。最大回撤期间的峰值日期为 t_{peak}，谷值日期为 t_{trough}，恢复日期为 t_{recovery}。恢复天数可以按照下面的步骤计算出来：

1）找到峰值日期 t_{peak}

$$t_{\text{peak}} = \text{argmax}_t(P_t)$$

式中，$\text{argmax}_t(P_t)$ 指 P_t 函数输出最大时的 t。

2）在峰值日期之后找到最小值日期 t_{trough}

$$t_{\text{trough}} = \text{argmin}_{t_{\text{peak}} \leq t \leq T} \left(\frac{P_t - P_{t_{\text{peak}}}}{P_{t_{\text{peak}}}} \right)$$

式中，$\text{argmin}_{t_{\text{peak}} \leq t \leq T} \left(\frac{P_t - P_{t_{\text{peak}}}}{P_{t_{\text{peak}}}} \right)$ 指 $\left(\frac{P_t - P_{t_{\text{peak}}}}{P_{t_{\text{peak}}}} \right)$ 函数输出最小时的 t。

3）从谷值日期 t_{trough} 开始找到恢复到峰值的日期 t_{recovery}

$$t_{\text{recovery}} = \min\{t > t_{\text{trough}} \mid P_t \geq P_{t_{\text{peak}}}\}$$

4）计算恢复天数

$$\text{Recovery Days} = t_{\text{recovery}} - t_{\text{trough}}$$

通过这些风险类指标，投资者可以更好地理解和管理他们的投资风险。

5.2.4 综合类指标

上面两个小节我们单独计量了收益和风险的指标，如果只看一个维度，比如收益，是不是历史收益率 30% 的策略未来表现就比 20% 的策略好？答案是不一定的。因为 30% 的收益率可能承担了非常大的风险，未来这个风险可能暴露出来而导致亏损。所以我们要同时从收益和风险两个视角去评估策略。收益和风险两个视角的综合指标又被称为风险调整后的收益指标。

在讨论综合类指标之前，我们需要了解资本资产定价模型（Capital Asset Pricing Model，CAPM）。

CAPM 是现代金融理论中一个非常重要的模型，它主要用于评估资产的预期收益率与所承担的风险之间的关系。CAPM 由美国经济学家威廉·夏普（William Sharpe）、约翰·林特纳（John Lintner）和简·摩辛（Jan Mossin）等学者于 20 世纪 60 年代初独立提出，该模型建立在马克维茨的资产组合理论和资本市场理论的基础上。

CAPM 假设在一个有效的市场上，资产的价格反映了其风险与预期收益之间的平衡。该模型提供了一个框架来估计风险资产的预期收益率，并且假设所有投资者都寻求最大化他们的投资组合的期望收益率，同时最小化风险。

在 CAPM 中，资产收益中包括了两种类型的风险：系统性风险（也称为市场风险）和非系统性风险（也称为特有风险）。系统性风险是无法通过分散投资来消除的，非系统性风险则可以通过持有多种资产来降低。某一个资产的市场风险可以由它的贝塔系数（β）来衡量，β 是相对于市场整体变动的敏感性的指标。如果一项资产的贝塔系数为 1，则表示该资产的波动与市场相同；如果贝塔系数大于 1，则表示该资产的波动比市场更大；若小于 1，则表示波动较小。

贝塔系数（β）可以由下面的公式来计算：

$$\beta_i = \frac{\text{Cov}(R_i, R_m)}{\text{Var}(R_m)}$$

式中，$\text{Cov}(R_i, R_m)$ 是 R_i（资产 i 收益率）和 R_m（市场收益率）的协方差；$\text{Var}(R_m)$ 是 R_m 的方差。

贝塔系数 β_i 越大，资产 i 相对于市场变动的敏感性就越高。它衡量了资产相对于市场整体的系统性风险。

有了这个资产的贝塔系数 β_i，并且我们知道整个市场的预期收益，以及无风险利率，就可以使用下面这个 CAPM 公式来计算出此资产的预期收益率：

$$E(R_i) = R_f + \beta_i(E(R_m) - R_f)$$

这里，无风险利率 R_f 是指投资者可以从无风险资产（如政府债券）获得的确定收益率。市场 $E(R_m) - R_f$ 被称为风险溢价，是市场组合的预期收益率与无风险利率之间的差额，风险溢价表示投资者为了承担额外的市场风险而要求的额外收益。

CAPM 的一个重要应用是在投资决策中评估资产是否被合理定价。如果实际收益率低于 CAPM 预测的收益率，则资产可能被高估；反之，则可能被低估。

需要注意的是，虽然 CAPM 是一个强有力的理论模型，但它也有一些局限性，例如它依赖于一些严格的假设条件，而这些条件在现实世界中往往不成立。例如，所有投资者都有相同的市场预期、可以自由借贷、没有交易费用和税收等。因此，尽管 CAPM 提供了一个有用的指导原则，但在实际应用中还需要考虑其他因素。

Alpha（阿尔法）在金融和投资领域中是一个重要的概念，它衡量的是一个投资组合的实际收益超过预期收益的程度。Alpha 可以被视为投资经理的技能或者投资策略的有效性的度量标准之一。

Alpha 的概念来源于资本资产定价模型（CAPM）。从 CAPM 的公式中我们可以计算出给定资产或投资组合的预期收益率。然而，在实践中，投资组合的表现可能会偏离这一预期值。如果投资组合的表现优于预期，则认为该投资组合产生了正的 Alpha，该投资组合在考虑了风险调整后的表现优于市场平均水平；如果表现不如预期，则产生了负的 Alpha，表现不如市场平均水平。

Alpha 可以通过以下公式计算得出：

$$\text{Alpha} = R_p - [R_f + \beta_p(R_m - R_f)]$$

式中，$[R_f + \beta_p(R_m - R_f)]$ 实际上就是 CAPM 的公式计算出来的投资组合的预期收益率。R_p 为投资组合时间收益率。因此，Alpha 公式本质上是比较实际收益率与预期收益率的差异。

夏普比率

夏普比率（Sharpe Ratio）是一种衡量投资组合每单位波动性所获得的超额

收益的指标。它帮助投资者理解一个投资组合（如股票、基金等）相对于无风险利率的超额收益率相对于其标准差（即风险）的大小。

夏普比率定义为投资组合的超额收益与其收益的标准差之比。这里的超额收益是指投资组合的收益减去无风险利率。

夏普比率可以用以下公式表示：

$$夏普比率 = \frac{R_p - R_f}{\sigma_p}$$

式中，R_p 是投资组合的收益率；R_f 是无风险利率；σ_p 是投资组合收益的标准差。

特雷诺比率

特雷诺比率（Treynor Ratio）是一种衡量资产或投资组合系统性风险调整后的收益指标。与夏普比率不同的是，特雷诺比率仅考虑了市场风险（贝塔值），而不是总风险（标准差）。这意味着特雷诺比率更适合用来评估资产组合相对于市场的表现。

特雷诺比率是投资组合的超额收益与其贝塔值的比率。这里的超额收益是指投资组合的收益减去无风险利率。计算公式如下：

$$特雷诺比率 = \frac{R_p - R_f}{\beta_p}$$

式中，R_p 是投资组合的收益率；R_f 是无风险利率；β_p 是投资组合相对于市场的贝塔系数。

信息比率

信息比率（Information Ratio，IR）是一种衡量投资组合超额收益相对于其跟踪误差的表现指标。它通常用于评价主动管理型基金的表现，尤其是相对于其基准指数的表现。

信息比率是投资组合的超额收益与其跟踪误差的比率。这里的超额收益是指投资组合的收益减去其基准的收益。

信息比率的公式如下：

$$信息比率 = \frac{R_p - R_b}{\sigma_{p-b}}$$

式中，R_p 是投资组合的实际收益率；R_b 是基准的实际收益率，超额收益（Excess Return）$=R_p-R_b$；σ_{p-b} 是投资组合收益与基准收益之间差异的标准差，又叫跟踪误差（Tracking Error）。

$$跟踪误差 = \sqrt{\frac{1}{N-1}\sum_{i=1}^{N}[(R_{p,i}-R_{b,i})-\overline{(R_{p,i}-R_{b,i})}]^2}$$

式中，$R_{p,i}$ 是第 i 期投资组合的收益率；$R_{b,i}$ 是第 i 期基准的收益率；$\overline{(R_{p,i}-R_{b,i})}$ 是 $R_{p,i}-R_{b,i}$ 的平均值；N 是期数。

Calmar 比率

Calmar 比率（Calmar Ratio）用于评估基金或投资组合在最大回撤情况下的风险调整收益。它通过将年化收益率与最大回撤进行比较来评估基金的表现。Calmar 比率越高，意味着在经历最大回撤的情况下，基金的收益越高。

$$\text{Calmar}比率 = \frac{R_p}{\text{MDD}}$$

式中，R_p 是年化收益率；MDD 是最大回撤，指投资组合从峰值到谷值的最大跌幅，通常用百分比表示。

Sortino 比率

Sortino 比率（Sortino Ratio）用于评估投资组合在只考虑下行风险（下行波动率）情况下的风险调整收益，适用于评估那些有负面收益或高波动性的投资。

$$\text{Sortino 比率} = (R_p - R_f)/\sigma_d$$

式中，R_p 是投资组合的平均收益率；R_f 是无风险利率；σ_d 是下行波动率。

以上综合类指标反映了风险调整后的收益，可以帮助投资者更全面地评估策略的好坏。

5.3 以交易流水为基础的指标计量

研发人员或者管理者是有策略交易流水和持仓的，那么他们就可以计算以交易流水和持仓为基础的指标，加上资金流水，就可以计算以交易流水为输入的策略指标，可以更加细致地进行绩效评估。

模拟盘和实盘的区别在于其交易流水中的成交价格在模拟盘时是估计的，而实盘策略是真实的交易价格。一旦交易价格确定，实盘和模拟盘策略的后续计量就没有区别。所以我们可以一并描述如何对实盘和模拟盘策略进行指标计量和绩效评估。

在做策略绩效计量之前需要确定的是要选取什么视角来计量这些指标。如果你只是用来评估自己开发的策略，那么不需要考虑策略/基金管理费用，只需要关注买卖证券引起的损益（包括交易费用）；但如果你是基金经理，就需要计量管理费、销售费用等费前和费后的收益。下面的计量中我们忽略非交易费用部分。

下面讲述如何根据交易流水来计算策略的净值，有了净值就可以根据上面章节中基于净值的输入来计算净值指标了。

5.3.1 数据准备

基于交易流水的指标计量和绩效评估对各种标的通用数据的要求如表 5-2 所示。

表 5-2 策略通用数据

数据类别	数据名称	需要字段	描述
策略信息	交易流水	日期、交易标的、交易数量、交易方向、成交价格、交易费用	
策略信息	初始资本金	日期、出入金方向、金额	对于模拟盘策略，需要设定初始的策略本金。一般保持这个本金不变
行情信息	交易标的每日行情中收盘价或者结算价	日期、收盘价或者结算价	用来计算每日损益

我们还需要知道这个策略涉及的证券品种，计量不同品种需要的数据也不

同。例如股票需要分红数据，而债券需要票息数据。

表 5-3 列出了各证券品种根据交易流水计量指标需要的数据。

表 5-3 各证券品种根据交易流水计量指标需要的数据

品种	交易相关数据	证券信息	行情数据	分红分股数据
股票/ETF	交易流水（交易时间、交易代码、交易价格、交易数量）	证券代码变化信息（如有变化）	日频指标需要收盘价，高频指标需要更细颗粒度的行情	现金分红、股票分红、拆股配股信息
债券	交易流水（交易时间、交易代码、交易净价、交易全价或者应计利息、交易数量）	面值、票息信息	日频指标需要收盘价，高频指标需要更细颗粒度的行情	本金偿还信息、历史票息偿付信息
期货	交易流水（交易时间、交易代码、交易价格、交易数量）	合约乘数、到期日	日频指标需要收盘价、结算价，高频指标需要更细颗粒度的行情	
期权	交易流水（交易时间、交易代码、交易价格、交易数量）	合约乘数、到期日、最后交易日、行权日、行权价格	日频指标需要收盘价、结算价，高频指标需要更细颗粒度的行情	

5.3.2 从交易流水出发计算净值

在每一个交易日结束后，可以按如下步骤计算策略的净值，这里假设计算期内没有资本金的改变。

1）根据交易流水汇总成每日日终持仓。汇总维度为标的、持仓数量、平均成本。

2）根据上一日日终持仓计算它们的当日持仓损益，损益由两日价格差和当日分红付息现金流，以及昨日持仓量决定。

3）根据当日的交易计算这些当日交易损益，损益由交易价格与日终价格差以及买卖数量决定。

4）计算当日收到的票息或者分红收入现金流。

5）计算当日总损益。当日总损益 = 当日持仓损益 + 当日交易损益 + 当日分红付息现金流。

6）计算当日累计损益。当日累计损益 = 昨日的当日累计损益 + 当日总损益。

7）计算当日净资产。如果是第一天，这就是给策略分配的原始资本。后续

每一天的净资产 = 前一天的净资产 + 当日总损益。

8）计算当日策略净值。当日策略净值 = 当日净资产 / 原始资本。

有了策略净值，就可以根据 5.2 节中的公式来计量相应的基于净值的各类收益、风险及综合类指标。

5.3.3 交易类指标

当使用净值指标来评估策略不满足要求时，就需要使用交易流水和持仓来计量更多与交易相关的指标，以便对策略的表现有更全面的了解。下面是常用的交易类评估指标。

换手率

换手率（Turnover Rate）是衡量基金或投资组合在特定期间内买卖证券频率的指标。它反映了投资组合的活跃程度。每年换手率如果达到 200 以上，那基本上就是每个交易日换手一次，属于日频交易。

换手率计算公式：

$$换手率 = \min（买入金额，卖出金额）/ 平均资产净值$$

式中，买入金额是特定期间内买入证券的总金额；卖出金额是特定期间内卖出证券的总金额；平均资产净值是该期间内投资组合的平均资产净值。

交易费用占比

交易费用占比（Expense Ratio）衡量的是基金管理费和其他费用占基金资产净值的比例。它反映了基金运营的成本效率。

$$交易费用占比 = 基金费用总额 / 平均资产净值$$

式中，基金费用总额是特定期间内所有费用的总和，包括管理费、托管费等；平均资产净值是该期间内基金的平均资产净值。

杠杆率

杠杆率（Leverage Ratio）衡量的是投资组合使用借款或衍生工具放大投资

额的比率。它反映了投资的风险和潜在收益。

$$杠杆率 = 总资产 / 净资产$$

式中，总资产是投资组合的总资产，包括借款和衍生工具的市场价值；净资产是投资组合的净资产，即总资产减去总负债。

胜率

胜率（Win Rate）衡量的是交易系统或策略中盈利交易占总交易的比例。它反映了交易系统的成功率。

$$胜率 = 盈利交易次数 / 总交易次数$$

式中，盈利交易次数是特定期间内盈利交易的次数；总交易次数是特定期间内所有交易的次数。

赔率

赔率（Payoff Ratio）衡量的是交易系统或策略中平均盈利与平均亏损的比率。它反映了每笔交易的风险收益比。

$$赔率 = 平均盈利 / 平均亏损$$

式中，平均盈利是特定期间内所有盈利交易的平均值；平均亏损是特定期间内所有亏损交易的平均值。

这些交易层面的指标可以帮助投资者更好地分析和优化其交易策略，提升投资组合的绩效和风险管理能力。

5.4　基于指标的绩效评估

有了策略或者基金的收益、风险、交易及其他综合类指标，我们就可以根据这些指标进行策略的绩效评估。

最简单的办法就是使用单一指标来比较不同策略的表现。普通投资者一般就是关注收益率高低，将策略收益率与自己的收益标准进行比对。但比较普遍使用的指标还是夏普比率，因为夏普比率综合考虑了收益率和风险。

我们还可以用多个指标来进行策略评估。夏普比率（Sharpe Ratio）、贝塔（Beta）和阿尔法（Alpha）是三个重要的投资绩效评估指标，通过它们可以判断投资策略的风格。下面分别介绍这些指标及其在投资风格分类中的应用，并通过一个例子说明如何利用这些指标判断投资策略的风格。

假设我们有三个不同的投资策略 A、B 和 C 的指标（见表 5-4）：

表 5-4　样例策略指标值

指标	策略 A	策略 B	策略 C
夏普比率	1.2	0.8	1.5
贝塔	0.5	1.2	1
阿尔法	3%	−1%	2%

策略 A

- 夏普比率 1.2：相对于风险，策略 A 提供了较好的风险调整收益。
- 贝塔 0.5：策略 A 的波动性低于市场，表明该策略具有防御性特征，较少依赖市场波动。
- 阿尔法 3%：策略 A 在考虑风险调整后，能够提供超额收益。

投资风格：策略 A 可能是一个低风险、防御型的价值投资策略，侧重于稳定收益，且不完全依赖市场表现。

策略 B

- 夏普比率 0.8：策略 B 的风险调整收益相对较低。
- 贝塔 1.2：策略 B 的波动性高于市场，表明其具有较高的市场风险暴露。
- 阿尔法 −1%：策略 B 在考虑风险调整后，无法提供超额收益。

投资风格：策略 B 可能是一个高风险、动量型的策略，依赖市场波动，但未能有效提供超额收益，可能在牛市中表现较好，但在熊市中表现较差。

策略 C

- 夏普比率 1.5：策略 C 的风险调整收益较高，表现优异。
- 贝塔 1：策略 C 的波动性与市场一致，表明其市场风险暴露中等。
- 阿尔法 2%：策略 C 在考虑风险调整后，能够提供显著的超额收益。

投资风格：策略 C 可能是一个平衡型的成长投资策略，既能与市场同步波动，又能在市场之上提供额外收益，适合追求稳健增长的投资者。

通过夏普比率、贝塔和阿尔法指标，可以对投资策略进行较详细的分析，从而确定其投资风格。高夏普比率、低贝塔和高阿尔法的策略可能是低风险、防御型的价值策略；低夏普比率、高贝塔和低阿尔法的策略可能是高风险、动量型的策略；高夏普比率、中等贝塔和高阿尔法的策略可能是平衡型的成长策略。通过这些指标的综合分析，投资者可以更好地理解和选择适合自己的投资策略。

使用交易类指标也可以从另外一种维度来分析投资风格。

假设我们有一个投资策略的以下指标：

- 换手率：15%。
- 交易费用占比：0.5%。
- 杠杆率：1.2。
- 胜率：60%。
- 赔率：2.5。

我们可以根据这些指标来做策略的风格分析：

- 换手率：15% 换手率相对较低，表明该策略可能不是一个非常积极的交易策略。
- 交易费用占比：0.5% 的费用占比较低，表明该策略可能接近于被动管理策略。
- 杠杆率：杠杆率为 1.2，表明该策略使用了一些杠杆，但并不高，表明风险适中。
- 胜率：60% 的胜率表明该策略在大多数交易中都是盈利的。
- 赔率：2.5 的赔率表明该策略在盈利交易中获利较多。

根据以上分析我们可以得到对此策略的风格结论：

- 换手率较低和费用占比较低，表明该策略倾向于长期持有，接近价值型或指数型投资风格。
- 杠杆率和胜率表明该策略采取了一定的风险控制，但并不激进。
- 高赔率表明该策略在每次盈利交易中获利较多，可能包含一些成长型或动量型元素。

通过上述指标的综合分析，该策略可能被归类为一种偏向于长期持有的混合型投资风格，结合了价值型和成长型的特征。

如果我们需要对多个策略进行排名，最常用的方法就是选择多个绩效指标，根据你对策略收益、风险等的偏好对每一个指标赋予一个权重，然后将指标值排序进行统一打分，使用权重对这些指标得分进行加权加总得到每一个策略的总分数，最后根据总分数对所有策略进行排序。

5.5 归因分析

归因分析（Attribution Analysis）是一种用于评估和解释投资组合绩效的方法，旨在识别哪些因素或决策对投资组合的收益产生了贡献或影响。归因分析可以帮助投资经理和投资者了解投资策略的有效性，以及各个决策在总收益中的作用。

与指标计量类似，能使用哪种归因分析模型依赖于你能得到的数据。如果只有策略的净值数据，则只能采用因子回归方法。我们自己研发的策略，有每日的持仓记录，那就可以采用基于持仓的归因分析模型。因子归因方法是从收益率来分析的，能获得的信息没有基于交易持仓的归因分析丰富和准确。这里我们主要介绍基于交易持仓的归因分析方法。

通常归因分析可以分为两大类：业绩归因（Performance Attribution）和风险归因（Risk Attribution）。业绩归因是对收益率的分解和归因；风险归因则是对投资组合/策略的风险指标的分解和归因。

5.5.1 业绩归因

对股票类资产来说，业绩归因最有名的模型是 Brinson 模型。加里·P. 布林森（Gary P. Brinson），以及伦道夫·胡德（Randolph Hood）和吉尔伯特·比鲍尔（Gilbert Beebower）在 1986 年的论文 Determinants of Portfolio Performance 中首次提出了这一模型，该论文发表在 Financial Analysts Journal 上。这篇论文基于之前的研究，系统地提出了用于衡量投资组合业绩归因的方法。1991 年，布林森和他的同事们又发表了另一篇题为 Determinants of Portfolio Performance II: An Update 的论文，这篇论文对他们的原始研究进行了更新和扩展，进一步巩固了 Brinson 模型在投资绩效评估领域的地位。

Brinson 归因分析是一种常用于评估投资组合绩效的工具，特别适用于了解投资组合与基准之间收益差异的来源。该方法主要通过分析资产配置和证券选择的贡献来解释投资组合的超额收益。

Brinson 归因分析可以分为三部分：资产配置效应（Allocation Effect）、证券选择效应（Selection Effect）和互动效应（Interaction Effect）。

其中每一部分都有计算公式。在计算这三个部分之前，我们需要选择一个合适的基准，例如市场指数，用于比较投资组合的表现。

资产配置效应

资产配置效应衡量的是由于投资组合在各资产类别或行业的权重与基准权重不同而导致的超额收益。

$$\text{Allocation Effect} = \sum_{i=1}^{n}(w_i^p - w_i^b)(r_i^b - r^b)$$

式中，w_i^p 是投资组合在第 i 类资产的权重；w_i^b 是基准在第 i 类资产的权重；r_i^b 是基准在第 i 类资产的收益率；r^b 是基准的总收益率。

证券选择效应

证券选择效应衡量的是由于投资组合中各类资产的收益率与基准中相应资产的收益率不同而导致的超额收益。

$$\text{Selection Effect} = \sum_{i=1}^{n} w_i^b (r_i^p - r_i^b)$$

式中，r_i^p 是投资组合在第 i 类资产的收益率

互动效应

互动效应衡量的是资产配置和证券选择之间的交互影响。

$$\text{Interaction Effect} = \sum_{i=1}^{n}(w_i^p - w_i^b)(r_i^p - r_i^b)$$

总超额收益

总超额收益（Total Excess Return）是资产配置效应、证券选择效应和互动效应的总和。

Total Excess Return=Allocation Effect+Selection Effect+Interaction Effect

以表 5-5 为例说明假设我们有以下数据：

表 5-5 样例投资组合分证券品种指标值

资产类别	投资组合权重 w_i^p	基准权重 w_i^b	投资组合收益率 r_i^p	基准收益率 r_i^b
股票	60%	50%	8%	6%
债券	30%	40%	4%	5%
现金	10%	10%	2%	2%

从上面表格的数据可以计算出基准的总收益率 r^b 为 5.2%，投资组合的收益率为 6.2%。所以投资组合与基准相比有 1% 的超额收益。下面我们来根据归因模型来计算资产配置，证券选择以及互动效应部分的收益。

计算资产配置效应：

$$\begin{aligned}\text{Allocation Effect} &= (0.60-0.50)\times(0.06-0.052)+(0.30-0.40)\times\\&\quad(0.05-0.052)+(0.10-0.10)\times(0.02-0.052)\\&=0.10\times0.008+0.0002+0=0.001\end{aligned}$$

计算证券选择效应：

$$\begin{aligned}\text{Selection Effect} &= 0.50\times(0.08-0.06)+0.40\times(0.04-0.05)+0.10\times(0.02-0.02)\\&=0.50\times0.02+0.40\times(-0.01)+0\\&=0.01-0.004=0.006\end{aligned}$$

计算互动效应：

$$\text{Interaction Effect} = (0.60 - 0.50) \times (0.08 - 0.06) + (0.30 - 0.40) \times (0.04 - 0.05) + \\ (0.10 - 0.10) \times (0.02 - 0.02) = 0.10 \times 0.02 + (-0.10) \times (-0.01) + 0 \\ = 0.002 + 0.001 = 0.003$$

计算总超额收益：

$$\text{Total Excess Return} = 0.001 + 0.006 + 0.003 = 0.01$$

通过 Brinson 归因分析，我们可以看到该投资组合的超额收益主要来源于证券选择效应（0.006），资产配置效应（0.001）和互动效应（0.003）也有一定的贡献。

5.5.2 风险归因

风险归因分析主要是分解策略中的系统性风险（Systematic Risk）、非系统性风险（Unsystematic Risk）和其他风险因素（Other Risk Factors）。

- 系统性风险归因是分析市场风险、利率风险、通胀风险等宏观因素对投资组合风险的贡献，以衡量投资组合的整体市场风险暴露。
- 非系统性风险归因是分析个股风险、行业风险、信用风险等微观因素对投资组合风险的贡献，以衡量投资组合的个别持仓风险暴露。
- 其他风险因素归因是分析流动性风险、操作风险、法律风险等对投资组合风险的贡献。

归因分析是一种重要的绩效评估工具，可以帮助投资经理和投资者深入了解投资组合的表现来源，从而优化投资决策，提高投资组合的收益。同时，归因分析也有助于识别和管理投资组合的风险，确保投资策略的一致性和有效性。

5.6 小结

本章首先讲述了对外部策略进行评估时使用的以单位净值为基础的策略绩

效指标及其计量方法。研发人员或者管理者有策略全部的交易流水，这时一是可以通过交易流水和行情计算出策略每日净值，然后与评估外部策略一样计算净值指标，二是基于交易流水还可以计量出更多的交易维度的指标。有了策略各方面的指标就可以对策略进行评估。策略评估的作用是用来选择投资策略，以及优化投资策略。策略评估方法有单指标、多指标方法。

我们还可以使用归因分析对策略进行业绩归因和风险归因，以定量了解收益的来源，从而对投资经理的能力进行分解和确认。

下一章将介绍量化投资执行体系。

| 第 6 章 |

量化投资执行体系

6.1 引言

到现在为止，读者对量化投资各个知识点应该有了基本的理解，本章会在此基础上描述量化投资和风险对冲实操的执行体系（简称量化投资执行体系）。量化投资执行体系包括量化投资全过程中的具体工作，以及执行这些工作需要的人力资源、软硬件资源和交易环境。

量化投资全过程可以分为三个阶段：**策略研发、策略模拟盘运行和策略实盘运行**。每个阶段都有其执行框架。每个阶段都包含多个步骤，最后一个步骤都是策略评估，策略评估通过就进入下一阶段。如果评估不通过，可以返回上一阶段的最初步骤进行修改和优化，也可以直接废弃本策略。这三个阶段都需要计算机系统来支持。这些计算机系统组成了量化投资策略平台。

如果进入了策略实盘运行阶段，但持续监控发现不断亏损，那么经过策略评估，得出这个策略不会出现转机的结论后，策略就应该停止了。此时这个策略就完成了当前阶段的使命。我们一般将它归档到历史策略库里。后续在条件合适时，可以从策略库中提取出来重新进入策略研发阶段进行优化调整，或者直接进入策略模拟盘运行阶段，模拟盘运行阶段的最后一个步骤策略评估结果通过后再次进入策略实盘运行阶段。

我们要知道这些阶段不一定是严格按照一条直线进行的，根据策略的复杂性，可以将几个阶段合并到一起或者交叉进行。例如构思一个新策略以后可以直接投入小资金进行策略实盘运行，在线下简单计算出交易信号，然后手工进行交易。这样的好处是快速，缺点是无法进行多维度评估，试错成本高。

量化投资全过程的执行需要专业的技术和金融人员、计算机软硬件资源和交易环境。交易环境的重要组成部分包括交易账户、交易通道与经纪商平台等。这些是量化投资的主要执行体系。

6.2 量化投资全过程

6.2.1 概述

在量化投资全过程的三个主要阶段中，每个阶段都有体系化的目标和任务，并且每个阶段的最后一个步骤都是策略评估。策略评估的目的是确定策略下一步的方向；1）进入下一个阶段；2）返回到策略研发阶段进行修改、优化；3）废弃终止。

图 6-1 所示为量化投资全过程中各个步骤的流程示意图。

策略研发是量化投资全过程的第一步，其目的是设计和开发具备潜在盈利能力的投资策略。量化投资全过程中策略研发阶段是策略的设计、开发、测试和优化，它是整个量化投资的基础，决定了策略的有效性和可行性。策略研发需要具备深入的金融知识、编程能力和数据分析技能。

策略模拟盘运行是在不涉及真实资金的情况下，将策略研发阶段开发出来的投资策略在模拟市场环境下进行测试的阶段。这一步在具体执行时会将策略放在真实的市场数据环境但不发送交易指令进行测试，策略模拟盘运行的目的是验证策略在尽可能接近实盘市场条件下的有效性。

策略实盘运行阶段是使用真实资金进行策略交易，并实时监控和调整策略的阶段。这是验证策略是否能够真正盈利的最终阶段。

上述三个阶段的工作在机构中会涉及不同的岗位。后面会对这些岗位进行介绍。

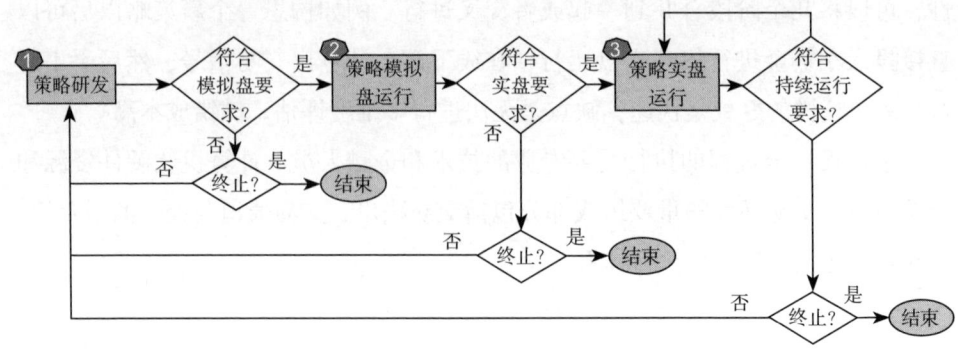

图 6-1　量化投资全过程的流程示意图

6.2.2　策略研发

策略研发是量化投资全过程的第一个阶段。这一阶段试图寻找市场潜在规律，并将这一规律进行计算机程序化，然后使用历史数据进行回归测试和分析，最终形成一个能进入策略模拟盘和策略实盘运行的具有盈利潜力的策略程序。

量化投资策略研发阶段包括一个系统化的过程。这个过程包括六个主要步骤：策略设计与建模、数据收集与清洗处理、衍生指标计量和因子挖掘、策略程序编写、回测与调优以及策略评估。以下是每个步骤的概要描述。

策略设计与建模

此步骤是要构思新策略并建立相应的量化模型及初步的风险管理策略。

新的策略灵感可以来源于三个方面。1）量化基金经理或者策略研发人员基于对市场的观察，结合金融理论设计出初步的交易策略。2）将非量化的主观投资或者技术分析策略系统化，依靠计算机程序来执行以避免人的情绪干涉。3）纯粹的数据挖掘技术。使用机器学习、统计等数据挖掘技术，直接发现可以盈利的数据信号。

市场观察与金融理论相结合的方法需要我们对交易市场和金融规律有比较

深刻的了解和观察，这样才能发现一些可以盈利的规律，提取核心策略规律，进行策略构思与假设。

例如对于利率走向的核心驱动宏观和微观因素，建立短期利率走势模型，以此模型预测利率，进而预测债券价格，有了预测的债券价格就可以将它们与市场当前价格相比较，从而做出买卖决策，建立起债券投资策略。

基于传统主观投资策略或者人工的技术分析投资策略的量化策略是非常重要的新量化策略来源。这些传统主观策略的缺点是策略执行根据人的经验进行推理判断，而这些人的推理判断与策略结果没有经过系统化的量化统计验证。系统化的过程就是提取这些策略的输入数据，使用计算机程序来模拟人的推理，并产生交易信号。这样就可以使用回测手段在历史区间多次检验这个策略的有效性。同时这种方法也可以提高策略的稳定性，避免人的情绪干涉。

例如，我们可以将技术分析中常用的双均线趋势策略程序化。双均线趋势策略利用两条不同周期的移动平均线（MA）来确定买卖信号。这个策略的基本逻辑是通过观察短周期均线与长周期均线的交叉情况来判断市场的趋势变化。当短周期均线（Fast MA，例如 5 天移动平均线）向上穿过长周期均线（Slow MA，例如 20 天移动平均线）时，认为市场有上升趋势，是买入信号。当短周期均线向下穿过长周期均线时，认为市场有下降趋势，是卖出信号。

表 6-1 给出了根据每日股票价格计算出 5 日与 10 日均线，并根据这两条均线的相对大小判断买入卖出信号的一个例子。

表 6-1　样例股票价格及买卖信号

价格	5 日均线	20 日均线	信号
56	52.6	53.5	
51	53	53.1	
52	53.2	53.25	
53	53.4	53.35	MA5 向上穿过 MA20，买入信号
55	53.4	53.3	
55	53.2	53.2	
51	53.2	53.15	
47	52.2	52.3	MA5 向下穿过 MA20，卖出信号

来源于数据驱动的统计和机器学习方法，将历史价格信息、新闻、财务信

息等作为输入，未来的价格作为输出，暴力寻找两者的因果关系。这种方法的优点是不需要金融知识；缺点是找到的因果关系可能是虚假的或者不稳定的，也就是假因果关系和过度拟合错误。

当我们有了初步的策略思路和框架，确定了投资标的范围、投资逻辑、策略容量以及策略可能承担的风险，并确定了是需要开发新模型还是使用已有的模型后，下一步就是要制定策略的初步目标，目标中包括对收益的预期以及要承受的风险大小。

完成了策略设计与建模，我们就可以进入策略研发的下一步，即模型需要的输入数据的收集和清洗处理。数据收集与清洗处理、衍生指标计量和因子挖掘，以及策略程序编码是策略研发中与计算机编程高度相关的步骤。

数据收集与清洗处理

根据策略的设计和初步计量模型需求，我们选择包括交易所、数据提供商、金融数据库等可靠的数据源，整理、获取所需的相关历史数据。这些数据可能包括股票价格（开盘价、收盘价、最高价、最低价）、成交量数据、财务数据、宏观经济指标等。源数据可能有一些错误数据，例如非交易日的测试数据等，我们需要对这些数据进行清洗，同时也要去除异常值，填补缺失值，确保数据的准确性和一致性。

如果这部分数据只是用于短期研究，就可以存储在文本文件中，但在机构和专业场景下还是需要选择一个数据库，例如开源的 MySQL 数据库来存储这些数据以便后续持续使用和分析。

举个例子，假如我们要实现的是日频的双均线趋势策略，并确定投资标的为沪深 300 指数中的股票，研究的历史区间为前 5 年，那么我们可以使用提供股票行情的类似 Tushare 这样的网站，使用它提供的 Python 程序包编写计算机程序脚本来下载前 5 年每日的沪深 300 股票的收盘价并将这些数据存入 MySQL 数据库。然后编写程序脚本进行数据清洗和填补工作。这些清洗填补工作的决策点包括标识中间有停盘的股票，还有新进入沪深 300 指数不满 5 年的股票。对于其他股票，只需要根据交易日历，确保每日有收盘价并且价格变动在合理范围之内。

衍生指标计量和因子挖掘

我们收集的源数据经过清洗处理后代表的是证券的最基础特征，例如价格、交易量、财务等基本数据。一般都需要根据这些源数据计算出衍生指标或者进行因子挖掘工作。这是进一步提取特征的过程，目的是发现影响投资标的未来收益率的衍生指标或者因子。这部分工作会结合策略设计与建模的需求来计算出需要的衍生指标，或者挖掘出驱动收益率增长的因子，这一点本书后面会详细介绍。

策略程序编写

策略程序编写是策略研发的一个重要步骤。这一步骤需要编写至少两部分的程序：回测程序和用于模拟盘和实盘运行阶段的程序。

模拟盘和实盘运行阶段的程序一般是同一个主体程序但使用不同的环境配置文件，本质区别是模拟盘运行阶段的下单程序连接的是仿真交易所，或者连接真实交易所但不会发出订单到交易所，只是本地记录下单信号并以当时价格加滑点作为成交价格。

你也可以在设计和开发时，将回测程序、模拟盘运行、实盘运行程序设计成一个主体程序，使用配置文件依据不同使用场景完成相应工作。

对于初学者来说，不需要设计研发策略回测的全部程序，可以使用外部开源或者商用回测平台来进行策略程序研发。你只需要编写策略核心函数。你可以使用平台的数据和预先设置的常用函数来计算因子信号，不需要另外自行编程。

回测程序是读取历史数据，然后以你设定的时间周期来循环执行策略程序，产生交易信号和订单。后续在回测分析中计算这些订单产生的损益和风险，并进行各种绩效指标计量，用以判断策略是否有效。

模拟盘和实盘运行阶段的程序要根据策略周期监控市场行情，以及其他输入到策略的实时数据，产生交易信号，并发送订单。

我们需要选择适合量化交易的编程语言，如 Python、C++、Java 等。各个语言的运行速度、学习成本和编程效率都不太一样。对于初学者来说，可以选择 Python 作为策略编程语言。Python 因其丰富的金融库和数据处理能力，广泛应用于量化研究。

回测与调优

策略程序编写好之后就进入回测与调优阶段。这一阶段会使用各种参数，并在不同的时间区间内执行回测，得到每一次回测的计量指标，以供策略评估使用。

策略回测就是使用历史数据来验证在当时市场情况下的策略产生信号和盈利的能力。回测需要很多参数，例如数据分析频率、调仓频率、发单信号阈值、交易成本、下单大小、滑点、杠杆率、止损策略等，我们需要系统地改变这些参数来执行回测，产生交易信号，记录下每期的资产净值变化、交易记录、绩效指标等。

在进行回测尤其是优化后的策略回测时，需要注意避免以下几个常见问题。

- **过度拟合（Overfitting）**：过度拟合是指策略在历史数据上表现非常好，但在新数据上表现不佳的情况。这通常是因为策略被过度优化，以至于它适应了历史数据中的噪声而不是潜在的趋势。可以使用交叉验证技术、限制参数空间、使用多个时间段的数据进行测试、采用简单的模型而不是复杂的模型来避免过度拟合。

- **样本外表现（Out-of-Sample Performance）不一致**：样本外表现是指策略在未见过的数据上的表现变得很差。这就需要在回测过程中保留一部分数据不用于训练或优化，仅用于验证策略性能。

- **数据窥视偏见（Data Snooping Bias）**：数据窥视偏见是指多次查看同一数据集并进行反复优化，导致策略过拟合。我们需要记录每次回测的结果，并尽量减少对数据的反复查看以避免这个问题。

- **选择偏差（Selection Bias）**：选择偏差指在选择测试数据或股票池时引入的偏差。需要在回测过程中确保测试数据具有代表性，并且在选择测试股票池时保持一致性。

- **前视偏差（Future Information Bias）**：前视偏差是指在策略回测阶段，使用了未来信息来决定过去的交易决策。这种偏差在实盘操作中是不可能发生的。如在交易中使用当天的收盘价，但实际上在开盘时无法预知当天的收盘价，因此这种策略在实盘中无法执行。
- **低估交易成本（Transaction Costs）**：交易成本包括佣金费用、滑点等实际交易中会遇到的成本。尤其是高频策略，这部分成本会蚕食收益，甚至考虑成本后出现亏损。在回测中要合理模拟交易成本和流动性冲击，以更准确地反映现实世界的情况。

通过注意这些问题并在回测过程中采取相应的预防措施，可以提高策略的可靠性和鲁棒性，从而在实际交易中取得更好的效果。

我们需要调整策略参数以测试不同参数下策略的稳定性和盈利能力。还可以选择回测的时间区间，以确保在不同市场周期（牛市、熊市、震荡市）下都能评估策略表现。

策略评估

第 5 章我们描述过绩效评估的指标。在研发阶段实际上就是计量和分析每一次回测的收益和风险绩效指标，包括收益率、夏普比率、最大回撤、波动率、风险收益比等。如不满足要求，需要回到前面的步骤进行策略修改，或者进一步调整优化参数。

我们需要改变策略参数，观察策略表现的变化，评估策略的鲁棒性。还需要在不同的市场条件下（如金融危机期间）进行回测，评估策略在极端市场环境下的表现。进一步，还可以将数据集划分为训练集和测试集，进行多次交叉验证，评估策略的普适性和稳定性。

最后，我们要根据回测和评估结果，调整和优化策略参数，提高策略的表现，改进策略代码的效率和鲁棒性，确保在实际交易中能够快速响应市场变化。综合考虑这些多种指标并进行评估，如果一切满足要求就可以进入下一阶段。

6.2.3 策略模拟盘运行

策略模拟盘运行阶段的目标是在投入真金白银之前，在尽可能模拟真实市场环境下，测试、监控、评估策略的表现。所以模拟盘是不使用真实资金在仿真或者真实市场情况下进行测试策略，为进入实盘阶段提供定量的依据。

策略模拟盘运行阶段的工作包括**模拟交易环境搭建、策略参数设定、策略执行与监控、策略调整与优化、策略评估**五个部分。

模拟盘运行第一个工作是创建一个与真实市场环境相仿的模拟交易系统，包括市场数据的实时获取和交易指令的模拟执行。重要的是建立运行环境使策略程序能够读取策略需要的行情等数据，经过策略逻辑，发送指令并进行模拟成交。模拟成交的价格可以是订单发送时的市场价格加上滑点。简单的环境是将真实的数据实时导入到模拟盘环境，复杂的系统会开发一个模拟交易所。

模拟盘运行环境构建好之后就需要设定策略运行的参数，这些参数的设定必须与将来实盘运行时尽量匹配，比如发单时间和大小，初始资金以及与策略相关的参数。

设定策略参数后就可以启动策略程序进入策略执行和监控阶段。这一阶段需要将执行策略后的交易流水以及其他程序日志信息归档，以供后续分析或者查找故障使用。

策略执行过程中，若发现不及预期目标，则需要对策略的参数或者程序本身进行调整和优化。

最后需要定期对策略收益和风险指标进行评估。重点关注策略是否符合预期，是否存在未预料到的问题或风险。

经过一段时间的模拟盘运行，综合评估策略的表现，就可以决定是否进入实盘运行阶段了。

6.2.4　策略实盘运行

策略实盘运行就是在真实市场中使用真实资金执行策略，这部分是策略生命周期最终的执行和收获阶段。

策略实盘运行阶段的工作包括实盘交易环境搭建、策略参数设定、策略执行与监控、策略调整与优化、风险管理、策略评估六个步骤。这些工作与模拟盘运行阶段的工作基本相同，只是需要投入实际资金在实盘运行。

实盘交易环境需要更稳定和安全的运行环境，如果你的策略程序只是产生交易信号,那么你可以将策略程序部署到自己控制的计算机环境中,实时监控这些交易信号,再登录交易商提供的交易终端根据信号进行交易。如果你需要直通式的程序化交易,则需要在策略设计阶段就与交易商进行沟通看它们是否能提供电子交易。允许程序化交易的交易商一般通过两种方式为客户提供电子化交易能力:提供策略运行环境或交易接口。

在策略执行阶段,需要密切关注策略执行情况和市场变化,时刻进行风险敞口限额监控,如果出现任何突发情况,策略不能处理需要进行人工干预,则需要停止策略程序,待市场恢复到策略预期状态时再重启。否则可能会出现大幅亏损。

策略运行过程中还需要定期进行评估。定期计量、观察、分析各项收益、风险,以及综合绩效指标。如果有任何不满足目标的,则需要分析原因。需要的话回到程序编写阶段进行调整和回测、模拟盘运行、最后回到实盘运行。

如果定期分析结果发现这个策略无论如何优化都无法盈利,这时就停止此策略的执行,将策略程序和运行结果归档。这个策略也就完成了全过程。

6.3 量化体系中的角色及工作职责

对于量化投资策略执行体系下的策略研发、策略模拟盘运行和策略实盘运行这三个阶段,投资机构中有不同的工作岗位和角色,他们在各自的职责范围内共同协作,确保策略的开发、测试和执行顺利进行。

这些阶段涉及的工作岗位有量化研究员、数据工程师、金融工程师、软件工程师、技术支持工程师、风控经理、交易员、投资组合经理等,具体如表 6-2 所示。

小型量化机构没有配置这么多岗位,更多是由投资经理+量化研究员/金融工程+软件工程师组成的 2～3 人的基本量化策略研发和执行团队。投资经理提出策略思路,量化研究员或者金融工程师进行原型验证,最后软件工程师编制系统化的软件。基金经理和量化研究员在实盘阶段监控策略运行,处理交易中出现的问题。

表 6-2 量化投资相关的工作岗位

岗位名称	职责	具体工作内容	需要的技能	涉及的阶段
量化研究员 (Quantitative Researcher)	开发新的量化投资策略	数据收集与清洗，构建并测试模型，进行历史数据回测，优化策略参数	数据分析，编程（Python，C++等），统计学，金融知识	策略研发，模拟盘运行
数据科学家/工程师 (Data Scientist/Engineer)	处理和分析金融数据	数据挖掘与特征工程，应用机器学习算法，构建数据驱动的模型	数据挖掘，机器学习，编程，统计学，金融知识	策略研发
金融工程师 (Financial Engineer)	设计和实现金融工具和模型	研究金融产品的定价模型，开发并测试金融工具	金融工程，编程，统计学，定量分析	策略研发
软件工程师 (Software Engineer)	开发和维护回测和交易平台	编写和调试代码，维护交易系统，优化系统性能，处理技术故障	编程（C++，Java，Python），系统架构，数据库管理	策略研发，模拟盘运行，实盘运行
技术支持工程师 (Support Engineer)	确保交易系统和基础设施的稳定运行	维护交易系统，优化系统性能，处理系统故障，提供技术支持	IT支持，系统维护，编程，故障排除	模拟盘运行，实盘运行
风控经理 (Risk Manager)	评估和管理策略的风险	进行风险分析和评估，设定风险限额，开发并实施风险控制机制进行风险管理	风险管理，金融知识，数据分析，编程	策略研发，模拟盘运行，实盘运行
交易员 (Trader)	执行实盘交易	实时监控市场情况，执行交易指令，调整交易参数，处理交易异常，参与策略研发过程	交易执行，市场分析，风险管理，细节导向，决策能力	实盘运行，策略研发
投资组合经理 (Portfolio Manager), 基金经理	管理和优化整体投资组合	监控投资组合表现，提出投资策略发思路，调整投资策略，管理资金分配，确保投资目标的实现	投资组合管理，金融知识，风险管理，沟通能力	策略研发，实盘运行

当量化研究员、交易员、金融工程师有足够的从业经验，并且能自主提出新的量化策略时，就有机会成为投资经理。软件工程师也会经常转到金融工程师或者量化研究员角色，其中编程、数据、数学等技能也比较相通。

目前有量化投资业务的机构包括私募基金、公募基金、券商自营/投顾、银行理财子公司、保险机构、基金销售公司、交易平台提供商等。想要进入这个行业的读者可以关注这些机构的量化招聘广告。

对于个人量化投资者来说，一个人就兼顾了投资经理、交易员、量化研究员等角色。这也需要个人具有相应的技能。软件工程师、具备金融工程或理工科背景的人都可以补足金融、量化方面的知识，成为个人量化投资者，或者加入量化投资机构成为相应角色。

通过这些岗位职责描述，可以看出量化投资策略的全过程中，每个阶段需要不同的专业技能和团队合作。这些岗位共同确保策略从开发、测试到执行的每一步都顺利进行，最终实现预期的投资目标和风险控制。

6.4 软硬件资源

软硬件资源是指支持量化程序运行的软件和硬件，如开发和执行量化策略所需的程序和平台，以及购入的数据（如有需要）。

量化投资所需的软件和硬件资源较为特殊，其成本与传统主观投资相比存在明显的差异。具体来说，软件需要编程语言和开发环境（IDE）工具，例如Python、C++、Java、PyCharm、Visual Studio 等，还需要一个量化投资策略平台。此平台包括行情、财务、资讯等数据收集处理（付费来源的如万得、彭博数据等），关系型数据库存储和时间序列数据库支持流式计算（如 MySQL 开源版，商用的如 Oracle、KDB 等）、策略回测平台（开源的如 Backtrader、Zipline，商用的如 JQuant 等）、策略执行引擎、行情服务等。为了方便连接多个交易所的交易通道，还可以购买外部的特定语言的 SDK（软件开发工具包）或者 API（应用程序接口）。

硬件包括开发用计算机、交易用的高性能计算机、数据存储设备、低延迟网络设施以及备份等系统。

对于初学者来说，由于高性能的量化策略成本比较高，所以尽量使用开源的软件和数据源，硬件也可以低配。

量化投资的软硬件资源成本要高于传统主观投资。量化投资需要足够的计算资源、高质量的数据源、专业的软件工具和低延迟的网络设施，这些都增加了初始投资和运营成本。而传统主观投资依赖于分析师的判断和较为简单的工具，软硬件资源和成本相对较低。然而，一旦形成规模效应进入正轨，量化投资在有效性、精确度和规模化方面具有明显的优势，长期来看，这些投资能带来更高的收益。

软件方面，可以使用开源软件或者平台来降低成本。数据库、策略回测和策略实盘执行软件都有开源平台。但为了保护策略不被泄露，策略软件还需要部署在自主可控的硬件环境中。

6.5 交易环境

当完成策略研发，并经过模拟盘验证后，就需要交易环境来执行真正的交易了。这就需要有必要的交易账户、交易通道和经纪商交易终端/平台。

交易账户开设在经纪商或金融机构，需要报送信息申请得到。它是用于进行真实交易的账户，直接涉及资金的管理和交易操作。交易资金账户与银行账户相连，用于资金的划转。

交易通道是策略程序需要连接并执行交易的程序化通道。程序化交易通道有可能需要支付额外费用。交易通道能确保交易指令的快速、准确传递，减少延迟和滑点。

如果你的策略不需要程序化执行，那么你只需要交易终端。经纪商一般都会提供免费的具有基本交易功能的交易终端/平台。在交易终端中，一般行情是免费的，深度行情则需要支付额外费用。经纪商的交易终端可以是行业通用的第三方软件，也可以是自己开发的软件。

交易通道、经纪商交易终端/平台提供了可靠的市场接入和交易执行服务，是策略实盘运行的基础。

6.6 小结

本章介绍了量化投资策略的执行体系。此执行体系包括量化投资全过程的策略研发、策略模拟盘运行、策略实盘运行三个主要阶段，以及实现这些阶段时具体工作需要的人力、物力（软硬件成本）和外部交易环境。

量化投资全过程中的策略研发阶段是构建新策略思路并建模的过程；策略模拟盘运行阶段是在投入真实资金前模拟实盘环境来测试策略以降低风险。策略实盘运行阶段是策略执行体系的最后一个步骤。每个阶段我们都需要定期评估策略，如果策略能够一直盈利那就可以持续运行下去。如果发现不满足目标，就需要寻找原因，在无法解决这些问题的情况下策略也就完成了最后的阶段。我们可以将无效策略归档进策略库，未来时机再匹配时重启这个策略。

执行量化投资需要相应的人力资源，例如量化研究员、金融工程师、软件工程师、交易员、投资组合经理等，还需要必要的软件和硬件资源。这些形成了一个体系来执行量化投资。

通过本章，读者能对量化投资策略的完整体系有基础认知，在后续量化投资实践中也就能对自己的工作领域对号入座，从高的层面了解其作用。

下一部分我们将从策略逻辑、策略要点、策略特征，以及策略风险及对冲方面对一些重要的量化投资策略进行介绍。

| 第二部分 |

挖掘量化投资策略
的逻辑要点

| 第 7 章 |

因 子 策 略

7.1 引言

因子策略是量化投资策略中重要的一类策略。这类策略通过挖掘与投资标的的未来收益相关的当期特征数据,也就是**策略因子**,来构建投资策略逻辑。

开发因子策略的重要工作就是发现这些能够预测收益相关特征数据的策略因子。这个过程被称为因子挖掘。

最初的因子理论和策略起源于对股票收益率驱动因素的研究,随后因子模型推广到期货、期权、债券等几乎所有投资标的的投资策略中。正是因为因子策略可以用在多资产品种,所以我们把因子策略单独提出来介绍。后续的策略内容都是按照资产类型来讲解的。

基于因子的量化策略的研发工作包括**因子挖掘、因子策略模型构建、策略回测、策略评估**等步骤。

通过第 6 章我们知道,量化投资策略研发流程包括策略设计与建模、数据收集与清洗处理、衍生指标计量和因子挖掘、策略程序编写、回测与调优以及策略评估六个主要步骤。

因子策略研发是这个通用策略研发流程中的一种特定实现。其主要步骤没有本质的区别。只是数据收集与清洗处理之后加上了因子挖掘部分。因子策略模型构建是策略设计和建模的一部分。而策略回测与调优、策略评估与之前描述的没有任何区别。因子挖掘工作也可以归于数据收集与清洗处理。因子策略的研发流程是一个系统性的过程，可以帮助投资者捕捉市场的定价异常，从而构建有效的投资组合。

本章先介绍因子的理论变迁，然后介绍各个类型的因子，最后是因子策略研发的主要步骤的介绍。

7.2 因子理论

因子理论的发展历史是资本资产定价理论发展的历史，从最初的股票的CAPM单因素模型逐步扩展到多因素模型，最后应用于各种资产类别中。

CAPM是威廉·夏普（William Sharpe）、约翰·林特纳（John Lintner）和詹·莫辛（Jan Mossin）在20世纪60年代发展起来的，是最早的因子模型之一。CAPM认为股票的预期收益与其系统性风险（即市场风险）成正比。模型引入了贝塔系数（β），将其作为衡量个股与市场组合之间相关性的指标。CAPM只考虑市场因子，忽略了其他影响收益的因素。

资产 i 的预期收益率可以按照下面公式来计算：

$$E(R_i) = R_f + \beta_i(E(R_m) - R_f)$$

式中，$E(R_i)$ 是资产 i 的预期收益；$E(R_m)$ 是预期市场收益率；R_m 是市场收益率；R_f 是无风险利率；β_i 是资产 i 对市场收益的敏感度。

β_i 的计算公式如下：

$$\beta = \frac{\text{Cov}(R_i, R_m)}{\sigma_m^2}$$

式中，$\text{Cov}(R_i, R_m)$ 是证券 i 的收益率与市场收益率的协方差；σ_m 是市场收益的标准差。

后面提到的市场敏感度 β 都是以上面公式形式计算的，但应根据场景输入对应的变量。后续就不再重复这个公式。

套利定价理论（APT）由斯蒂芬·罗斯（Stephen Ross）于 1976 年提出。APT 扩展了 CAPM 的思路，认为资产收益可以由多个系统性因子解释。APT 模型不只限于单一市场因子，而是使用多个因子来解释资产的收益。每个因子对应一个风险溢价。APT 比 CAPM 的灵活性更强，但因子选择依赖于更多数据。APT 理论框架下，资产 i 的预期收益公式表达为：

$$E(R_i) = R_f + \sum_{j=1}^{n} \beta_{ij} \cdot \lambda_j$$

式中，$E(R_i)$ 是资产 i 的预期收益；β_{ij} 是资产 i 对第 j 个因子的敏感度；λ_j 是第 j 个因子的风险溢价；R_f 是无风险利率。

举例来说，股票多因子模型就是表示股票收益率受市场因子、行业因子、风格因子，以及个股特殊因子的影响。

尤金·法玛（Eugene Fama）和肯尼斯·弗伦奇（Kenneth French）在 1993 年提出**三因子模型**（Fama-French）该模型在 CAPM 的基础上增加了两个因子——规模因子（SMB）和价值因子（HML），以解释小市值股票和高账面市值比股票的超额收益。

$$E(R_i) = R_f + \beta_i \cdot (E(R_m) - R_f) + \beta_{SMB} \cdot SMB + \beta_{HML} \cdot HML$$

式中，$E(R_i)$ 是资产 i 的预期收益；R_f 是无风险利率；β_i 是资产 i 对市场因子的敏感度；$E(R_m)$ 是市场组合的预期收益；β_{SMB} 是资产 i 对规模因子的敏感度；SMB 是小盘股对大盘股的超额收益；β_{HML} 是资产 i 对价值因子的敏感度；HML 是高账面市值比对低账面市值比的超额收益。

Carhart 在三因子模型提出后，于 1997 年提出了新的动量因子（Momentum），合并之前的三因子得到四因子模型。2015 年 Fama-French 模型在三因子模型的基础上继续增加两个因子：盈利能力因子（RMW）和投资因子（CMA），得到五因子模型。

基于因子的量化策略就是通过因子挖掘工作发现这些影响收益率的因子，

进而基于各类资产的因子值构建资产组合。这类投资组合可能是有目的地对某类市场上已知的因子暴露敞口（Smart Beta 策略），也可能是对自己挖掘的不公开的因子暴露敞口（Alpha 策略）。

7.3　因子类型

因子模型和因子策略是建立在因子基础上的。因子是能反映投资标的未来收益或者风险的当期特征数据，因子可以是基本面、技术面、宏观经济等不同领域的数据，例如当前的市盈率 P/E、价量信息等。因子具有时间属性，是一种时间序列数据。

如前所述，CAPM、APT 和三因子模型这三个模型的目标都是发现能够解释证券或者投资组合收益来源的因素。后来这类因素角色转换到在量化策略中能够带来超额收益的因子，也就是 Alpha 因子或者策略因子。

狭义来说，因子是能够作为量化投资策略模型输入，期待能获得收益的结构化的时间序列数据，即策略因子。广义来讲，因子还包括风险因子、风格因子和其他带有时间属性的时间序列数据。

在量化投资中，因子可以根据不同的功能和应用场景被划分为不同的类型。量化策略中最常使用的价格和交易量等行情数据，以及依据这些数据计算出来的衍生指标都可以作为因子。所以衍生指标与因子也是互相联系的。从狭义的因子定义视角来说，并不是所有衍生指标都可以作为策略因子，但因子都可以认为是一种衍生指标。从广义因子定义视角来说，衍生指标与因子没有太多差别。我们一般也就不区分衍生指标和因子。实际上任何具有时间序列属性的与投资标的相关的数据都可以认为是一个因子，因为很多时候这些因子都或多或少影响投资标的的价格。

在本书中，除非特别提及，我们都使用广义的因子定义，把价量基础数据、衍生指标和任何能影响或者预测价格相关的时间序列与因子这个概念等同起来。

策略因子是为了构建主动投资策略而使用的因子。这类因子的主要目的是获取超额收益（Alpha）。这些因子往往基于某些投资逻辑和理论，如价值投资、动量、择时等。量化策略研发人员的主要工作就集中在因子挖掘工作上面。因子挖掘就是发现有效因子的过程。策略因子挖掘过程包括源数据收集存储、因子计算、因子分析、因子检验等步骤。因子挖掘过程中被认为有效的因子进入策略模型中，这些模型可以用来选股或者用来择时。

风格因子 描述的是投资组合的特定风格特征，如规模、价值、成长等。这些因子不仅用于投资策略，也广泛用于组合管理和业绩归因分析。在不同市场环境下，各个风格的表现不同，所以风格与投资策略的收益和风险高度相关，对策略的风格确定或者分析也具有重要的意义。

风险因子 用于解释和衡量资产的风险暴露，这些因子不一定能够直接产生超额收益，但能帮助投资者了解和管理投资策略的风险。量化的风险类型分解对于策略的优化和策略评估都起着重要作用。不同资产有不同的风险因子，如股票市场的风险因子 Beta、波动率因子、衍生品的希腊字母风险因子等。

策略因子、风格因子和风险因子之间可能会有重叠。例如，一个价值因子可以是策略因子，也可以是风格因子。投资者和研究人员通常会根据投资目标和市场环境的变化，灵活选择和组合不同类型的因子，以构建适合的量化投资策略。

下面我们对这三类因子进行概念性介绍。在后面关于量化投资策略基础数据和衍生指标的讨论中可以看到，这些基础数据中的一部分数据和衍生指标可以作为各个类型的因子。

7.3.1 策略因子

策略因子（Strategy Factors）被用来构建有超越市场的收益的量化策略。策略因子也被称为 Alpha 因子。这是量化策略研发人员最为关注的因子类型。发现新的有效的策略因子就意味着具有构建盈利策略的可能。

策略因子主要分为基本面因子、技术面因子、另类因子如情绪因子等类型。

- **基本面因子（Fundamental Factors）**

  基本面因子包括公司/标的、行业、宏观三个层面的因子。对于股票类资产来说，对应的是公司、股票所在行业和宏观中与股票资产相关的因子。对于期货来说，对应的是标的、标的产业链行业、与这类标的相关的宏观因子。

后面第17章介绍的公司、行业、宏观基本面数据中的衍生指标都可以作为策略因子。

- **技术面因子**（Technical Factors）

基于价格、成交量和其他市场数据的历史表现，这类因子是国内量化策略最常用的因子。详细列表可见第17章的表17-3。

- **另类因子**（Alternative Data Factors）

另类因子是指使用非传统金融数据得到的因子。其中情绪因子是比较常见的因子类型。它反映了市场参与者的情绪、投资者的乐观或悲观程度。如新闻情绪指数和波动指数（VIX）分别用另类数据和市场数据来构建情绪因子。

新闻情绪指数（News Sentiment Index）根据新闻中积极或消极词汇的比重来计算，通常使用自然语言处理（NLP）技术，这就是另类数据的衍生指标。

波动指数（VIX）通常被称为"恐慌指数"，是衡量市场对未来30天预期波动性的一种指标。它由芝加哥期权交易所（CBOE）计算和发布，反映了市场对标普500指数期权的隐含波动率的预期。VIX的计算方法相对复杂，它基于一定范围的标普500指数期权的价格计算。

7.3.2 风格因子

风格因子（Style Factors）反映了投资组合的特定特征或风格偏好，如规模、价值、成长等。

- **规模因子**（Size）。通常使用市值（Market Capitalization）作为规模因子：

$$规模因子 = 市值 = 股价 \times 总股数$$

小市值股票通常有更高的预期收益率。
- **价值因子（Value）**。常用市净率（P/B）或市盈率（P/E）基本面指标来衡量：

$$价值因子 = \frac{股价}{每股账面价值或者每股收益}$$

低 P/B 或 P/E 的股票通常被认为是价值股。
- **成长因子（Growth）**。通常使用每股收益增长率或销售增长率来衡量：

$$成长因子 = \frac{今年的每股收益 - 去年的每股收益}{去年的每股收益} \times 100\%$$

高增长率的公司通常被认为具有较高的成长性。

通过历史因子数据分析，可以帮助投资者在不同的市场条件下找到可能的投资机会。不同的量化策略可能会使用不同组合的因子来进行投资决策。

7.3.3 风险因子

风险因子（Risk Factors）用于解释和衡量资产的风险暴露，这些因子不一定能产生超额收益，但能帮助投资者了解和管理风险。

- **市场风险因子（Market Risk Factor）**：通常用市场指数（如 S&P 500）的 Beta 来表示，反映资产对整体市场波动的敏感性。
- **流动性因子（Liquidity Factor）**：反映资产的流动状况，如成交量、买卖价差等。流动性差的资产可能面临更高的交易成本和风险。
- **波动率因子（Volatility Factor）**：用于衡量资产的价格波动性，常用标准差表示。
- **期权类资产的敏感性指标（希腊字母 Greeks）**：用于衡量期权类资产对应标的价格、波动率、利率等因素的一阶到高阶敏感性风险。

表 7-1 是期权中的希腊字母值的定义，展示了每个希腊字母代表的风险及其解释。

表 7-1 常用期权风险指标列表

希腊字母值	解释	反应的风险
Delta (Δ)	期权价格对标的资产价格变化的敏感度，表示期权价格随标的资产价格变动的幅度	价格风险：衡量标的资产价格变动对期权价格的影响
Gamma (Γ)	Delta 对标的资产价格变化的敏感度，衡量 Delta 随标的资产价格变动的幅度	二阶价格风险：衡量 Delta 的变化率，即对冲仓位的调整频率
Vega (ν)	期权价格对标的资产波动率变化的敏感度，表示期权价格对隐含波动率变化的反应程度	波动率风险：衡量隐含波动率变化对期权价格的影响
Theta (θ)	期权价格对时间流逝的敏感度，表示期权价格随到期日临近而衰减的速度	时间风险：衡量期权价值随时间流逝的损失速度，特别是对于虚值期权
Rho (ρ)	期权价格对无风险利率变化的敏感度，表示期权价格对利率变化的反应程度	利率风险：衡量利率变动对期权价格的影响，尤其对长期期权影响较大

这些希腊字母值能帮助投资者理解和管理期权投资中的不同风险，如价格、波动性、时间和利率风险等，能够有效用于构建和调整对冲策略。

MSCI 公司的 Barra 的风险因子模型是行业常用的风险因子分解模型。它公布的中国权益类风险因子模型 CNE5，总共构建了 21 个二层因子，合并为十个大类风格因子。感兴趣的读者可以关注本书公众号获得相关介绍文章。

7.4 因子挖掘

因子挖掘是量化投资策略开发中至关重要的步骤，其主要任务是识别、选择和验证能够解释和预测资产收益的因子。因子可以是基本面、技术面、宏观经济等不同领域的数据。常用的因子挖掘有数据分析、统计回归、机器学习等手段，这些手段可以用于因子的初步识别和筛选。

挖掘出的因子首先必须是与资产收益相关的，而且如果想有效地用在量化策略中，一般需要具有以下特征。

可解释性：因子挖掘的最理想的结果是找到那些具有显著统计意义和实际经济解释的因子，以便用于构建有效的投资策略。这是传统的 CAPM、APT 和 Fama-French 多因子模型的研究工作。但对于机器学习方法，一般难以用经济学规律来解释，因为它属于纯粹的数据挖掘工作，这是采用机器学习等人工智能方法的普遍问题。

稳健性：挖掘的因子最好是稳定而持久的，因子的效应需要在不同的市场环境和时间段内保持稳定，避免过拟合历史数据。

非冗余性：因为因子数量众多，各个因子之间存在相关性。相关性很强的因子都作为模型的输入会影响模型的结果。所以选择的因子应尽量独立，以避免多重共线性，确保因子组合的多样化。

因子挖掘的具体工作包括**因子构建、因子值预处理、因子检验**三个主要步骤。

因子构建就是要发现相对有效的因子构建成因子池。这个因子池一方面可以直接来源于我们收集的多维度的金融数据，例如基本面指标（如市盈率、净利润率）、宏观因子（如 GDP 增长率、利率）等。另一方面可以来源于通过因子公式、统计回归或者机器学习的方法计算出来的衍生指标，例如技术指标（如移动平均、动量）、市场情绪因子等。计算因子的源数据可以多种多样，包括价格、成交量、公司财务数据、宏观经济数据、另类大数据等。这些数据已经通过各种采集方法存储在我们的量化系统平台数据库中。

因子值还需要进行预处理，经过补全、去极值、标准化、中性化、相关性分析等处理才能在量化策略模型中使用。

因子检验使用指标［如信息系数（IC）、t 检验、F1 Score、因子收益率等］来检验因子的有效性。IC 衡量因子值与未来收益率之间的相关性，一般设定正值表明因子有预测力。同时要做稳健性检验，包括在不同时间段、不同市场条件下进行回测，检查因子的表现是否稳定。

经过因子检验的因子可以进入到策略的备用池中，后续就可以基于这些因子来构建量化投资因子策略模型。

7.4.1 因子构建

在因子小节中我们介绍了策略因子、风格因子、风险因子三种因子类型。

源数据的一小部分数据就可以直接作为备用因子进入因子池，例如 P/E、PS（市销率）、ROE（净资产收益率）等指标可以直接从年报中获得，放入到策略因子的基本面因子池中。

同时我们可以使用这些源数据通过公式，或者统计回归、机器学习的方法计算出衍生指标。

衍生指标类因子

前期我们讨论的传统技术指标和一些公司财务指标都可以直接作为因子。它们就是根据明确的公式从价量数据和财务数据计算出来的衍生指标类因子，例如相对强弱指数（RSI）、移动平均（MA）、布林带（Bollinger Bands）等基于价量数据计算出的指标，和市盈率（P/E）、市净率（P/B）、市销率（PS）、净资产收益率（ROE）等可以直接从财务报告中获取或通过公式计算出来财务比率。这类因子也是量化投资策略最常使用的因子。

行业中也会根据市场经验和金融理论构建指标类因子。例如 WorldQuant 101 因子就是公开的用于量化投资的一系列因子，它们基于价格、成交量等基本市场数据，通过明确的数学公式计算得出。这些因子旨在捕捉市场中潜在的交易机会，广泛应用于因子模型和量化策略中。

WorldQuant 101 因子涵盖了价格、成交量、波动性、流动性等多个维度，通过这些因子，可以构建多样化的量化投资策略。因子公式的核心在于利用市场数据进行转换、秩值化、相关性计算等操作，从而捕捉潜在的市场规律和交易机会。我们在构建自己的因子时可以作为参考。

衍生指标作为因子，其优点是公式直接明了，计算简单，也有一定的经济解释性。缺点是这部分因子比较拥挤，使用的人非常多，有效的因子并不多，或者因子稳定性较差。

统计方法挖掘因子

通过统计学方法对数据进行分析和处理，从中提取潜在的因子。常用的统计方法包括主成分分析（PCA）、回归分析和排序法等。

- **主成分分析（PCA）** 通过减少数据的维度，提取出解释数据变化的主要成分，适用于处理多重共线性问题。主成分分析通过提取最重要的主成分，生成新的因子。

$$Z = X \cdot W$$

式中，X 是原始变量矩阵；W 是特征向量矩阵；Z 是主成分因子。

- **回归分析**使用回归方法对因子进行筛选和验证，通过显著性检验筛选出与目标变量（如股票收益）显著相关的因子。例如，多元线性回归模型可以用于检验因子的显著性并构建多因子模型。

$$Y = \beta_0 + \beta_1 X_1 + \beta_2 X_2 + \cdots + \beta_n X_n + \epsilon$$

式中，Y 是目标变量；X_i 是因子变量；β_i 是回归系数。

- **排序法**对各个因子进行排序，并进行离散化处理分组。例如，使用分位数排序法，按照因子值将标的分为多个分组。将分组后的相关标的的平均收益率差异进行比较，如果收益率呈现线性的显著差别，那么这个因子对收益率有一定解释效应，可能是有效因子。

统计方法的优点在于能够从复杂的数据中挖掘出潜在的有用因子，也适合处理高维数据和多因子交互效应问题。缺点是有些结果可能难以解释，尤其是主成分分析，因子缺乏明确的经济学意义，需要大量历史数据支持，同时回归模型选取对因子值影响较大。

机器学习挖掘因子

利用机器学习算法挖掘因子是近年来量化投资中的一个重要趋势。机器学习方法能够处理复杂非线性关系，发现传统统计方法难以捕捉的因子。

常用的机器学习方法包括监督学习、无监督学习和强化学习。

- **监督学习**使用标记的收益数据作为标签，通过算法（如回归、决策树、支持向量机等）来训练模型，从数据中自动提取因子。例如，随机森林可以用于变量重要性分析，从中识别出对收益预测最有贡献的因子。
- **无监督学习**通过聚类分析（如 K-means）等方法，将数据分组，并根据分组特征挖掘潜在因子。例如自编码器（Autoencoder）可以用来从数据中提取隐含因子。

- **强化学习**是在动态的市场环境中，通过奖励机制不断调整策略和因子，从而找到最优的因子组合。

机器学习的优点是能够捕捉复杂的非线性关系，能够处理海量数据，适应性强，可以动态调整因子。缺点是模型复杂，难以解释因子的具体经济学含义，容易出现过拟合风险，需要严格验证和调参。

通过上述三种方法的因子挖掘，可以构建一个因子池，为后续的因子策略开发提供基础。指标计算方法简单直接，有较强的理论支持；统计方法能够从数据中提取更为精炼的因子，适合复杂数据环境；机器学习方法则为因子挖掘带来了更大的灵活性和潜力，特别是在非线性和高维数据处理中。因子构建的质量直接影响策略的表现，因此在因子挖掘过程中，需要结合市场经验、数据分析能力和模型验证方法，不断优化因子池。最后根据需求选取不同的因子，就可以构建各种多因子策略模型。

7.4.2 因子值预处理

在将因子用于量化投资策略之前一般都需要进行因子值的预处理。常用的预处理工作包括：缺失值处理、异常值处理、标准化处理、中性化处理等。

缺失值处理

缺失值是数据集中某些观测值缺失的情况。缺失值处理的目的是减少其对模型的影响。常用的方法包括：

- **删除缺失值**：删除含有缺失值的行或列，这种方法简单但可能导致信息损失。
- **填补缺失值：**
  - 均值填补：用该变量的均值来替代缺失值。

$$x_{\text{new}} = \frac{\sum_{i=1}^{n} x_i}{n}$$

- 中位数填补：用中位数替代缺失值，适用于非对称分布的数据。
- 插值法：根据已有数据进行线性或非线性插值。
- 回归填补：使用其他变量对缺失值进行回归预测。
- **前后值填补**：对时间序列数据，使用前一个值（前向填补）或后一个值（后向填补）替代缺失值。

异常值处理

异常值是指与其他观测值差异显著的数据点，可能会对模型产生较大干扰。处理方法包括：

- **删除异常值**：直接移除异常数据点。
- **Winsorization（缩尾法）**：将异常值替换为指定的分位数（如1%或99%）。
- **Z-score 方法**：判断某个数据点是否为异常值（通常超过3个标准差）。

$$Z_i = \frac{x_i - \mu}{\sigma}$$

式中，Z_i 是第 i 个数据点的 Z-score 值；μ 是样本均值；σ 是样本标准差。

标准化处理

标准化是将数据调整到同一尺度，使其均值为0，标准差为1。这种处理有助于消除不同量纲对模型的影响。公式为：

$$x_{\text{std}} = \frac{x - \mu}{\sigma}$$

式中，x 是原始数据；μ 是样本均值；σ 是样本标准差。

标准化适用于特征值差异较大的情况，特别是在机器学习模型中有重要作用。

中性化处理

因子的中性化处理（Neutralization of Factors）是指在因子分析和因子策略开发中，通过调整因子数据，消除与其他特定特征（如市值、行业、风险暴露等）的相关性，以确保因子捕捉的是目标特征，而不是受其他无关因素影响的混杂信号。中性化处理可以提高因子的纯度和有效性，使其更能代表单一投资风格或特征的收益贡献。

中性化处理的目的包括：

- **消除无关影响**：排除与因子无关的外部因素（如市值、行业效应等）对因子的干扰。
- **提高因子纯度**：使因子更好地反映目标特征（如动量、价值等），而不是受其他无关特征影响。
- **降低多重共线性**：在多因子模型中，降低因子之间的相关性，提高模型的稳健性。
- **增强因子解释力**：确保因子与目标收益之间的关系更加明确和稳定。

因子中性化的常用方法包括市值中性化、行业中性化、风险中性化（贝塔中性化）、多维中性化。

- **市值中性化**：消除因子与市值之间的相关性，使因子独立于规模效应。通过回归分析，将因子对市值进行回归，并使用回归残差作为中性化后的因子值。

$$因子_{中性化} = 因子 - \beta \cdot 市值$$

式中，β 是因子与市值的回归系数。

- **行业中性化**：消除因子在不同行业之间的系统性差异，使因子表现不受行业分布影响。对因子进行行业内标准化处理或对行业哑变量进行回归，将残差作为中性化后的因子值。

$$因子_{中性化} = 因子 - \sum(\beta_i \cdot 行业哑变量_i)$$

式中，β_i 是因子对每个行业哑变量的回归系数。

- **风险中性化（贝塔中性化）**：消除因子与市场风险暴露（如贝塔）的相关性，使因子表现不受市场整体波动影响。对因子进行贝塔回归，将残差作为中性化后的因子值。

$$因子_{中性化} = 因子 - \beta \cdot 市场贝塔$$

- **多维中性化**：同时消除多个特征（如市值、行业、贝塔等）的影响，使因子纯度更高。

使用多元回归分析，将因子对多个无关变量进行回归，并使用残差作为中性化后的因子。

$$因子_{中性化} = 因子 - \sum(\beta_j \cdot 无关变量_j)$$

式中，β_j 是因子对各无关变量的回归系数。

中性化处理的基本步骤如下：

1）**数据准备**：收集需要中性化的因子数据和无关变量数据（如市值、行业、贝塔等）。

2）**回归分析**：对因子进行回归分析，将因子作为因变量，相关无关变量作为自变量，估计回归系数。

3）**计算残差**：通过回归方程计算残差，残差即为消除了无关因素影响的中性化因子。

4）**验证中性化效果**：检查中性化后的因子是否不再与无关变量相关，并评估因子的解释力和预测能力。

需要注意的是，中性化后因子的经济学意义可能发生变化，因此需要重新评估因子的解释性和经济逻辑。也要避免过度中性化，这样可能导致因子信号被削弱，需权衡中性化程度和因子信号强度。市场环境变化时，中性化处理需要定期检查和调整，以保证因子持续有效。

中性化处理能够提高因子的有效性和纯度，是量化策略开发中的一个重要步骤，特别是在多因子模型的构建过程中至关重要。

7.4.3 因子检验

因子检验是量化投资策略开发中的重要步骤，因子检验即通过检验因子的有效性和稳定性来评估它们对投资组合收益的贡献。因子检验的目的是确保选取的因子确实能够解释和预测资产的收益，避免无效或过拟合的因子进入策略模型。

因子可以通过信息系数（Information Coefficient，IC）值来进行有效性评估。

IC 值是用来衡量一个因子在预测资产未来收益方面有效性的统计量。它通常用于量化因子在多因子模型中的预测能力。

IC 值的计算有 Normal IC 和 Rank IC 两种方式。

Normal IC（皮尔逊相关系数）。这种方法计算的是因子得分（在某一时点上）与随后的资产收益之间的线性相关性。公式如下：

$$IC = corr(F_t, R_{t+1}) = cov(F_t, R_{t+1}) / (\sigma_{F_t} \times \sigma_{R_{t+1}})$$

$$cov(F_t, R_{t+1}) = \frac{1}{n}\sum_{t=1}^{n}(F_t - E(F_t))(R_{t+1} - E(R_{t+1}))$$

式中，F_t 是因子得分；R_{t+1} 是随后的资产收益；$cov(F_t, R_{t+1})$ 是因子得分与收益之间的协方差；$\sigma_{F_t}, \sigma_{R_{t+1}}$ 分别是因子得分和资产收益的标准差。

Rank IC（斯皮尔曼等级相关系数）。这种方法计算的是因子得分排名与随后的资产收益排名之间的线性相关性。使用斯皮尔曼等级相关系数可以避免数据分布假设的问题，并且更加稳健。公式类似于皮尔逊相关系数，但是应用于排名后的数据。

$$IC = corr(rank(F_t), rank(R_{t+1}))$$

在实际应用中，由于真实世界的数据往往不满足正态分布的假设，因此 Rank IC 更为常用。计算 Rank IC 时，要首先对因子得分进行排序并赋予相应的排名，然后对同一时期的资产收益也进行排序并赋予排名。之后，使用这些排名数据来计算相关系数。

不论是 Normal IC 还是 Rank IC，IC 值的取值范围都是从 −1 到 1。我们一般调整输入数据的顺序或者符号，若 IC 为正值，表示因子得分高的资产倾向于有较高的收益，负值则相反。IC 值接近 1 意味着因子具有很强的预测能力，而接近 0 则表示几乎没有预测能力。在量化投资中，通常会希望 IC 值为正，并尽可能地接近 1。

因子检验也可以通过单因子和多因子值与后续收益率的回归分析进行。使用回归系数的 t 检验、F 检验等统计方法来评估因子的独立性和对收益率的解释力。

为了确定因子有效性的稳定性和鲁棒性，我们可以通过分段检验、滚动时间窗口回归等方式，评估因子的稳定性和鲁棒性。如果因子表现稳定且在不同市场环境下都有显著性，则说明因子具有稳定的预测能力。

7.5 策略模型构建

当我们通过因子挖掘技术获得了对收益有一定预测能力的因子池时，下一步就是如何使用这些因子来构建多因子模型用于预测资产的收益和风险。

这些预测的因子模型可以使用排序法、线性回归法或者机器学习法来构建。

排序法

这种方法最简单，即选取多个因子，对每个因子赋予权重，然后对每个标的的因子根据设定的权重进行加总获得这个标的的总得分。此时就可以选取前 n 名的投资标的作为策略的投资组合。这里的权重设定一般是根据主观经验来设定的。

$$\text{Total Factor Score} = w_1 F_1 + w_2 F_2 + \cdots + w_n F_n$$

式中，w_n、F_n 分别是因子 n 的权重和因子值。注意这个因子值应该是进行过预处理的，否则由于不同因子量纲问题，会严重夸大或者低估某些因子的作用。

线性回归法

线性回归法通过回归统计方法获得相关因子对收益率作用的权重，而不是主观设定这些权重。

$$R_{t+1} = \beta_0 + \beta_1 F_{1t} + \beta_2 F_{2t} + \cdots + \beta_n F_{nt} + \epsilon$$

式中，R_{t+1} 是资产 $t+1$ 时刻的收益率，β_n、F_{nt} 是回归系数和 t 时刻的因子值。

计算出各个因子的 β 之后，就可以计算出预期收益，然后选择预期收益最高的 n 个标的，构建投资组合。

机器学习法

机器学习法是使用机器学习模型，将因子数据和收益率作为训练数据，训练出预测收益率的模型。然后在后续策略执行过程中，先预测收益率，然后选择预期收益最高的 n 个标的，构建投资组合。

$$R_{t+1} = f(F_{1t}, F_{2t}, \cdots, F_{nt})$$

式中，$f()$ 是机器学习模型。

7.6 策略回测与策略评估

通过上一步的模型构建就可以得到相应的投资组合。使用历史数据和因子模型就可以对这个因子策略进行策略回测。每一次回测后需要对这个策略计量策略评估指标，判断出是否有改进。

因为可以选择的因子很多，上述模型中又有很多参数需要设定，所以回测过程实际上是不断改变和优化这些参数、回测、评估的过程。回测过程需要考虑交易成本、滑点等实际因素。

绩效评估指标可以使用之前介绍的如夏普比率、信息比率、Alpha 等进行全面评估，判断策略的有效性和稳定性，也需要评估策略的实际表现，并与基准（如市场指数）进行比较。

策略回测步骤和策略评估指标都是量化投资全过程的一部分，具体内容可以参考之前的介绍。

7.7 小结

通过本章的学习，我们了解了因子策略的基本概念和流程。因子策略可以使用在股票、期货、期权、债券等几乎所有投资标的中，它是量化投资策略最常用的模型。因子模型下的策略可以是选股、择时、趋势跟踪、趋势反转等策略。很多量化投资人员主要的工作就是挖掘新的因子，进而使用这些因子来构建因子模型，帮助开发新的投资策略。

下一章我们将介绍股票策略。

| 第 8 章 |

股 票 策 略

8.1 引言

现代股市制度的起源可以追溯到十七世纪的荷兰东印度公司在阿姆斯特丹证券交易所的上市交易。几百年中股市的沉沉浮浮造就了很多传奇故事,所以大多数人至少对股票有基本了解,市场上也出现过众多的传统股票投资策略。当量化投资策略开始兴起时,股票也就自然成了很多量化投资策略的投资标的。

这些股票量化投资策略包括股票因子策略,它们通过选取适当的因子来构建多因子选股、趋势跟踪、T0、反转、择时和类似低波、红利等风格的量化策略。在需要扩大策略容量时,市场上又出现了以指数成分股为股票备选池的纯多头指数增强策略。统计套利、股票多空、事件驱动、ETF 套利,还有众多与股票衍生品相结合的其他套利策略则是基于多只股票或者标的相关关系来发现大概率能盈利的交易策略。

在这些股票的量化投资策略中,有些策略可以通过衍生品如股指期货对冲来获得中性策略,有些策略逻辑本身就具有一定程度的市场中性特征。策略研发人员可以依据投资策略的需求来制定不同的对冲和风险管理措施,从而定制策略的不同收益和风险的风格。

本章解释这些常用的股票量化投资策略。其中策略逻辑部分解释策略的基本原理和特点；策略要点部分解释策略执行中需要注意的关键工作；策略特征部分介绍策略的多空/市场中性、换手率/持有周期、是否择时、杠杆率、适用市场、资金容量等特性。策略风险及对冲部分解释运行此策略需要关注的风险和可以采取的相关风险管理措施。

8.2 股票因子策略

股票因子策略就是上一章介绍的因子策略应用于股票这种投资标的的量化策略。其主要工作是挖掘出对股票价格或者收益率有一定影响和预测能力的因子。这些因子中有些用来选择一揽子股票形成一个多头的投资组合，有些因子用来做择时判断，有些是用来推断趋势或者反转可能性的因子。使用不同的因子可以构建不同类型的因子策略。

8.2.1 策略逻辑

金融市场并非完全有效，存在定价错误。多因子模型通过将历史上验证有效的因子组合在一起，寻找定价失误的股票来获得超额收益。这种策略通过选择能够解释股票收益的可量化的基本面因子（如市盈率、每股收益增长率等）、技术面因子（如动量、波动率），或者其他类型因子来构建多因子模型，用此模型计算出的结果来筛选出符合条件的股票，设定权重来构建投资组合，并定期再次进行因子和模型计算，输出新的股票和权重以进行再平衡，获得持续的收益。

除了通过因子从市场选取股票策略之外，也可以通过如主观判断的方法来先选定特定范围的股票，然后通过挖掘择时因子或者反转因子来制定择时策略。股票价格在一定时期内可以趋势上升、趋势下跌，或者在一定范围内波动。如果能发现反映这些规律的因子，那就可以在不同时间段或者空仓，或者部分仓位，或者满仓。如果因子有效，就可以获得超越全仓一直持有这些股票的收益。短期持仓策略的因子可以是市场情绪因子（如买卖盘差异、新闻情感分析等）

或者如 MACD（指数平滑异同移动平均线）等技术指标；长期持仓策略则可以是此股票所在行业的宏观因子或者基本面因子。

该策略可以使用单个因子，但更多情形下是利用多个因子的综合效应，挑选出在未来有可能表现优异的多只股票，形成多头或者多空投资组合。随着这些股票实现预期的涨幅，策略就可以从股价变动中获利。一般来说多个因子的组合可以减少单一因子失效的风险，从而提高策略的稳健性。

8.2.2 策略要点

因子策略的主要流程是数据收集、衍生指标和因子计算、因子有效性检验、因子模型选择，及根据因子模型输出构建投资组合。策略还要根据挖掘出的因子的适用周期来确定投资组合调仓和再平衡频率。每一次模型运行输出的是一个具有预期超额收益的股票组合以及投资组合的权重分配。

计算常用因子的源数据如下：

- 市场数据：股票价格、成交量、波动率、技术指标等。
- 财务数据：市盈率、市净率、收益率、净资产收益率、营业收入等基本面数据。
- 宏观经济数据：利率、GDP、通货膨胀率等经济变量。
- 情绪数据：例如新闻情感分析、社交媒体数据，或者买卖盘差异。
- 其他数据：特定行业的独特指标（如石油库存、利率期限结构等）。

因子模型可以选择排序法、线性回归法，或者机器学习模型来构建。

策略研发和执行步骤如下：

1）因子挖掘：通过历史数据，确定一系列对股票收益率有预测作用的因子。

2）因子标准化：不同因子量纲不同，需要进行标准化处理，以便于比较。

3）组合因子打分：根据加权平均或更复杂的加权方式，计算每只股票的综合评分。

4）投资组合构建：根据得分的高低，选择 N 只多头股票，或者 N 只多头，

N 只空头股票构建组合，并确定权重。

5）调仓与再平衡：定期（如每周、每月或每季度）根据因子表现和市场变化重新评估并调整组合。

6）策略研发阶段就是对前五个步骤的策略进行回测和优化。模拟盘和实盘时只需要按照研发阶段回测时选取的最优参数运行即可。

这些过程在第 7 章因子策略中都有介绍，只是股票因子策略关注的是股票相关数据和模型。

8.2.3 策略特征

- **多空 / 市场中性**：多因子模型可以是纯多头策略，策略只买入那些因子打分较高的股票，没有做空头寸，因此适合那些希望参与股票上涨行情，但不愿承担空头风险的投资者。策略也可以多空结合的方法，策略做空那些因子打分低的一定比例的股票，这时就是市场中性策略。但多空多因子模型要考虑到这些股票是否能做空，能做空也需要考虑做空成本。
- **换手率 / 持有周期**：这取决于挖掘出的有效因子适用的周期，如果因子是短期的技术指标，则调仓频率高，一般来说换手率也高。对于基于基本面因子的策略，短期内基本面变化不频繁，所以调仓频率就会低，换手率也就低。换手率低的策略交易费用也就少。
- **是否择时**：依据策略中使用的因子，如果其中有因子是择时因子，那么策略就具有择时的特征。
- **杠杆率**：多因子策略一般不使用杠杆，满仓买入股票。
- **适用市场**：因子策略的有效期依赖于因子本身的稳健性和市场环境。当市场环境发生变化时，某些因子可能失效，因此需要定期回测和更新模型。我们希望挖掘出的因子构建出来的策略的有效期为中长期，大约为一年到几年最佳。
- **资金容量**：大。

8.2.4 策略风险及对冲

因子策略存在因子或者因子模型失效风险、市场风险、集中度风险、流动性风险等多种风险。

降低因子或者因子模型失效风险的方法是在因子挖掘和策略回测时做策略稳定性检验，即对策略参数和回测时间进行一定变动来看策略表现是否剧烈变动。

如果是纯多头策略，市场下行时组合可能遭遇整体亏损，尤其是在全面熊市或金融危机期间，这种策略的回撤可以很大。这就需要在制定策略时制定一些策略评估指标，如是否需要止损，止损限额的水平等。如果要降低市场风险，则需要选取短期偏技术面因子，这样调仓频率高，能适应市场的变化。但调仓频率高的因子可能有流动性风险，例如因子选取的都是小市值股票，调仓时对市场冲击比较大。还可以使用股指期货或者期权来对冲市场风险，但经过对冲的策略的收益风险风格就改变了。

在因子选股时，需要确定选取多少只股票来构建投资组合，如果选取的股票数目太少或者行业集中，例如 20 只股票之下（每只股票分配 5% 或更多资金），则会存在集中度过高风险，这种风险的表象就是策略净值波动大，如果策略实盘资金大的时候还会出现流动性风险，则无法短期内换仓，或者换仓冲击成本高。

多因子多头策略也可以叠加股指期货对冲操作，这样多头策略就变成了多因子中性策略。

8.3 指数增强策略

指数增强策略是以某一个指数为收益基准，通过策略构建与基准成分股或者权重有一定差异的股票组合来追求超越这个基准的收益。常规的指数增强策略选出的股票应该大部分与指数基准一致。如果差异太大，就失去了跟踪指数的意义。指数增强策略由于是多头跟踪指数，所以策略规模大，适合大资金操作。

8.3.1 策略逻辑

指数增强策略的核心逻辑是在跟踪某一基准指数（如沪深300、中证500指数等）的基础上，通过主动管理获取超额收益。该策略的目标是在保持与指数紧密跟踪的同时，利用一些选股因子或市场时机判断，优化组合以获得比指数更高的收益。这与完全被动的指数跟踪策略不同，指数增强策略会在跟踪基准指数的基础上，做出适度的超配或低配，或在标的选择上与指数有所偏离。

指数增强策略的设计初衷是结合被动管理和主动管理的优点。在大多数市场中，长期被动投资指数已经被证明能够带来稳定收益，但许多投资者希望在此基础上通过量化方法进一步提升收益率。因此，指数增强策略旨在微调指数配置，利用市场中的定价错误或其他优势，在不大幅偏离指数风险特征的情况下，获得比指数更好的收益。

该策略通过选股模型或其他量化模型，对指数中的个股进行优化调整。通过增持那些预期超额收益的股票，并减少或回避预期表现不佳的股票，策略可以在指数的基础上额外获取收益。同时，保持与指数的相关性，确保不会显著偏离基准。

8.3.2 策略要点

指数增强策略一般以多因子模型来实现，所以其步骤与之前描述的多因子选股的实施步骤大部分相同，只不过在选取股票范围上，要以基准指数成分股为主。

有一类最简单的指数增强策略就是使用股指期货来匹配指数收益，因为股指期货通过保证金交易，自带杠杆，所以余下来的资金可以购买稳健的固收类产品，这样就会稳定获得超额收益。这种操作尤其是在股指期货贴水时尤为有效。这一指数增强策略技术性不高。

还有需要注意的是在策略回测和评估时，需要以基准指数超额收益为主要优化目标。

8.3.3 策略特征

- **多空 / 市场中性**：指数增强策略通常是纯多头策略，这意味着策略只持有那些跟踪基准指数的股票，并不涉及做空。它跟踪指数的表现，收益目标是指数收益 + 超额收益。
- **换手率 / 持有周期**：指数增强策略的换手率也取决于挖掘出的有效因子适用的周期，不需要与指数成分股更新频率相同。
- **是否择时**：指数增强策略一般不择时。
- **杠杆率**：部分指数增强策略使用股指期货作为基准投资，这部分就可能使用大于 1 的杠杆。
- **适用市场**：指数增强策略适用于股指期货贴水市场环境，这样可以通过贴水恢复赚取一部分超额收益。如果是多因子模型，则与因子本身的稳健性和因子适用的市场环境有关。
- **资金容量**：大。

8.3.4 策略风险及对冲

指数增强策略除了承担与因子策略相同的风险之外，还需要关注超额收益风险。这是因为指数本身收益较高，而你的策略超额收益与其他指数增强策略相比低的话，对于投资人来说没有竞争力。再者由于策略在跟踪指数的基础上进行了超配或低配操作，这可能导致跟踪误差。如果增强部分表现不佳，就有可能导致整体组合的表现落后于指数。

指数增强策略一般不会采取衍生品对冲措施，因为这样就失去了指数跟踪的初衷，变成了其他类型的策略。

指数增强策略还应避免过少地持有成分股股票，因为这种策略的收益波动可以很大，在市场向上时表现良好，但市场向下时，回撤很大，超额变成负值。我们需要的是长期跑赢指数，而不是短期内跑赢指数。

8.4 统计套利策略

统计套利策略主要指配对交易。策略寻找有协整关系的两只股票或者组合，然后监控由于市场波动导致这种关系的短暂偏离机会，偏离发生时买入被低估股票/组合，卖出被高估股票/组合。

统计套利的起源可以追溯到 20 世纪 80 年代，最早由摩根士丹利等机构提出并应用。随后，由吉姆·西蒙斯领导的文艺复兴科技等对冲基金进一步推动了该策略的发展。随着计算能力的提升、数据的广泛获取以及电子市场的崛起，统计套利策略变得更加复杂和精细。

8.4.1 策略逻辑

股票统计套利是利用相关股票之间的短期定价偏差的策略。其核心逻辑基于这样一个假设：在短期或中期内，相关股票之间的价格关系会回归均值。这种定价异常可能由市场效率低下、新闻事件或流动性事件引发。

该策略通过同时买入被低估的资产和卖出被高估的资产来获利，且期待这种定价偏差随着时间推移得到修正。它的主要盈利方式是通过识别并交易这些相对价格差异，同时保持市场中性或低风险的整体市场敞口。

统计套利盈利的前提是能够发现相关股票存在长期统计意义的协整相关，然后市场出现短期关系背离，背离的程度能够覆盖交易成本。

8.4.2 策略要点

统计套利的主要工作是寻找两个或多个有类似价格变动的股票，然后对这种变动进行协整检验，如果通过，那么这些资产就可以成为统计套利的投资标的。监控中如果发现其价差超过一定阈值，则同时做多被低估股票，做空被高估股票。当价差回到正常值（统计意义上）时，则平仓，获得利润。

统计套利策略的执行步骤如图 8-1 所示。

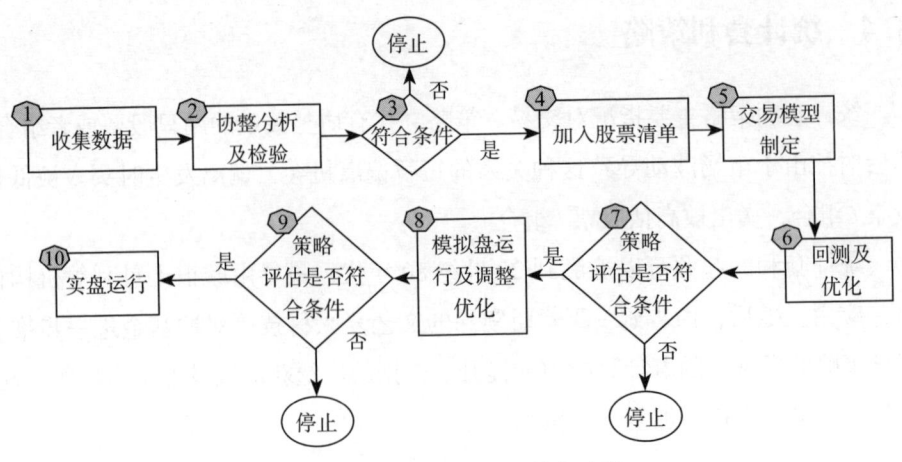

图 8-1 统计套利策略的执行步骤

我们可以看到需要很多分析和计算步骤,计算机程序不可或缺。

其中关键的步骤,协整分析及检验,主要用于检测时间序列数据之间的长期均衡关系,常用的协整分析模型及检验方法包括以下几种:

- Engle-Granger 二步法(Engle-Granger Two-Step Method,EG 方法):Engle-Granger 方法是协整分析中最早提出的检验方法,通常用于两条时间序列之间的协整关系检测。步骤包括(1)回归分析:对两条时间序列进行线性回归,得到残差序列;(2)单位根检验:对残差序列进行单位根检验(如 ADF 检验),判断其是否是平稳的。如果残差是平稳的(即不包含单位根),则认为两条序列是协整的。EG 方法只能处理两条时间序列之间的协整关系,无法处理多变量情况。

- Johansen 协整检验(Johansen Cointegration Test):Johansen 协整检验是基于向量自回归模型 (VAR) 的多变量协整分析方法,能够处理多个时间序列的协整关系。步骤包括(1)设定 VAR 模型:建立一个包含多个时间序列的 VAR 模型,检测它们是否存在协整关系。(2)确定协整秩 (Cointegration Rank):通过 Johansen 的迹检验(Trace Test)和最大特征值检验(Max Eigenvalue Test)来确定协整向量的数量(即协整关系的数目)。Johansen 协整检验能够处理多条时间序列的协整关系,适用于多资产组合的分析。但对样本量较小的数据可能存在统计效力不足的问题，且模型较为复杂。

- **向量误差修正模型 (VECM)**：VECM 是一种将协整关系直接纳入 VAR 模型的方式，适用于非平稳但协整的时间序列。VECM 模型通过将误差修正项加入短期动态模型中，确保短期波动和长期均衡之间的动态调整。它不仅能刻画协整关系，还能分析短期偏离均衡的动态过程。VECM 能够同时捕捉短期动态和长期均衡关系，适用于多个时间序列之间的协整分析。

如何从上述模型中选择取决于数据的特征、变量数量和检验目的。

图 8-2 所示为北京银行，南京银行的价格走势，因为它们都属于城市股份制银行，影响它们价格的因素比较类似，所以可以看到这段时间内价差在 −2.5 ~ −1 之间波动。那么这两只股票就成为好的配对交易的投资标的。

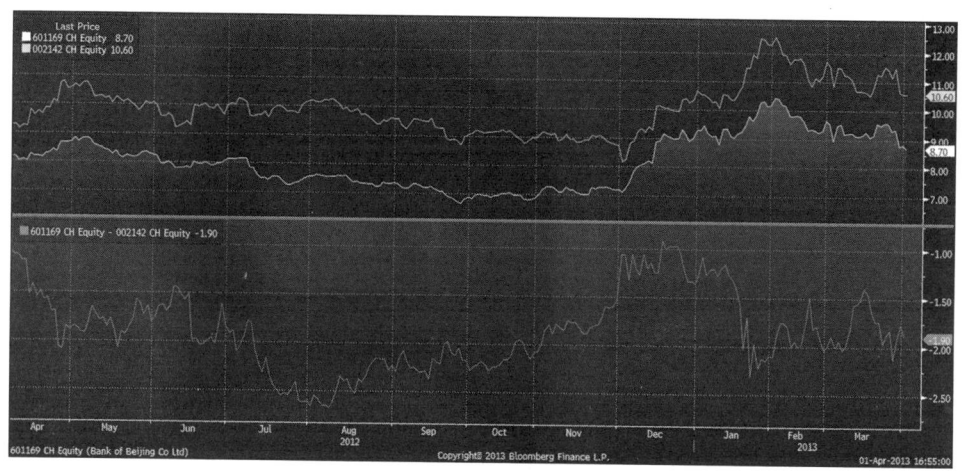

图 8-2　配对策略股票价格走势示例图

8.4.3　策略特征

- **多空 / 市场中性**：统计套利策略本身是多空策略，需要注意涉及的标的是否能做空。两个标的的特征通常具有高度相关性，例如同在一个行业，这样的多空策略往往是市场中性策略，与大盘走势相关性低。

- **换手率/持有周期**：依赖于协整关系恢复的时间。
- **是否择时**：本身是择时策略，需要相对价格达到一定偏离时构建仓位。
- **杠杆率**：杠杆可以大于1。
- **适用市场**：市场上不同的股票协整关系时常存在，所以这种策略有效期比较长，但同一对标的的协整关系不一定一直稳定存在。
- **资金容量**：小。

8.4.4 策略风险及对冲

统计套利策略的主要风险在于价差不如预期回归或风险暴露过大，需要及时调整仓位，或者为每个交易设置合理的止损机制，以防因市场剧烈波动导致的过度亏损。

即使是配对交易，也会产生部分市场风险敞口。如果要求严格市场中性，那就可以通过期权、期货等衍生品工具对市场整体风险进行额外的市场对冲，变成真正的市场中性策略。

8.5 股票多空策略

股票多空策略是一种相对价值策略。策略通过分析两只股票的价格走势得出结论：未来一只股票的表现优于另外一只股票的表现。此时就可以做多表现好的股票，做空表现差的股票，后续随着预测得到实现，通过多头和空头的收益轧差获得盈利。

当然投资标的不局限于两只股票，也可以是针对两个投资组合。

股票多空策略的概念可以追溯到20世纪早期的对冲基金，尤其是Alfred Winslow Jones因其在1949年创立的对冲基金被认为是现代多空策略的开创者。Jones的基金通过持有多头和空头头寸实现了市场中性投资组合，从而降低了市场波动的风险。随着技术的发展和金融市场的复杂化，多空策略在量化投资中得到了广泛应用，尤其是大型对冲基金和机构投资者。

8.5.1 策略逻辑

股票多空策略的核心逻辑是同时持有看涨（多头）和看跌（空头）头寸，旨在通过捕捉股价相对波动中的差异来盈利。这类策略的基本假设是，某些股票会表现得好于市场平均水平，而另一些则表现得差于市场平均水平。通过做多表现优异的股票，做空表现较差的股票，投资者可以在市场整体波动较小甚至下跌时仍然获得相对收益。策略通过减少市场整体波动对投资组合的影响来提高盈利机会，重点在于选股能力，而非市场方向。

虽然股票多空策略和统计套利策略都是多空策略，但它们在策略逻辑方面存在显著区别。

- **股票多空策略**：该策略是期望价差扩大。其核心逻辑是基于股票的相对表现，通过做多表现优异的股票，做空表现较差的股票来获利。多空策略的选股依据可以是基本面分析、因子模型、动量策略等，多空策略旨在从个股的差异中获利。其收益主要来源于做多股票价格上涨和做空股票价格下跌。
- **统计套利策略**：该策略是期望价差回归正常。其核心逻辑是基于价格的统计学关系，寻找两只或多只股票之间的历史价格关系（如协整或均值回归），并假设这种关系在未来仍然成立。套利机会出现于这些股票的价格暂时偏离了预期的统计关系时，投资者通过做多被低估的股票、做空被高估的股票来获利，等价格关系恢复时平仓。

8.5.2 策略要点

股票多空策略的核心工作是能够发现和预测两只股票未来收益率走势会分离。这种预测的建模可以使用之前讨论的因子模型。短期策略使用价量因子，中长期策略则使用基本面因子。

策略执行涉及以下内容：

数据需求：包括历史价格数据、公司财务报表、市场情绪数据、行业和宏观经济指标等。

金融模型：常用的模型包括因子模型（如 Fama-French 三因子模型）、协整模型和动量模型等。多空策略常通过选取超额收益因子来构建投资组合。

数学模型：贝叶斯统计、线性回归、机器学习模型等用于预测股价和优化投资组合。

8.5.3 策略特征

- **多空 / 市场中性**：典型的多空策略，同时持有多头和空头头寸。可以是市场中性的，试图消除整体市场波动的影响，也可以带有方向性（如在牛市中倾向于做多）。
- **换手率 / 持有周期**：依赖于使用因子的实效性。
- **是否择时**：本身是根据多空头价格的择时策略，但一旦建立多空组合，就会一直保持持仓。
- **杠杆率**：策略的杠杆率可根据投资者的风险偏好和市场情况调整，一些策略可能会使用较高的杠杆来放大收益。
- **适用市场**：适用于有很多行业、业务模式、体量相似的公司的市场。
- **资金容量**：大，受限于可做空的标的数量。

8.5.4 策略风险及对冲

多空策略的主要风险是模型风险，模型风险会导致模型预测的两只股票走势与预期相反，这时就会两边亏钱，需要提前制定止损策略。

多空策略也会产生部分市场风险敞口，同时如果投资组合中存在多个多空策略投资，市场风险积聚可以变大，这时就可以在整个投资组合层面通过期权、期货等衍生品工具对市场整体风险进行额外的市场对冲，变成真正的市场中性策略。

8.6 事件驱动策略

股票事件驱动策略是一种基于特定公司事件（如并购、重组、管理层变动、破产等）来预测股票价格变化的量化策略。这些事件都会经历一段时间，即一般先公布事件消息，然后进入监管审批、股东大会、尽职调查等环节，这些环节的结果存在不确定性，最后不一定都能完成并购重组。这段时间内股票价格就会有所波动，也就为套利提供了可能性。

我们这里主要介绍两个公司进行并购的事件驱动策略。这种策略的投资标的是两个公司，此策略一般也会使用主观判断和量化相结合的方法，属于混合策略。

事件驱动策略可以追溯到并购套利的早期发展，尤其是在20世纪50年代和60年代的美国金融市场。一些著名的对冲基金，如Paul Singer创办的Elliott Management以及Kenneth Griffin创立的Citadel，都在事件驱动策略中占据了重要地位。这些基金通过分析公司并购、破产和其他重大企业活动，在市场波动中捕捉收益。

8.6.1 策略逻辑

事件驱动策略依赖于市场对并购事件的反应。公司重大并购事件通常会对股价产生显著影响，而这类事件的市场反馈常常是不完全的或滞后的。事件驱动策略试图通过分析这些事件并预测市场的反应来获利。通过对历史事件和当前市场环境的研究，投资者可以评估事件带来的超额收益或价格偏离。例如，在并购事件中，收购方的股价可能会下跌，而被收购方的股价通常会上涨。而且在最终完成并购之前，这些下跌和上涨并不会根据并购条款一步到位，而是根据市场上对并购成功概率的推算进行变化，甚至市场可能认为公布的并购方案价格最后还会改变。

投资者根据并购条款买入认为股票表现好的一方，卖出股价表现不好的一方，形成多空组合。当收购方和被收购方的股票价格达到预期时，即可获利。

8.6.2 策略要点

投资者关注并购的消息，在并购消息公布之后，根据并购条款和对事件的分析构建多空组合。

例如有如下并购事件：

并购条款：公司 A 宣布以**每 1 股 A 公司股票换购 2 股 B 公司股票**的方式并购公司 B。这意味着，未来如果并购完成，持有 1 股公司 A 股票的投资者将获得 2 股公司 B 的股票。

并购前后股价：

- 并购消息公布前：
  - 公司 A 的股价为 10 元。
  - 公司 B 的股价为 4 元。
- 并购消息公布后：
  - 公司 A 的股价下跌至 8 元。
  - 公司 B 的股价上涨至 5 元。

套利机会分析：根据并购条款，1 股公司 A 的股票最终可以兑换 2 股公司 B 的股票。因此，如果我们通过主观和量化分析，认为并购能够顺利完成，1 股 A 的价格应与 2 股 B 的价格一致。

- 当前公司 A 的股价为 8 元。
- 按照并购条款，1 股公司 A 应该换 2 股公司 B，2 股公司 B 的市场价格是 $2 \times 5 = 10$ 元。
- 但是，市场上 1 股公司 A 的价格仅为 8 元，比预期的 10 元低，表明公司 A 的股票被低估了或者公司 B 的股票被高估了。

如果你预测并购能够按照条款完成，可以构建如下套利组合：

买入公司 A 的股票：由于每 1 股公司 A 的股票可以换成 2 股公司 B 的股票，理论上 1 股公司 A 的价格应等于 2 股公司 B 的价格，即 10 元。但目前公司 A 的股价仅为 8 元，因此公司 A 的股票被低估了，可以买入公司 A 的股票。

卖空公司 B 的股票：公司 B 的股票当前价格为 5 元，而并购条款下公司 B 的每股股票实际上应该价值 4 元（1 股公司 A 的股票换 2 股公司 B 的股票，当前公司 A 的股价为 8 元，因此公司 B 的股价应为 $8/2 = 4$ 元）。公司 B 的股票价格被高估了，适合卖空公司 B 的股票。

潜在盈利计算：

- 买入公司 A 的股票成本为 8 元。
- 卖空 2 股公司 B 的收入为 10 元。

当并购完成时，你持有的 1 股公司 A 将会转换为 2 股公司 B。通过这一操作，你的对冲组合可以对冲掉你之前卖空的 2 股 B 股票头寸。无论之间股票 A 和 B 的价格如何变化，你的最终盈利为卖空收入 10 元 − 买入 A 股票成本 8 元 = 2 元（不考虑费用）。

对于有一定概率成功的情况下，我们需要在构建组合时引入成功概率。假设我们推断成功概率为 80%。这时：

- 如果 $P_A - N \times P_B \times probability >$ 交易成本，则做多 P_A，做空 $N \times P_B$。
- 如果 $P_A - N \times P_B \times probability <$ 交易成本，则做空 P_A，做多 $N \times P_B$。

其中 P_A，P_B 分别为 A 公司和 B 公司的股价，N 为并购股票比率，上一个例子中为 2。

在现实世界中，我们还需要考虑新发行股票对于 A 公司股价的稀释，做空成本，最后完成套利需要的时间和资金成本等细节因素。

8.6.3 策略特征

- **多空/市场中性**：事件驱动如果并购是股份互换，则需要多空组合，如果一方是现金，则是多头或者空头策略。多空组合是市场中性的。现金收购则属于方向性策略。
- **换手率/持有周期**：依赖于并购事件持续的时间，一般来说换手率低。
- **是否择时**：该策略的持仓构建取决于市场是否出现可以套利事件。是否满仓要看同时有多少事件的投资标的。
- **杠杆率**：事件驱动属于套利策略，收益可能比较低。所以当对策略确信程度高时，往往通过加杠杆来提高收益率。
- **适用市场：** 事件驱动策略适用于宏观经济转折点或者持续上升时期、并购重组活动活跃时期。其他时间也会有，但事件会少。
- **资金容量：** 中。

8.6.4 策略风险及对冲

事件驱动最大的风险是如果并购无法按计划完成，或者按照你推断的条款完成，公司 A 和公司 B 的股票价格可能大幅波动，这将使你的套利组合面临亏损风险。

还有就是即使最后并购完成，经历的时间可能非常长，导致收益不能覆盖融资成本。这时就需要不断根据最新的与并购相关的进程信息进行仓位调整，监控风险敞口。

如果有必要，也可以引入个股期权进行风险对冲。同时通过构建多个并购事件的投资组合，减少单一并购事件可能带来的极端波动。

8.7　ETF 套利策略

ETF 套利策略是利用 ETF（交易型开放式指数基金）与其基础资产（例如个股、债券或大宗商品）之间的价格差异来获利的量化交易策略。它是一种相对价值的套利策略。

ETF 基金是一个跟踪某个指数的投资组合基金，也就是说这只基金持有很多证券。通过完全复制或抽样复制的方式，证券的组成和权重尽量与某一个指数保持一致，这样就可以尽可能精确地追踪某一指数的表现。ETF 的底层资产可以是股票、期货、债券等。

ETF 基金的份额创造和赎回机制允许授权参与者（通常是大型金融机构）按照一定的标准，用一揽子股票换取 ETF 份额，或反过来，用 ETF 份额换取一揽子股票。这种交易执行的市场被称作 ETF 的一级市场。一旦 ETF 基金份额在一级市场被创造出来，这些份额就在二级市场交易买卖了。

8.7.1 策略逻辑

ETF 套利的逻辑基于这样一个事实：ETF 的市场价格和其跟踪的基础资产净值（NAV，净资产值）之间可能会出现短暂的不一致，并且 ETF 有一级交易方法，即可以在一级市场通过一揽子股票方式申购或者赎回一揽子股票。那么当一揽子股票和 ETF 出现价格差异时，投资者就可以通过在一级和二级市场上买入或卖出 ETF 和相应的基础资产来获利。

策略的执行依赖于实时的数据分析、精准的 NAV 估算和高速的交易执行。尽管套利机会的存在时间很短，但通过使用高频交易技术，投资者能够在市场微小的价格错配中捕捉到可观的收益。

但 ETF 套利策略因其低风险和短期的套利机会而受到广泛使用后，策略收益明显下降。

8.7.2 策略要点

ETF 有如下两种套利方式。

- **溢价套利**：当 ETF 的市场价格高于其净资产值时，套利者可以买入对应的成分资产。然后通过一项称为"申购"的机制，在一级市场将这些成分资产交回 ETF 发行商，换取 ETF 份额，再在二级市场将 ETF 卖出，套利者从中获利。
- **折价套利**：当 ETF 的市场价格低于其净资产值时，套利者可以买入 ETF 并在一级市场通过"赎回"机制从 ETF 发行商处获得这些成分资产，然后在二级市场卖出相应的成分资产，赚取差价。ETF 价格走势示例如图 8-3 所示。

在上面交易过程中，申购和赎回 ETF 是以 ETF 净值为准的，我们需要估算 ETF 的净值。一般 ETF 基金公司也会发布实时参考 ETF 净值（IOPV）。我们根据估算的 ETF 净值与一揽子股票的价差来判断是否有套利机会。

表 8-1 所示为 ETF 套利步骤。

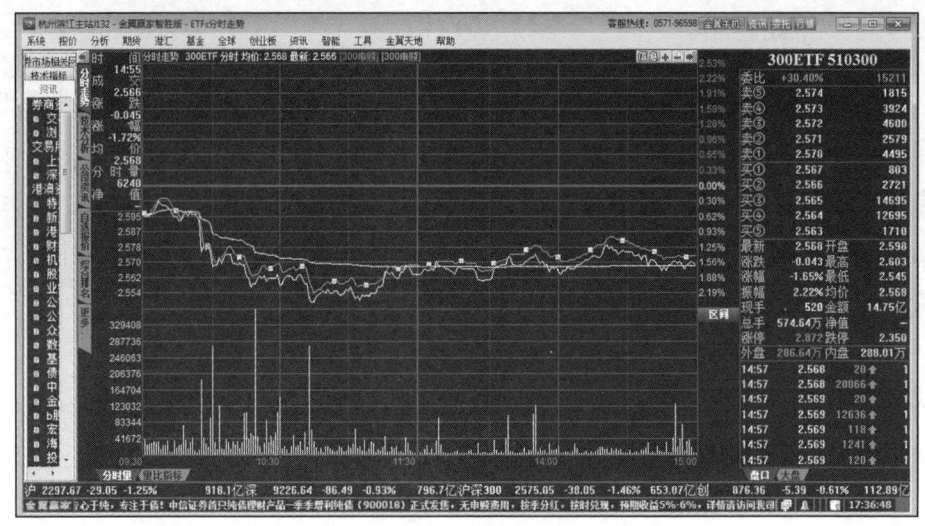

图 8-3　ETF 价格走势示例

表 8-1　ETF 套利步骤

步骤	买、卖	产品	市场	价格	数量	成本	现金流
1	买	SH50ETF	二级市场	2.575	100 000	0.15%	−257 886.25
2	赎回	SH50ETF 到一揽子股票	一级市场			0.5%	−518.6
3	卖	一揽子股票	二级市场	2.593	一揽子股票	0.15%	258 911.05
4	净利润						506.2
5	收益率						0.196%

ETF 套利是否盈利在于是否能快速低成本完成上述交易。

具体需要考虑的因素包括：

1）交易费用：由于印花税，ETF 折价套利成本低于溢价套利。

2）冲击成本：主要由于流动性驱动，估计在 10～15bps（需要监控 level2 数据）。

3）滑点：主要由流动性和交易速度驱动（需要监控 level2 数据）。

4）交易速度：如果需要，可以使用交易所机房部署策略程序。

5）流动性：使用已经持有的股票可以减少流动性的影响，但也增大了风险。

8.7.3　策略特征

- **多空/市场中性**：虽然是两种资产买卖，但不会同时有多空组合。此策略通常是市场中性的,即不依赖于市场的整体方向,而是依赖于 ETF 和其成分资产之间的价格偏差,因此属于中性策略。
- **换手率 / 持有周期:** 换手率依赖于是否出现套利机会,但持仓周期应该很短。
- **是否择时:** 本身是择时策略,需要 ETF 与一揽子股票相对价格达到一定偏离时构建仓位。
- **杠杆率:** ETF 套利的杠杆率可以根据资金和市场机会进行调整,但因为套利机会不会一直有,所以资金使用率低,不用加杠杆。
- **适用市场:** ETF 套利机会的时效性很短,通常仅存在于市场定价效率不高的时刻,因此要求迅速反应和执行。ETF 套利策略在中国市场刚出现时可以有年化 10% 以上收益,0 回撤的成绩。但市场成熟后套利机会急剧减少,收益率也快速下降。
- **资金容量:** 小。

8.7.4 策略风险及对冲

ETF 套利策略需要能在一天内完成全部套利过程,否则会承担隔夜风险。隔夜价格变化可以导致亏损。对于不同 ETF 有不同的当天交易规则,需要阅读要套利的 ETF 交易规则。

ETF 套利策略不需要对冲,隔夜仓位则需要进行对冲,对冲时需要关注升贴水,以防止对冲后出现总体负收益。

8.8 小结

本章介绍了常见的股票量化投资策略,包括股票因子策略、指数增强策略、统计套利策略、股票多空策略、事件驱动策略及 ETF 套利策略。其中股票因子策略是最常见并且能够衍生出很多细分领域的股票量化策略,例如选股策略、择时策略、动量策略等。每一种股票投资策略都有其特有的特征和风险,需要具体情况具体处理。

下一章将介绍期货策略。

| 第 9 章 |

期 货 策 略

9.1 引言

期货量化策略通过使用数学模型、统计分析以及计算机算法，挖掘期货价格的变动规律，自动进行期货市场的买卖交易，以期获取稳定收益。

期货市场覆盖各种资产类别，期货的底层标的包括商品、股指、债券、外汇等，量化策略主要通过挖掘技术因子和系统化的交易手段获得收益。由于期货能够多空开仓，而且程序化交易设施比较完善，所以受到量化投资从业者的喜爱。期货量化策略的主要问题在于与股票策略相比，策略资金容量不大。

最常见的期货量化策略包括**量化 CTA 策略、期现套利策略、跨期套利策略和跨品种套利策略**。

- **量化 CTA 策略**（Commodity Trading Advisor，商品交易顾问策略）主要通过趋势跟踪或动量模型进行交易，投资全球期货市场的不同资产类别，如商品、股指、债券和外汇。策略依赖于价格趋势的延续性，依据历史价格数据，判断未来价格走势并进行交易。
- **期现套利策略**利用同一资产的期货合约和标的价格的差异，进行同时买入和卖出的操作。套利者通过捕捉两者之间的价差变化来获利，通常在价格差收敛时平仓。
- **跨期套利策略**是在同一资产的不同到期日的期货合约间建立对冲头寸，利用价格差异进行套利。该策略在期货合约价差偏离预期时构建交易，等待其恢复至合理水平以获利。
- **跨品种套利策略**是在相关性较高的不同品种期货合约之间进行交易，如原油与天然气、黄金与白银等。套利者通过在两个品种间建立对冲头寸捕捉其价格变动关系中的非效率性获利。

本章将对这些策略进行介绍。

9.2 量化 CTA 策略

CTA 策略（Commodity Trading Advisor，商品交易顾问策略）最初是主观类策略，在期货出现之后就存在。当计算机技术应用到这些主观 CTA 策略思想时，就演变成了量化 CTA 策略。量化 CTA 策略使用量化因子来捕捉趋势跟踪或者反转信号。

9.2.1 策略逻辑

商品或者股票标的由于微观（标的公司或者品种）、中观（行业）、宏观（经济）等因素，其价格可以在一段时间内表现为趋势上升或者趋势下降。量化 CTA 策略的核心逻辑是通过量化模型，依赖于趋势跟踪或动量模型来判断资产价格的走势，并进行相应的交易。

量化 CTA 策略通常利用资产价格的历史数据，识别出价格走势的延续性或逆转信号。在趋势跟踪模型中，投资者通过买入价格呈现上涨趋势的资产，或卖空处于下跌趋势的资产，以期从价格延续中获利。而动量策略则基于近期表现良好的资产在短期内继续表现良好的假设。盈利来源于捕捉资产价格的延续趋势或短期波动中的动量机会。

CTA 策略最早出现于 20 世纪 70 年代，当时一些独立交易顾问开始应用规则化的投资方法，通过技术分析对期货市场进行交易。美国的 Richard Donchian 被视为 CTA 策略的早期开创者之一，他提出的趋势跟踪模型为 CTA 策略奠定了理论基础。随着计算机技术的发展，20 世纪 80 年代量化 CTA 策略逐渐兴起，并在全球期货市场中广泛应用，尤其在金融危机等市场波动较大时表现突出。

9.2.2 策略要点

量化 CTA 策略主要依据因子和因子模型，研发和执行都依赖大量的数据，核心能力在于能够挖掘有效的因子，并构建稳健的因子模型。

数据偏向于技术面因子，所以需要价格和交易量时间序列数据。常用因子包括多时间周期均线因子、布林带、RSI 等技术指标因子。策略也会依据动量因子和动量模型（如时间序列动量）以及其他基于统计的趋势跟踪算法。

量化 CTA 策略需要对多个期货品种实施策略，尤其是相关性低的品种，这样在一些品种处于震荡过程中时，其他品种存在趋势。在不同时间段就可以持续发现趋势或者趋势反转的品种，进而有效使用资金。理想情况下，应该涵盖全球期货市场中多个品种和市场（商品、股指、外汇、债券等）。

CTA 策略的基本步骤如下：

1）数据采集和清理：相关市场的历史行情数据，如果是基本面策略，还需要标的和行业信息。

2）因子构建和检验：设计和计算因子，并通过趋势或动量算法检测信号（如价格突破均线等）的有效性。

3）仓位管理：确定每笔交易和整体仓位规模，基于因子信号强度和风险管理进行资金分配。

4）交易执行：执行买入或卖出头寸。

5）调仓或者策略结束：持仓跟踪与定期调整，或在止损、止盈条件触发时退出。

CTA 策略通过因子来识别趋势的延续或反转。以下是 CTA 策略中常用的几种判断价格趋势形成的因子。

- 移动平均线（Moving Averages，MA）
  - 简单移动平均线（SMA）：通过计算一段时间内的价格均值来平滑价格波动。趋势跟踪策略常使用短期和长期移动平均线的交叉信号来判断趋势的形成或反转。例如，当短期均线向上穿过长期均线（黄金交叉）时，可以视为买入信号，反之则是卖出信号（死亡交叉）。
  - 指数移动平均线（EMA）：对近期价格变动赋予更高权重，能够更快速地响应市场趋势变化，因此比 SMA 对趋势的反应更加敏感。
- 动量指标（Momentum Indicators）
  - 相对强弱指数（RSI）：用于衡量价格上涨或下跌的速率和变化幅度。RSI 值通常在 0 到 100 之间波动，低于 30 时表示超卖，高于 70 时表示超买。CTA 策略可以利用这些极端值作为趋势逆转的信号。
  - 动量（Momentum）：通过比较当前价格与 n 期前的价格差异来衡量趋势强度。正动量表示价格上升，负动量表示价格下降，是 CTA 趋势策略常用的因子之一。
- 布林带（Bollinger Bands）
  布林带由一条中间线（通常是 20 期的移动平均线）和上下两个标准差带组成。当价格突破上轨时，通常认为价格处于强势趋势中；当价格跌破下轨时，通常认为价格处于弱势趋势。布林带的收缩和扩展也能反映市场波动性的变化，是判断趋势和波动的重要工具。
- 唐奇安通道（Donchian Channel）
  通过定义一段时间内的最高价和最低价形成的通道。当价格突破通道上轨时，意味着趋势可能向上延续，突破下轨则可能趋势向下。CTA 策略通过捕捉这些突破点来判断趋势方向。
- MACD（指数平滑异同移动平均线，Moving Average Convergence Divergence）
  MACD 通过比较两条不同周期的 EMA（通常是 12 期和 26 期）来衡量价格趋势的变化。MACD 线与信号线的交叉，以及 MACD 柱状图的方向和变化，可以帮助识别趋势的开始、延续或反转。

- **平均真实波动范围（Average True Range，ATR）**

  ATR 衡量的是市场的波动性，而不是价格的方向。CTA 策略通常利用 ATR 来动态调整止损点或确定趋势的强弱。较高的 ATR 表明市场波动剧烈，可能趋势正在形成；较低的 ATR 则表明市场处于震荡状态。

- **双向推动策略（Dual Thrust Strategy）**

  突破前高点或低点的价格行为往往被认为是趋势启动的信号。CTA 策略可以基于一段时间内的最高价或最低价设定触发点，当价格突破这些点时，可能标志着新趋势的开始。

- **ADX（平均趋向指数，Average Directional Index）**

  ADX 用于衡量趋势的强度，而不指示趋势方向。当 ADX 值较高时，表示趋势较强，CTA 策略可以继续跟随趋势操作；当 ADX 值较低时，表明趋势较弱或市场无明确方向，可能需要调整交易策略。

- **KDJ 随机指标**

  KDJ 基于价格的最高价、最低价与收盘价之间的关系判断趋势的超买或超卖状态，并由此推测趋势的反转点。高位 K 线下穿 D 线时，可能是卖出信号，低位 K 线上穿 D 线时可能是买入信号。

- **海龟交易法则（Turtle Trading Rules）**

  海龟交易法则基于突破的趋势策略，特别是利用 20 天或 55 天的价格高低点来捕捉趋势。该策略特别关注在突破价格区间时的进场和出场信号。

这些指标因子通过不同的方式分析历史数据，帮助 CTA 策略识别市场趋势，从而做出交易决策。每个因子都有不同的敏感性和适用性，可以单独使用，也可以组合成一个更加复杂的趋势跟踪和反转系统。

9.2.3 策略特征

- **多空/市场中性**：CTA 策略通常是多空策略，即它可以同时做多和做空不同资产。这使得该策略能够在上涨和下跌的市场中获利。但这种多空是对不同资产的。而大多数 CTA 策略是市场方向性策略，它们基于价格趋势而不是对冲市场整体风险。然而，部分策略也可以通过组合不同市场头寸实现接近市场中性。
- **换手率/持有周期**：依据选取的因子周期，可以是高频分钟级别也可以是中低频日频或者月频。
- **是否择时**：CTA 中包括择时策略，要看市场是否出现足够的交易机会。
- **杠杆率**：CTA 策略的投资标的是期货，所以自带杠杆，但杠杆率因策略和市场条件而异，一般是中等至高杠杆。
- **适用市场**：CTA 策略的有效期通常较长，尤其在市场波动较大、趋势显著时表现更好。不过，当市场处于横盘震荡或无趋势状态时，CTA 策略可能面临挑战。
- **资金容量**：中。

9.2.4 策略风险及对冲

CTA 策略的主要风险是趋势反转风险和震荡市场风险。如果市场趋势突然反转，跟踪趋势的 CTA 策略的持仓可能会遭受较大损失。在横盘震荡的市场环境中，频繁的价格波动会导致策略的频繁交易，增加交易成本并产生较高的损失。

应对这些风险的方法包括动态止损止盈和分散投资。不同品种通过设置合理的止损线，保护资金安全。同时尽量投资多种不同的资产类别和市场，减少单一市场波动对策略的影响。

当策略包括多个相关性小的品种时会形成自然对冲，所以量化 CTA 策略的对冲需求通常较少，因为其本质上是跟随市场趋势，且可以利用多空灵活切换头寸，因此无须特意使用其他衍生品进行对冲。

9.3 期现套利策略

期货和现货套利是一种通过同时买入现货资产并卖出其对应的期货合约进行套利的策略。

对于股票或者 ETF 期货来说，就是期货与其对应标的（股票或者 ETF）之间的套利策略。

期货与现货套利的历史可以追溯到期货市场的早期，特别是在大宗商品市场上，交易者通过现货商品与期货合约的价差进行套利。这种策略最早被大宗商品贸易商和对冲基金广泛采用，随后逐渐扩展到金融资产领域，尤其是股票指数期货市场。

9.3.1 策略逻辑

期现套利策略的逻辑是基于现货价格与期货价格之间的关系，通常期货价格等于现货价格加上持有现货资产的成本（如仓储费、利息等）。当期货价格高于这种合理预期（即出现正向套利机会）时，投资者可以通过买入现货资产并卖出期货合约，等待期货到期时交割现货资产，赚取两者之间的价差。

套利者通过买入现货和卖出期货锁定价差，当期货合约到期时，以现货资产交割完成交易。由于现货价格与期货价格在到期日趋于一致，所以套利者能够在持有期内赚取这一差价。

9.3.2 策略要点

期现套利策略需要及时的现货和期货市场的价格数据，同时还需要获取持有现货资产的相关成本数据，如仓储成本、利息成本等。

套利模型通常通过计算期货价格与现货价格之间的差异，结合成本因素判断是否存在套利机会。计算公式为：

$$F = Se^{(r+u-c)T}$$

式中，F 是期货价格；S 是现货价格；r 是无风险利率；u 是存储成本；c 是便利收益率；T 是期货的时间期限。

对于不能做空现货的市场，主要套利实施步骤包括：

1）寻找期货合约价格明显高于现货价格加持有成本的套利机会。

2）买入现货资产，卖出相应的期货合约。

3）持有现货资产直至期货合约到期，交割现货并完成套利。

对于能做空现货的市场，就可以双向套利，主要套利实施步骤包括：

1）寻找期货合约价格和现货价格差异超越持有成本的套利机会。

2）买入／卖出现货资产，卖出／买入相应的期货合约。

3）持有现货资产和期货合约直至期货合约快到期时，关闭现货和期货合约并完成套利。

图 9-1 所示为期现套利示意图。

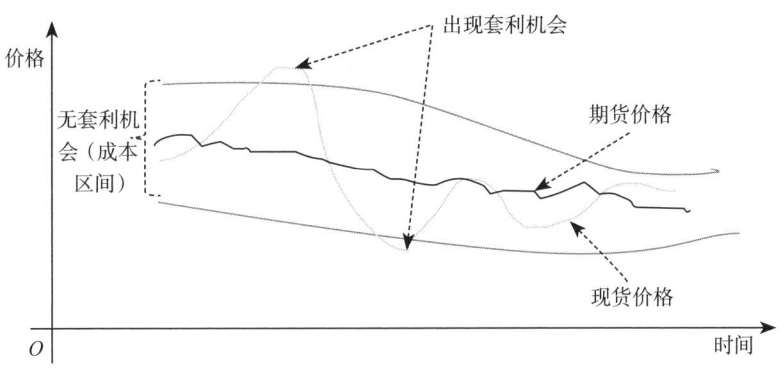

图 9-1 期现套利示意图

9.3.3 策略特征

- **多空／市场中性**：期货与现货套利策略通常是一个多空组合。投资者买入／卖出现货，同时卖出／买入期货。套利者对市场方向并不敏感，因为收益来源于现货和期货的价差，而不是价格的涨跌。因此，它是市场中性策略，不受市场整体波动影响。
- **换手率／持有周期**：可以是短周期的套利，这时的持有周期比较短，换手率也就高。
- **是否择时**：本身具有择时特征，需要相对价格达到一定偏离时构建仓位。
- **杠杆率**：由于现货需要实物交割，资金需求较大，因此此策略杠杆率通常较低。相比之下，期货合约是杠杆产品，但期货与现货套利并不需要高杠杆。

- **适用市场**：此类套利机会长期存在于多个品种，但能够盈利的交易机会不一定多。
- **资金容量**：小。

9.3.4 策略风险及对冲

期现套利的主要风险是基差不能收敛的风险。现货和期货价格可能并不会如预期般趋同，存在基差风险（Basis Risk），即两者之间的价差未能如期收敛。此外，现货持有成本可能发生波动（如仓储成本上涨或利率变化），这会增加持有现货的成本。

短周期策略损失不会太大，但对于长周期策略来说，基差风险可以导致大幅损失并增加保证金。所以对于长周期策略需要时刻关注不收敛的交易，最好提前制定合理的止损策略。

9.4 跨期套利策略

期货跨期套利（Calendar Spread Arbitrage）是指在同一品种的期货合约上，买入一个期限较长的期货合约并卖出一个期限较短的期货合约，或者反之，利用两个合约之间的价差变化获利。

跨期套利的使用可以追溯到期货市场早期，特别是在大宗商品和能源期货市场，它被交易员用来管理因时间错配带来的价格波动风险。随着期货市场的成熟，跨期套利逐渐被商品期货、金融期货、股指期货等领域的专业交易员和量化基金采用。期货跨期套利的理论基础来自期货定价模型和持有成本理论。

9.4.1 策略逻辑

期货跨期套利策略的核心逻辑是两个不同到期月份的期货合约价格不会无序波动，它们之间的价差应当受供需、季节性等市场因素的影响。通过捕捉这种价差的变化，交易者可以从中获取利润。

交易者预期两张期货合约的价差会随着时间收窄或扩大，依照这一预期进行买卖。价差缩小或扩大符合预期时，交易者平仓获利。

9.4.2 策略要点

跨期套利需要精准的历史和实时期货价格数据。交易者需要获取多个不同交割月份的期货合约数据，尤其是同一品种在不同期限上的价差变化。

跨期套利依赖基差分析，交易者通过计算远期合约与近期合约之间的价差，利用持有成本模型和期货定价模型来判断是否存在套利机会。基本公式为：

$$\text{Spread} = F_{\text{long}} - F_{\text{short}}$$

式中，F_{long} 为长期合约的价格；F_{short} 为短期合约的价格。

交易者根据两者价差是否偏离预期，决定是做多价差（买近卖远）还是做空价差（卖近买远）。

套利的主要步骤包括：

1）分析目标期货品种的不同期限合约的价格走势和价差变化。

2）根据预期价差的扩大或缩小，构建买入一个期货合约、卖出另一个期货合约的套利组合。

3）持有至价差变化达到预期，平仓获利。

我们通过两个不同到期月份的玉米期货合约来说明如何进行跨期套利。

假设现在有两张玉米期货合约：

近月合约：2024 年 3 月交割的玉米期货合约，价格为 5 美元/蒲式耳（1 蒲式耳 ≈ 36.3688L）。

远月合约：2024 年 9 月交割的玉米期货合约，价格为 6 美元/蒲式耳。

此时，近月和远月合约的价差为 1 美元/蒲式耳。

主要步骤包括：

1）发现价差异常。基于供需关系和季节性因素，通常市场预期近月合约和远月合约之间的价差不会超过一定范围。例如，农作物的生长季节、天气预期和库存水平都会影响未来的价格变化。假设市场专家预测，在未来几个月，玉米的需求上升可能会导致近月合约的价格上涨，远月合约价格可能相对稳定，那么目前的 1 美元价差可能会收窄到 0.5 美元。

2）构建套利组合。如果你认为这个价差会缩小，就可以构建一个跨期套利组合：

卖出远月合约（6 美元）：你认为未来远月合约的价格可能下跌或保持稳定。

买入近月合约（5 美元）：你预期近月合约的价格会上涨。

3）等待价差变化。在未来的几个月内，如果市场如预期发展：

近月合约的价格上涨到 5.5 美元 / 蒲式耳。

远月合约的价格保持在 6 美元 / 蒲式耳。

此时，近月和远月合约的价差缩小到 0.5 美元，你可以平仓套利组合，获利。

4）平仓并获利。卖出近月合约，价格为 5.5 美元 / 蒲式耳（买入时是 5 美元）；买回远月合约，价格为 6 美元 / 蒲式耳（卖出时是 6 美元）。

虽然你在远月合约上没有获利，但近月合约上赚取了 0.5 美元 / 蒲式耳。因此，整个跨期套利组合的净利润是每蒲式耳 0.5 美元。

期货合约的价格反映了未来的预期，而不同期限的期货合约价格受不同因素的影响，因此它们之间的价差波动为套利者提供了机会。

在这个例子中，套利者利用了季节性供需变化和市场预期的偏差，通过跨期买卖合约来捕捉价差变化带来的利润。

9.4.3 策略特征

- **多空 / 市场中性**：跨期套利是典型的多空组合策略。交易者通常在一个到期月份合约上持有多头头寸，同时在另一个到期月份合约上持有空头头寸。此策略属于市场中性策略，其盈利不依赖于市场整体的涨跌，而依赖于不同期限合约之间的价差变化。因此，它对整体市场的方向性波动不敏感。

- **换手率 / 持有周期**：持有周期不超过两个合约的日期差。对于短周期策略，换手率可以很高。

- **是否择时**：本身是择时策略，需要相对价格达到一定偏离时构建仓位。
- **杠杆率**：期货市场本身具有杠杆性质，但由于跨期套利策略的风险多空对冲，通常所需的资金保证金较低，因此可以运用更高的杠杆。
- **适用市场**：跨期套利机会一直存在，需要监控的是价差是否会覆盖交易成本。同时对于单个套利执行，有效期通常取决于两个合约的到期时间。随着期限的临近，两张合约之间的价差逐渐趋向稳定，套利机会消失。
- **资金容量**：中。

9.4.4 策略风险及对冲

跨期套利策略的主要风险在于两张合约的价差未能如预期变化，这可能是由于市场预期的变化、流动性风险或者基本面因素的突变。此外，市场情绪的短期波动可能导致价差的异常变化，产生非预期损失。

套利者可以利用期权来对冲价差风险或调整持仓结构，通过分散投资不同品种的期货合约来减少单一市场波动的影响。最好提前制定合理的止损策略以避免大幅损失。

9.5 跨品种套利策略

期货跨品种套利是一种利用不同但上下游相关商品期货之间的价格关系进行套利的策略。例如原油和汽油期货之间的套利。

当然也可以选择具有没有上下游关系的期货进行跨品种进行多空交易。但行业中的期货跨品种套利主要是指上下游期货标的之间的多空套利策略。

跨品种期货套利策略可以采用与股票的统计套利一致的发现有统计意义的协整关系构建策略，也可以利用上下游品种的相关性构建策略。

跨品种套利的概念可以追溯到期货市场发展的早期。虽然没有明确的首创者，但许多专业交易公司和投资机构在 20 世纪 80 年代和 90 年代开始采用此策略，尤其在商品期货和金融期货的交易中。随着算法交易和高频交易的兴起，跨品种套利策略变得更加普遍。

9.5.1 策略逻辑

其逻辑在于，不同品种但有上下游关系的期货价格通常受相似经济因素的影响，但因供需关系、生产时间、市场情绪等原因，价格之间的关系可能会偏离其历史正常水平。套利者可以通过同时买入和卖出不同品种的期货合约，捕捉价格差异带来的利润。

例如，Crack Ratio 是石油炼制行业中常用的一个指标，用于衡量原油（Crude）与其炼制产品［如汽油（Gasoline）和柴油（Diesel）］之间的利润空间。它表示每单位原油能够产生多少单位的炼油产品，通常通过以下公式计算：

$$\text{Gasoline Crack Ratio} = \frac{P_{\text{Gasoline}}}{P_{\text{Crude}}}$$

$$\text{Diesel Crack Ratio} = \frac{P_{\text{Diesel}}}{P_{\text{Crude}}}$$

式中，P_{Gasoline} 和 P_{Diesel} 分别是生产出来的汽油和柴油的价格；P_{Crude} 是用来生产汽油和柴油的原油的价格。这些 Ratio 也可以转换成 Spread。

基于 Crack Ratio 的套利策略旨在利用原油和其炼制产品之间的价格差异来获利。交易者会监控 Crack Ratio，当其偏离历史平均水平时，进行相应的买入或卖出操作。例如，如果 Crack Ratio 低于正常水平，就意味着炼油利润降低，这可能是因为原油价格上升或者汽油、柴油需求减少。如果认为行业会调整这些价格恢复正常水平，交易者就可以选择卖出原油期货，同时买入炼油产品期货，在价格回归正常水平时来获利。

同样大豆和大豆油之间也有类似的关系，可以进行套利。

9.5.2 策略要点

策略需要上下游期货如原油、汽油和柴油的实时和历史价格数据，利用统计分析工具（如回归分析和协整检验）建立 Crack Ratio 或者其他相关比例的历史平均值和波动范围，基于这个范围进行套利机会的监控并实施交易。

主要步骤包括：

1）数据收集：获取相关期货合约的价格数据。
2）计算 Ratio 比例：定期计算当前的 Ratio 并与历史水平对比。
3）触发交易信号：当 Ratio 偏离正常水平时，生成交易信号。
4）执行交易：根据交易信号进行原油和炼油产品的买入或卖出。
5）监控和调整：定期评估策略效果，并根据市场情况进行调整。

9.5.3 策略特征

- **多空／市场中性**：通常是多头和空头的组合，依赖于不同品种间的价差。大多数情况下是中性的，套利者并不依赖整体市场走势。
- **换手率／持有周期**：换手率可能较高，因为套利者需要频繁调整持仓以捕捉价差变化。持有周期通常较短，依赖于价差的快速收敛。
- **是否择时**：本身是择时策略，需要相对价格达到一定偏离时构建仓位。
- **杠杆率**：使用杠杆的程度视市场流动性和风险承受能力而定。
- **适用市场**：跨品种套利机会一直存在，需要监控的是价差是否会覆盖交易成本。同时对于单个套利执行，要关注价差不能收敛的风险。
- **资金容量**：中。

9.5.4 策略风险及对冲

该策略的主要风险是价格不收敛以及期货到期日临近的流动性风险。由于不同品种的价格可以短期内不收敛并扩大，从而导致预期之外的损失。在等待价格收敛期间，如果临近期货的到期日，某些品种的流动性较差，就会导致无法顺利平仓。

风险应对措施包括提前设定止损策略，尤其在到期日临近价格还不能收敛时。同时通过发现和对多品种进行多次套利交易，提高胜率来降低单次套利的损失风险。

9.6 小结

本章介绍了期货标的常见的量化 CTA 策略、期现套利策略、跨期套利策略和跨品种套利策略。如果你建立了期货交易系统，应该同时研究这些策略，发现更多的交易机会。因为毕竟趋势和套利机会不一定一直存在，必须提高资金利用效率。

下一章将介绍期权策略。

第 10 章

期 权 策 略

10.1 引言

1973 年 4 月 26 日芝加哥期权交易所（CBOE）成立，推出第一批以 16 只个股为标的的期权合约，个股期权开始进入标准化、规范化的全面发展阶段。1983 年 3 月，芝加哥期权交易所又推出了全球第一只股指期权产品——CBOE-100 指数期权（后更名为标普 100 指数期权）。1976 年 Black-Scholes-Merton 期权定价理论出现，随后期权交易量逐年成倍增长，成为投资策略中重要的品种之一。

上海证券交易所于 2015 年 2 月 9 日推出了上证 50ETF 期权，后续深圳证券交易所，中国金融期货交易所，以及三大商品交易所都陆续推出了 ETF 期权、股指期权和商品期权。

我们知道证券价格的走势不是线性的，而是时时刻刻波动的，衡量这个波动水平的收益率方差，即波动率，也不是不变的常量。这个波动率就是期权定价公式的一个重要的未知变量。期权定价公式可以让我们通过市场上交易的期权价格倒推出标的的波动率。当计算出的这些市场隐含波动率和模型预测的波动率有差异时，我们就可以设计出相应的投资策略并获得收益。期权产品的出现极大地丰富了量化投资策略的种类。

根据结构的复杂程度，期权可以划分成香草期权（Vanilla Option）和奇异期权（Exotic Option）。香草期权就是条款简单的看涨和看跌期权，在交易所场内交易。奇异期权如二元期权、雪球结构期权、障碍期权等具有复杂的条款，大多数在场外进行交易。

本章介绍以香草期权为投资标的的投资策略。后续没有特别说明，提及的期权名词都是指香草期权这个类型。

我们先介绍期权的特点和基础定价公式，然后介绍无风险的期权平价套利策略以及基于波动率预测的波动率策略。最后介绍偏多头或者空头的方向性策略。

投资者可以依据对股票走势的判断购买单个看涨或者看跌期权来盈利，但这些与股票的纯多头、纯空头策略没有本质区别，都是想利用期权的高杠杆来获得更多收益。所以这些策略不在本章的讨论范围内。使用这些策略要注意的是因为期权有到期日，所以如果对股票走势的判断在到期日之前不能实现的话，投资者需要续作就会付出更多成本，甚至损失。

10.2　期权基础理论

10.2.1　期权类型

期权是一种有期限的衍生金融工具，期权对应的资产叫期权标的资产。目前国内交易所上市的期权标的资产品种有股票指数 ETF、股票指数和商品期货。交割方式包括现金交割和期权标的资产交割。上面三种期权对应着股票 ETF 交割、现金交割和商品期货交割。

根据标的的交易方向，期权可分成**看涨期权**和**看跌期权**两种基本的期权类型，不同类型的期权赋予买入持有者在特定时间以特定价格买入或卖出某种资产的权利，但不是义务。对于卖出者来说，则有义务来以特定价格卖出或者买入某种资产。

看涨期权买入者获得以特定价格买入期权对应标的的权利。看跌期权买入者获得以特定价格卖出期权对应标的的权利。期权卖出者必须履行交易对手的买入和卖出要求，做出对应的反向交易。

期权买方执行买入或者卖出资产的操作称为期权行权。根据期权的行权时间，期权可以分成**美式期权、欧式期权、百慕大期权**。美式期权可以提前行权；欧式期权是期权合约到期才能行权；百慕大期权则是到期之前按照一定时间间隔可以行权，比如每月月底可以行权，一直到期权到期日。国内股指 ETF 和股指期货期权是欧式期权，大多数商品期权是美式期权。这两种期权的定价公式不同。

10.2.2 期权定价理论

看涨期权赋予持有者在到期时以行权价 K 购买标的资产的权利。如果期权到期时，标的资产的价格 S_T 超过行权价，那么持有者可以以较低的价格买入资产，从而获利；否则，看涨期权没有价值。

公式为：

$$\text{看涨期权的支付} = \max(S_T - K, 0)$$

式中，S_T 是标的资产到期时的价格；K 是期权的行权价。

看跌期权赋予持有者在到期时以行权价 K 卖出标的资产的权利。如果期权到期时，标的资产的价格 S_T 低于行权价，那么持有者可以以较高的价格卖出资产，从而获利；否则，看跌期权没有价值。

公式为：

$$\text{看跌期权的支付} = \max(K - S_T, 0)$$

式中，S_T 是标的资产到期时的价格；K 是期权的行权价。

上述公式的解释就是：

看涨期权的支付取决于标的资产的价格是否高于行权价，高于时有价值，支付为 $S_T - K$；否则支付为 0。

看跌期权的支付取决于标的资产的价格是否低于行权价，低于时有价值，支付为 $K - S_T$；否则支付为 0。

这些是在期权行权或者到期日获得的支付范围，如果考虑买入期权时需要支付的权利金，最后的收益会低于这些数值。

看涨期权买方损益范围：

- 当投资者预计标的证券价格将要上涨，但是又不希望承担下跌带来的损失时，可以买入看涨期权。
- 最大盈利：没有上限。
- 最大亏损：权利金 (C)。

盈亏平衡点：权利金 (C) + 行权价 (K)。

看涨期权买方到期收益如图 10-1 所示。

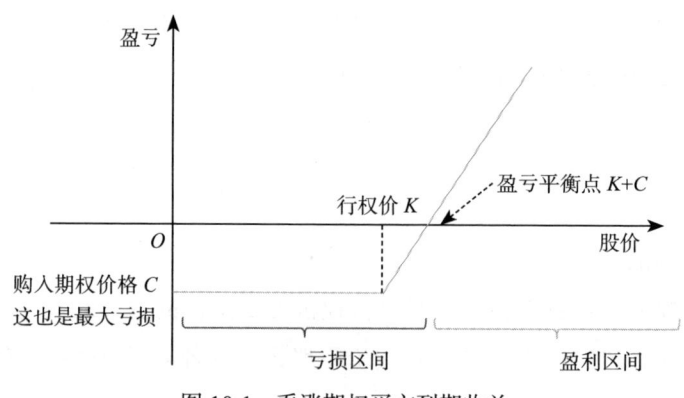

图 10-1　看涨期权买方到期收益

看涨期权卖方损益范围：

- 当投资者预计标的证券价格将要下跌，当标的证券价格低于期权合约的行权价时，认购期权的权利方就会放弃行权，于是投资者就可以通过卖出看涨期权赚取权利金。
- 最大盈利：权利金 (C)。
- 最大亏损：没有下限。

盈亏平衡点：权利金（C）+ 行权价（K）。

看涨期权卖方到期收益如图 10-2 所示。

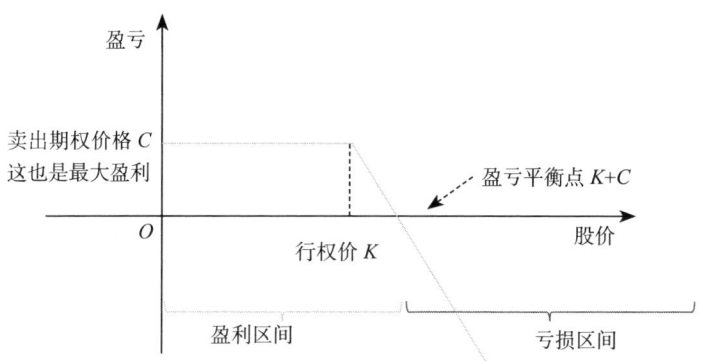

图 10-2　看涨期权卖方到期收益

看跌期权买方损益范围：

- 当投资者预计标的证券价格将要下跌，但是又不希望承担股价上涨带来的损失时，可以买入看跌期权。
- 最大盈利：行权价（K）− 权利金（P）。
- 最大亏损：权利金（P）。

盈亏平衡点：行权价（K）− 权利金（P）。

看跌期权买方到期收益如图 10-3 所示。

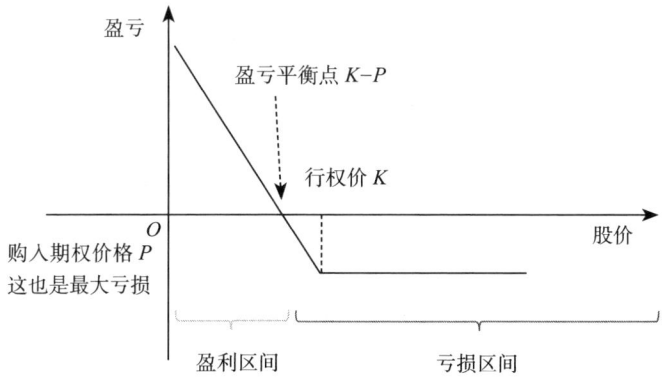

图 10-3　看跌期权买方到期收益

看跌期权卖方损益范围：

- 当投资者预计标的证券价格将要上涨，当标的证券价格高于期权合约的行权价时，看跌期权权利方就会放弃行权，于是投资者就可以通过卖出看跌期权而赚取权利金。
- 最大盈利：权利金 (P)
- 最大亏损：行权价 (K) – 权利金 (P)

盈亏平衡点：行权价 (K) – 权利金 (P)。

看跌期权卖方到期收益如图 10-4 所示。

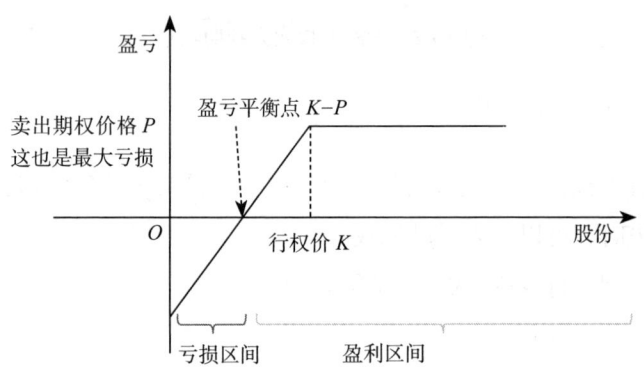

图 10-4　看跌期权卖方到期收益

期权在到期日时的价格受合约行权价格的制约，所以到期时期权价格是确定的。而到期日或者可以行权之前，期权价格要依据布莱克–斯科尔斯–默顿（Black-Scholes-Merton, BSM）期权定价模型来计算。

BSM 期权定价模型是金融工程领域的里程碑，由费希尔·布莱克（Fischer Black）、迈伦·斯科尔斯（Myron Scholes）和罗伯特·默顿（Robert Merton）于 1973 年提出。该模型为金融市场中的衍生品提供了一种基于数学进行定价的方法。迈伦·斯科尔斯和罗伯特·默顿因此获得了 1997 年诺贝尔经济学奖（费希尔·布莱克去世未获奖）。BSM 模型解决了期权定价中的复杂性，使得金融市场中的期权交易和风险管理得以快速发展。

BSM 期权定价模型适用于欧式的香草看涨看跌期权。其核心公式依赖于以下几个关键参数：

- S：标的资产的当前价格。
- K：期权的行权价。
- T：到期时间（期权剩余的有效时间）。
- r：无风险利率（通常使用政府债券利率）。
- σ：标的资产的波动率（Volatility），即价格收益率的年化标准差。
- q：标的资产的股息收益率（适用于有股息支付的标的资产）。

BSM 计算期权的价格取决于看涨期权和看跌期权，分别使用以下公式：

看涨期权定价公式：

$$C = S_0 \cdot e^{-qT} \cdot N(d_1) - K \cdot e^{-rT} \cdot N(d_2)$$

看跌期权定价公式：

$$P = K \cdot e^{-rT} \cdot N(-d_2) - S_0 \cdot e^{-qT} \cdot N(-d_1)$$

式中，$d_1 = \dfrac{\ln\left(\dfrac{S_0}{K}\right) + \left(r - q + \dfrac{\sigma^2}{2}\right)T}{\sigma\sqrt{T}}$；$d_2 = d_1 - \sigma\sqrt{T}$；$N(x)$ 表示标准正态分布的累积概率函数。

BSM 期权定价模型基于几个关键假设：

- **市场无摩擦**：假设没有交易成本和税收，且资产可以任意分割。
- **连续交易和对冲**：投资者能够持续交易，并通过动态调整持仓来对冲风险。
- **资产价格服从几何布朗运动**：假设资产价格服从对数正态分布，并且资产价格的变化是一个随机过程，其变化率遵循正态分布。
- **无套利原则**：市场不存在无风险套利机会，期权的价格必须与现有资产价格保持一致。

BSM 期权定价模型通过计算标的资产的预期波动来确定期权的价值。它的原理可以解释为构建了一个完全对冲的投资组合，使得投资者可以利用期权和标的资产组合避免任何风险，因而可以无风险地赚取与无风险利率相同的收益。

这种"复制"的思想是期权定价模型的核心。

BSM 期权定价模型对期权市场的快速发展起到了至关重要的作用，但它也存在一些局限：

1）假设标的资产价格波动率恒定，但实际波动率可能随时间变化。

2）忽略了市场中的实际摩擦，如交易成本和限制。

3）假设标的资产价格连续变化，未考虑极端情况下的价格跳跃风险。

尽管如此，BSM 期权定价模型依然是现代金融市场中期权定价的基础，许多复杂的定价模型也是在其基础上扩展的。

在上述期权定价模型中我们可以看到波动率的大小至关重要，因为它是输入变量中唯一不确定的变量。当然股息收益率和无风险利率也是需要推算的，但对很多股票来说，股息收益率比较固定，无风险利率在期权存续期也比较固定，所以这里我们认为它们是相对静态的值。

在讨论期权中的波动率时，我们需要先弄清楚三个波动率概念。它们是历史波动率、实际波动率和隐含波动率。

历史波动率

历史波动率（Historical Volatility，HV）是根据标的资产**过去的价格数据**计算出的波动率。它反映了标的资产在一段时间内实际价格的变化幅度，通常使用标准差来衡量价格变化的幅度。

历史波动率通常通过以下步骤计算：

1）获取标的资产的历史价格数据。

2）计算每日的收益率。

3）计算这些收益率的标准差，并年化得到波动率。

历史波动率具有如下特点：

后视性：历史波动率基于过去的数据，不反映未来的预期。

定量：历史波动率是客观的，完全由历史价格数据计算得出。

实际波动率

实际波动率（Realized Volatility, RV）是指标的资产**未来一段时间内的真实**

波动率。它反映了标的资产在未来一段时间内价格波动的真实情况，但在时间发生之前是未知的。

实际波动率具有如下特点：

前视性：实际波动率只能在未来发生后才知道，因此交易者不能直接预测其值。

目标：期权定价和波动率预测模型常常以实际波动率为目标，用于检验预测的准确性。

隐含波动率

隐含波动率（Implied Volatility, IV）是通过**市场上期权价格**反推出的波动率，反映了市场对标的资产未来波动率的**预期**。换句话说，它是将当前市场价格代入期权定价模型（如 BSM 模型），反向求解出的波动率值。

隐含波动率无法直接观察，是根据期权的市场价格、标的资产价格、行权价格、剩余到期时间、无风险利率等输入，使用期权定价模型反推出来的值。

隐含波动率具有如下特点：

市场预期：隐含波动率体现了市场对未来波动性的预期，是交易者情绪和预期的反映。

波动率风险溢价：隐含波动率往往高于历史波动率，因为市场在定价时通常会加入波动率风险溢价，以应对潜在的市场波动。

公式中需要使用的波动率是实际波动率，实际波动率是未来的波动率，现在无法得知。但是我们可以计算历史波动率，并以它为基础对未来波动率进行建模。这是因为波动率具有很强的自相关性。

预测波动率的模型有许多种，主要分为两大类：基于历史数据的统计模型和基于市场价格的隐含波动率模型。以下是常用的几种波动率预测模型的简介。

历史波动率模型

简单移动平均法（Simple Moving Average，SMA）

使用历史价格数据的简单平均来估计未来的波动率。通过对价格变化率的均值和标准差进行计算，得到波动率的预测值。

优点：计算简单，易于实现。

缺点：不适应市场的波动性变化，历史数据的权重一致，无法反映时间序列中的变化。

指数加权移动平均（Exponentially Weighted Moving Average，EWMA）

在移动平均的基础上，给最近的数据赋予更高的权重，逐渐减少较早数据的权重。其常见形式是 RiskMetrics 模型，由摩根大通提出。

公式为：

$$\sigma_t^2 = (1-\lambda) \cdot r_t^2 + \lambda \cdot \sigma_{t-1}^2$$

式中，λ 是衰减因子，通常设为 0.94。

优点：对近期数据更加敏感，适合处理波动性较高的市场。

缺点：无法预测波动率的突然跳跃和非线性行为。

GARCH 模型（Generalized Autoregressive Conditional Heteroskedasticity）

由 Engle 和 Bollerslev 开发的 GARCH 模型是金融中最常用的波动率预测模型。它通过考虑过去的波动率和收益率，建模条件异方差性（波动性聚集）。

公式为：

$$\sigma_t^2 = \alpha_0 + \alpha_1 r_{t-1}^2 + \beta \sigma_{t-1}^2$$

式中，α_0，α_1，β 是待估参数。r 为波动率对应资产的收益率。

优点：能够捕捉波动率聚集效应，适合波动率动态变化的市场。

缺点：对模型假设要求严格，不能有效应对波动率的非线性跳跃。

EGARCH 模型（Exponential GARCH）

为了解决 GARCH 模型中的非对称问题，EGARCH 模型使用对数方差来预测波动率。它能够捕捉市场中的"杠杆效应"，即市场下跌时波动率增加的现象。

优点：能够处理波动率的非对称性和波动率跳跃。

缺点：模型复杂度较高，难以估计。

隐含波动率模型

波动率微笑和波动率期限结构（Volatility Smile and Term Structure）

隐含波动率通常不是平滑的，它在不同执行价格和不同到期期限上形成波动率微笑或微笑曲线。通过分析波动率微笑和期限结构，可以捕捉市场对不同时间段，或者看涨看跌期权的需求情况不同而导致的不同波动率预期。

优点：捕捉了市场对于未来波动率的不对称预期和不同时间周期的预期。

缺点：需要大量市场数据，并且依赖市场流动性。

混合模型

Heston 模型

Heston 模型是一个随机波动率模型，假设波动率本身也是随机变化的，且波动率的变化服从一个均值回复过程。该模型解决了 Black-Scholes 模型中隐含的波动率恒定的假设问题。

公式为：

$$dV_t = \kappa(\theta - V_t)dt + \sigma\sqrt{V_t}dW_t$$

式中，κ、θ、σ 是模型参数；W_t 是维纳变量。

优点：可以更好地捕捉波动率的动态变化，适用于波动率剧烈波动的市场。

缺点：计算复杂，模型校准困难。

SVJ 模型（Stochastic Volatility with Jumps）

SVJ 模型在 Heston 模型的基础上增加了跳跃过程，用于捕捉价格和波动率的突然变化或非线性跳跃。

优点：适用于捕捉市场中的突发事件导致的波动性跳跃。

缺点：模型复杂且参数估计难度大。

从简单的历史统计到复杂的隐含波动率模型和随机波动率模型，每种方法都有其适用场景。通常隐含波动率更能反映市场预期，而 GARCH 和 EWMA 等历史波动率模型则用于捕捉市场的波动性聚集和时间序列特征。选择合适的模型需要根据市场状况和策略目标进行平衡。

10.2.3 期权敏感性指标

在第 4 章介绍风险指标时，我们提到了衍生品的敏感性指标，包括 Delta、Gamma、Vega、Theta、Rho 等，这些指标统称为希腊字母值。它们分别对应期权价格对应于标的价格的一级导数敏感性（Delta）、二级导数敏感性（Gamma）、波动率敏感性（Vega）、时间敏感性（Theta）和利率敏感性（Rho）。

在后面的策略介绍中，我们可以看到这些敏感性指标的大小及方向在构建期权策略时至关重要。实际上各个策略就是根据希腊字母的敏感性指标，对冲一部分风险敞口，保留其他风险敞口来构建不同目的的期权策略。组合的风险敞口使用敏感性指标计算。

对于欧式期权来说，希腊字母敏感性指标的具体定义和计算公式如下：

Delta（Δ）

Delta 表示期权价格对标的资产价格变化的敏感性。Delta 是期权价格相对于标的资产价格的变化率，反映标的资产价格每变动 1 个单位时，期权价格的变动量。

公式为：

$$\Delta_{\text{Call}} = N(d_1)$$

$$\Delta_{\text{Put}} = N(d_1) - 1$$

式中，$N(d_1)$ 是标准正态分布函数；d_1 是布莱克－斯科尔斯模型中的计算参数。

Gamma（Γ）

Gamma 表示 Delta 对标的资产价格变化的敏感性，或者说期权价格的二阶导数。Gamma 是 Delta 相对于标的资产价格变化的变化率。

公式为：

$$\Gamma = \frac{N'(d_1)}{S\sigma\sqrt{T}}$$

式中，$N'(d_1)$ 是标准正态分布的概率密度函数；S 是标的资产价格；σ 是波动率；

T 是期权剩余到期时间。

Vega (v)

Vega 表示期权价格对标的资产波动率变化的敏感性。Vega 是期权价格相对于波动率变化的变化率,反映波动率每变动 1 个单位时,期权价格的变动量。

公式为:

$$v = S \cdot N'(d_1) \cdot \sqrt{T}$$

式中,$N'(d_1)$ 是标准正态分布的概率密度函数。

Theta (θ)

Theta 表示期权价格对时间流逝的敏感性,通常被称为"时间衰减"。Theta 是期权价格相对于剩余到期时间变化的变化率,反映期权价格随时间推移的损耗。

公式为:

$$\theta_{\text{Call}} = -\frac{S \cdot N'(d_1) \cdot \sigma}{2\sqrt{T}} - rKe^{-rT} N(d_2)$$

$$\theta_{\text{Put}} = -\frac{S \cdot N'(d_1) \cdot \sigma}{2\sqrt{T}} + rKe^{-rT} N(-d_2)$$

式中,r 是无风险利率;K 是行权价格;其他符号同前。

Rho (ρ)

Rho 表示期权价格对无风险利率变化的敏感性。Rho 是期权价格相对于无风险利率变化的变化率,反映利率每变动 1 个单位时,期权价格的变动量。

公式为:

$$\rho_{\text{Call}} = KTe^{-rT} N(d_2)$$

$$\rho_{\text{Put}} = -KTe^{-rT} N(-d_2)$$

这些希腊字母值是用来帮助投资者分析期权头寸的风险敞口,特别是在标的资产价格、波动率、时间和利率发生变化时。

10.2.4 期权动态对冲

投资者可以通过构建期权组合来精确地表达其投资观点和判断。这些投资观点包括期权标的的涨跌方向、涨跌幅度、涨跌时间和波动率的高低等一种或者多种观点。这些观点都可以使用上一节介绍的期权敏感性指标进行定量计算。

当投资者仅对涨跌方向、时间、幅度、波动率中的某一个领域比较确认时，就需要对其他的不确定性进行对冲，而对冲执行时需要精确计量如 Delta、Gamma、Vega 等风险敏感性指标，最后以计量结果为基础来动态调整持仓。

这些对冲策略中，Delta 动态对冲（Delta dynamic hedge）是最常见的对冲方式。当能够判断波动率的走势，但无法判断标的的涨跌方向和涨跌幅度时，投资者需要使用 Delta 动态对冲方法对冲掉标的价格涨跌的风险。

该策略的核心思想是在持有期权组合的情况下，再通过买卖投资标的的调整头寸的方法，保持整体 Delta 中性（Delta Neutral），从而降低市场价格变化带来的风险。

期权的 Delta 值表示期权价格对标的资产价格变动的敏感性，例如，Delta 为 0.5 表示标的资产价格每变动 1 单位，期权价格将变动 0.5 单位。动态对冲的基本原理是随着标的资产价格的变动，期权 Delta 也会随之变动，因此需要频繁调整持有的现货头寸，以维持整体 Delta 中性状态。

如果我们判断期权标的物的隐含波动率高于未来实际的波动率，但并不清楚标的的未来价格是涨还是跌，那么我们就可以构建一个组合，使其总体效应对应于卖出期权，获得负的 Vega 风险暴露，同时使用 Delta 动态对冲方式对冲掉标的的价格上下变动的风险。这样组合在波动率下降的情况下会盈利。执行 Delta 动态对冲的基本步骤包括：

1）计算初始 Delta。在构建期权组合后，计算组合的总 Delta。例如，持有的总 Delta 为负，意味着组合在价格上涨时损失，因此需要买入标的资产来对冲这一风险。

2）构建初始对冲头寸。根据总 Delta 值，按比例买入或卖出标的资产以实现 Delta 中性。例如，如果总 Delta 为 −0.3，则意味着需要买入 0.3 个单位的标的资产。

3）持续调整头寸。随着时间的推移，标的资产价格变化会导致 Delta 变化（Gamma 效应），对冲者需要根据新的 Delta 值调整现货头寸，以维持整体 Delta 中性。例如，标的资产价格上升，Delta 减少时，需要进一步买入标的资产以保持中性。

4）平仓与周期更新。在期权到期或策略周期结束时，对剩余的头寸进行平仓，并重新评估整个 Delta 头寸的需求。

在对冲过程中，我们需要注意 Gamma 和 Theta 效应。由于期权 Delta 并非恒定，标的资产价格每波动一次，Delta 也会相应变化，因此需要频繁对冲。高 Gamma 值的期权对价格变化更敏感，需要更频繁调整，增加交易成本。随时间的推移，期权的时间价值减少，Delta 也会相应变化。对冲策略应考虑 Theta 的影响，并根据策略周期定期调整头寸。

10.3 平价套利策略

根据期权的损益特征可以推断出，看涨期权、看跌期权和标的价格是有确定关系的。这个确定关系由期权平价公式来决定。如果偏离这个公式决定的关系，就有了套利的可能性。当套利收益高于交易成本时，就可以实施平价套利策略。

10.3.1 策略逻辑

期权平价套利是期权市场中用来确保期权价格的无套利定价关系的一种策略。它基于期权平价公式，也称为 Put-Call Parity，这是一个在没有套利机会的情况下，欧式看涨期权和看跌期权之间的价格关系。

期权平价公式表明，持有一个标的资产和卖出看涨期权，与买入看跌期权和投资无风险债券的组合具有相同的到期支付。

公式为：

$$C + Ke^{-rT} = P + S$$

式中，C 是看涨期权（Call）的价格；P 是看跌期权（Put）的价格；S 是标的资产的现价；K 是期权的行权价格；r 是无风险利率；T 是期权到期时间。

期权平价公式的基本含义是，买入一份看涨期权加上现值等同于行权价的无风险债券，等同于买入标的资产并购买一份看跌期权。从套利的角度来看，这意味着如果这个平价关系被打破，投资者就可以构建无风险套利组合从市场中获取利润。

买入看涨期权和债券组合：在期权到期时，投资者有权以行权价格 K 购买标的资产，债券可以确保有 K 的资金来支付这笔费用。

买入标的资产和看跌期权组合：如果标的资产价格跌破行权价，投资者就可以行使看跌期权，以行权价 K 卖出资产，锁定收益。

期权平价公式是期权定价中的一个基本概念，帮助维持市场的定价一致性，并防止出现套利机会，但实际市场上经常有违背这一平价公式的交易出现，尤其是在期权流动性不高的品种中。

把期权平价公式做简单的变换，就能看出可以使用看涨、看跌和现金来复制投资标的的价格：

$$S = C - P + Ke^{-rT}$$

10.3.2 策略要点

当市场上出现期权平价关系失衡时，套利机会产生：

套利机会 1：如果

$$C + Ke^{-rT} > P + S$$

则投资者可以卖出看涨期权并购买看跌期权，同时卖空标的资产并投资无风险债券，从而赚取无风险利润。

套利机会 2：如果

$$C + Ke^{-rT} < P + S$$

则投资者可以购买看涨期权并卖出看跌期权，同时买入标的资产并从无风险利率中借入资金，获取套利利润。

需要注意的是期权平价公式严格适用于欧式期权，因为它们只能在到期日行权，并且该公式在无股息支付的条件下最为准确。对于支付股息的资产，需要在公式中调整股息的现值。

市场上出现套利的时间可以非常短，所以这个策略必须适用程序化交易的方法。

10.3.3 策略特征

- **多空/市场中性**：是期权与标的的多空组合。它是市场中性策略，套利者并不依赖于整体市场走势。
- **换手率/持有周期**：依据套利机会出现的频率。一般来说在成熟市场机会不会很多。
- **是否择时**：本身是择时策略，需要相对价格达到一定偏离时构建仓位。
- **杠杆率**：很少能够使用全部资金，杠杆率低于1。
- **适用市场**：平价套利一般存在于新的期权交易品种中，或者流动性非常差，或者行情变化剧烈的情况。市场成熟后，套利机会大幅减少。
- **资金容量**：小。

10.3.4 策略风险及对冲

此类套利策略可以说是无风险套利，我们只需要关注策略运行时的操作风险。

10.4 波动率策略

在未来时刻，标的资产价格和标的收益波动率都会变化。我们使用 Delta、Gamma 希腊字母值来衡量期权价格对标的资产价格变化的敏感性，使用 Vega 希腊字母值来衡量其对标的资产的收益波动率的敏感性。期权的投资策略主要围绕着标的价格和波动率敏感性来开展。

期权波动率策略是一大类基于波动率预测的投资策略。波动率可以认为是使用期权定价公式计算当前期权价格时，唯一不确定的变量（另外股息率和无风险利率也是需要推算的，但对很多股票来说，股息率比较固定，所以这里我们认为它还是一个相对静态的值。同样无风险利率在期权存续期间变化也不频繁）。那么根据波动率的预测与隐含波动率的区别，就可以组建很多交易策略。常见的包括跨式、宽跨式、蝶式、跨品种、跨期、Delta Hedging 等组合策略。根据波动率预测置信度的不同，可以从这些策略中选取适合的策略。

波动率策略则需要在 Delta、Gamma 敞口可控的情况下，主动暴露 Vega 波动率风险以获得收益。也就是说，策略的收益主要来自预测波动率和实际波动率的差异，而不是标的资产的价格变化。

即使是围绕着标的价格预测有方向性的期权策略也可以使用 Delta Hedge 来转变成波动率策略，对冲掉标的价格风险，而至暴露 Vega 风险来获利。

10.4.1　策略逻辑

对于一个底层标的，期权同时有多个合约在交易。我们可以通过每一个合约的价格倒推出底层标的的隐含波动率。这些隐含波动率之间有差异，同时与未来的实际波动率也有差异。波动率套利策略的核心是对隐含波动率和实际波动率的预期差异进行套利操作。

所以能够在期权策略中盈利，我们需要的核心能力就是要能够正确预测这个实际波动率，发现隐含与预期波动率的差别，构建相应的期权策略组合。

这个期权组合一般至少是 Delta 中性的，Delta 中性意味着我们不对资产价格的变动方向进行预测，而只是关注波动率的变化。如果这个组合不是 Delta 中性，这个组合的收益或者损失可能大部分是由于底层资产价格变动导致的。这就不是纯粹的波动率套利策略了。有些波动率策略还是 Gamma 中性的，这种波动率策略的收益更加纯粹地来源于波动率变化。

预测波动率的一些模型我们之前有简要介绍。想在期权策略中深入的话，建议找一本专门描述波动率建模的书籍学习。

10.4.2 策略要点

波动率套利有常见的包括跨式、宽跨式、蝶式等期权组合策略。波动率套利策略期权组合是 Delta 中性的，主要是在 Vega 上有风险暴露。而带有方向性的策略在 Delta、Gamma、Vega 上都有风险暴露。

跨式策略

逻辑与组成

跨式策略是一种同时买入相同行权价的看涨期权和看跌期权的组合。该策略下，投资者同时持有看涨期权和看跌期权，因此，无论标的资产价格上涨还是下跌，投资者都能获利。

执行

买入跨式策略：买入相同行权价、相同到期日的看涨期权和看跌期权。

1）假设标的资产当前价格为 S_0。

2）行权价 K，买入看涨期权和看跌期权，支付两个期权的总成本（看涨期权和看跌期权的溢价之和）。

盈亏原理

跨式策略适合预期波动率会上升但不确定价格方向的市场环境。当标的资产价格发生显著变化（无论上涨还是下跌），只要超过两个期权的溢价成本，投资者就可以获利。

盈亏图

跨式策略的盈亏图是典型的"V"字形，如图 10-5、图 10-6 所示：
当标的价格远高于行权价时，看涨期权带来收益，看跌期权作废。
当标的价格远低于行权价时，看跌期权带来收益，看涨期权作废。

当标的价格接近行权价时，两个期权的溢价损失导致亏损。

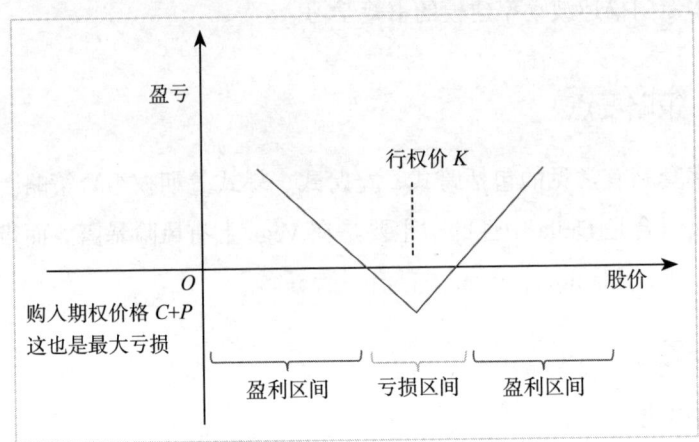

图 10-5　跨式买方到期收益示意

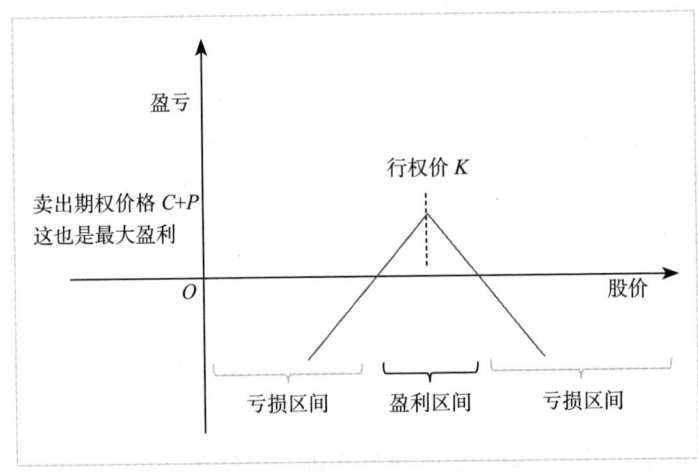

图 10-6　跨式卖方到期收益示意

宽跨式策略

逻辑与组成

宽跨式策略与跨式策略类似，但不同的是，投资者买入**不同行权价**的看涨期权和看跌期权，通常买入的看涨期权行权价高于标的资产当前价格，而看跌期权行权价低于当前价格。

执行

买入宽跨式策略：买入行权价较高的看涨期权和行权价较低的看跌期权。

1）假设标的资产当前价格为 S_0，买入看涨期权的行权价为 $K_1 > S_0$，买入看跌期权的行权价为 $K_2 < S_0$。

2）支付两个期权的溢价（通常低于跨式策略的总溢价）。

盈亏原理

宽跨式策略也适合预期波动率上升但不确定价格方向的市场环境，但由于行权价不同，需要更大的标的价格变动幅度才能获利。因此，宽跨式的成本较低，但对价格变动的要求更高。

盈亏图

宽跨式策略的盈亏图类似于跨式策略，但其损益点（平衡点）会更远一些，具体如图10-7、图10-8所示。

蝶式策略

逻辑与组成

蝶式策略是一种通过组合三种不同行权价的期权进行构建的策略，通常由两份相同行权价的期权，以及两份行权价不同的期权组成。蝶式策略可以是看涨蝶式或看跌蝶式，其风险和利润都被严格限制。

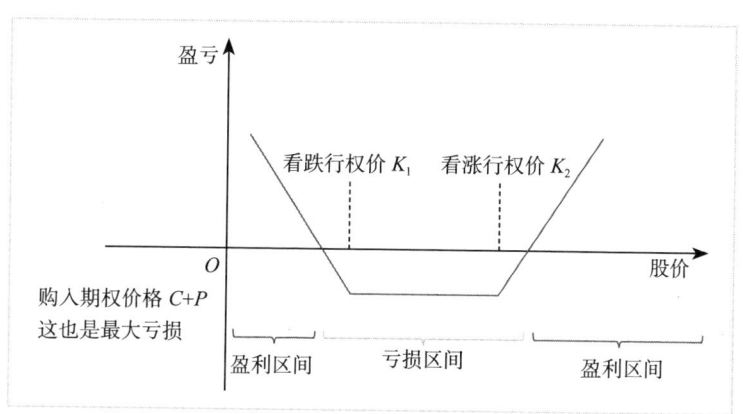

图10-7 宽跨式买方到期收益示意

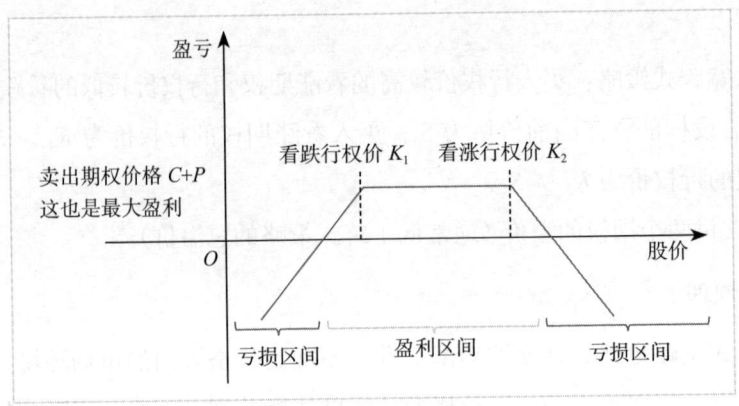

图 10-8 宽跨式卖方到期收益示意

执行

看涨蝶式策略：假设标的资产价格为 S_0，选择 $K_1 < K_2 < K_3$，卖出两份行权价 K_2 的看涨期权，并买入两份行权价分别为 K_1 和 K_3 的看涨期权。

盈亏原理

蝶式策略适合预期价格不会有大幅波动的市场。投资者期望标的价格在行权价之间变化。如果标的资产价格在较低和较高的行权价之间小幅波动，投资者将获得盈利。如果价格发生较大波动，潜在损失也会被限制。

盈亏图

蝶式策略的盈亏图是一个类似"平顶"的结构，中间部分表示小幅波动获利，两端表示价格波动过大时的损失，具体如图 10-9、图 10-10 所示。

这些策略都是基于波动率变化而设计的，通常适合对波动率有特定预期但不一定有明确标的资产价格变化方向判断的投资者。

以上的策略特点如下：

1) **跨式策略**：适用于预期大波动且不确定方向的情境，成本高，潜在收益大。

2) **宽跨式策略**：成本相对较低，不适合温和波动，需更大价格变动才能获利。

3) **蝶式策略**：适合价格不大幅波动的情况，风险和收益都有限。

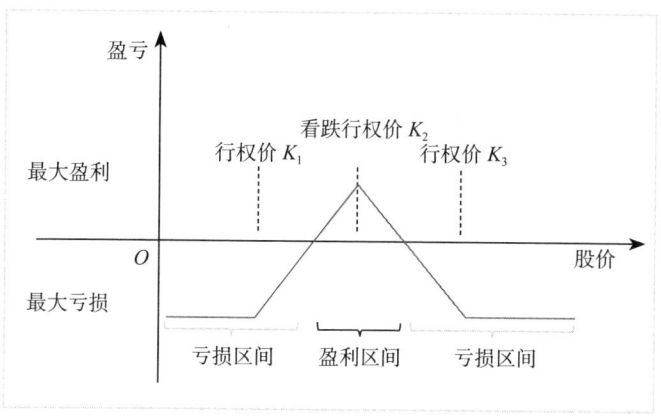

图 10-9　蝶式买方到期收益示意

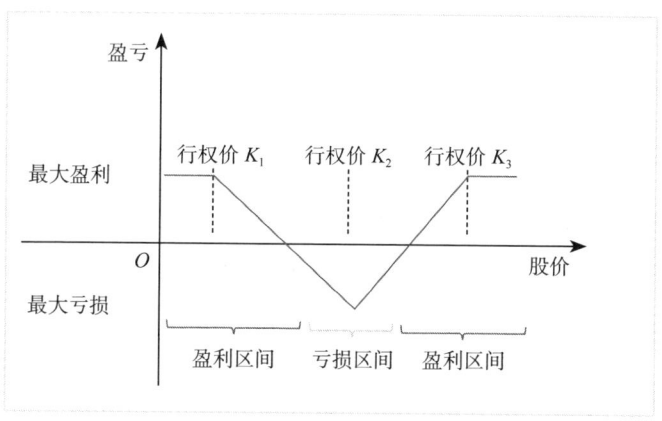

图 10-10　蝶式卖方到期收益示意

跨品种套利

逻辑与组成

跨品种波动率套利是指利用高度相关但波动率不同的两类资产或期权标的进行波动率差异套利。例如，上证 50 和沪深 300 这两种期权标的指数走势非常相近，波动率差一般比较稳定，但其隐含波动率在不同市场条件下可能会有较大差异，从而形成套利机会。策略对隐含波动率较高的品种进行卖出操作，例如卖出上证 50 期权（隐含波动率较高），对隐含波动率较低的品种进行买入操作,例如买入沪深 300 期权(隐含波动率较低)。

执行

1)选择品种:找到标的相关性高但波动率有显著差异的品种,例如上证 50 和沪深 300。

2)观察波动率差异:监测两个标的期权的隐含波动率。当二者差异超过历史均值的某个阈值时,形成信号。

3)构建组合:买入波动率低的期权,卖出波动率高的期权。

4)调整与平仓:根据波动率差异的变化或 Delta 变动频繁调整头寸,并在波动率差异回归到正常水平时平仓。

盈亏原理

此策略的盈利来源于波动率的差异收敛。例如,若沪深 300 期权隐含波动率较低,则买入沪深 300 期权的收益后续会增加,而卖出上证 50 期权损失较小,从而实现净利润。策略主要风险在于二者的波动率差异未能回归,或由于某些市场事件导致标的之间的波动率差异持续扩大。

10.4.3 策略特征

- **多空/市场中性**:这些策略基本是看涨和看跌期权的组合,具有多空性质。波动率套利策略属于标的价格中性策略,套利者并不依赖于整体市场走势。但牛熊价差、风险反转策略都是有标的方向性的策略。
- **换手率/持有周期**:关键在于波动率达到模型预测点位的时间可长可短,但不会超过期权到期频率。
- **是否择时**:视市场存在的机会多少,也会空仓,所以是具有择时特征的。
- **杠杆率**:杠杆率可以非常高。
- **适用市场**:波动率策略是期权策略最常用的策略,有效期主要在于波动率模型的有效性。
- **资金容量**:中。

10.4.4 策略风险及对冲

这些波动率策略的风险在于希腊字母值代表的各个因素的敏感性。主要风险在于标的价格风险 Delta 和波动率 Vega 风险。根据模型预测的部分，需要控制这些希腊字母值的大小。

在跨式、蝶式组合策略中，我们希望标的价格风险 Delta 值加总接近于 0，而承担的主要风险是波动率风险，即 Vega 值的风险。

表 10-1 总结了期权波动率套利策略希腊字母值特点。

表 10-1　期权波动率套利策略希腊字母值特点

策略名称	期权组成	Delta	Gamma	Vega	Theta	Rho
跨式策略	同时买入一个看涨期权和一个看跌期权，行权价相同	接近0	高	高	负	中性
宽跨式策略	同时买入一个行权价较高的看涨期权和一个行权价较低的看跌期权	接近0	高	高	负	中性
蝶式策略	买入两个行权价较高和较低的期权，卖出中间行权价的两个期权	接近0	中等	中等	负	中性
跨品种套利	买入波动率相对低的期权品种，卖出波动率相对高的期权品种	接近0	中等	中等	偏中性	中性

10.5　方向性策略

在未来时刻，除了波动率变化之外，标的资产价格也会变化。这就引出依赖预测资产价格变动方向而构建偏多头或者空头的期权组合投资策略。在这种情况下需要在 Vega 敞口可控的情况下承担 Delta、Gamma 敞口风险以获得收益。

但如果能预测标的价格的变动方向，为什么不买标的证券，而是要用期权呢？这里有三方面原因，一是使用期权组合构建多头或者偏空头合约可以降低组合构建成本；二是期权可以提供高杠杆效应；三是无法直接买卖标的资产，如股票指数。

带有方向性的组合策略有牛市价差策略、熊市价差策略、风险反转策略等。

10.5.1 策略逻辑

影响期权价格的两个主要因素是标的资产价格和标的资产的收益波动率。我们使用 Delta、Gamma 希腊字母值来衡量期权价格对标的资产价格变化的敏感度，使用 Vega 来衡量期权价格对标的资产波动率变化的敏感度。

对于方向性策略，我们使用期权组合来降低整个组合的构建成本，但这样的组合会承担一定的波动率 Vega 风险暴露，所以与直接持有标的资产相比收益率会低一些。

因为组合承担了波动率风险，我们就需要管理这部分波动率风险，使标的价格预测是策略的主要收益来源。所以对于波动率的正确预测也是这种策略能够盈利的前提条件。对于这些方向性期权组合的买方来说，如果未来波动率小于预测的波动率，那么在波动率 Vega 敞口方面就会有损失。

这些虽然是偏方向性策略，但如果使用期权标的进行 Delta 对冲，就变成了波动率策略。

10.5.2 策略要点

带有方向性偏好的期权组合策略牛市价差策略、熊市价差策略、风险反转策略等。这些带有方向性的策略在 Delta、Gamma、Vega 上都有风险暴露，需要控制 Vega 的暴露。下面介绍三个常用的策略。

牛市价差策略

逻辑与组成

牛市价差策略是指投资者预期标的资产价格会适度上涨时使用的一种期权策略。该策略通过买入一个低行权价的看涨期权并卖出一个高行权价的看涨期权来构建。由于卖出看涨期权可以部分抵消买入看涨期权的成本，所以牛市价差策略是一种有限盈利、有限风险的策略。

执行

1）买入行权价较低的看涨期权 K_1。

2）卖出行权价较高的看涨期权 K_2（$K_2 > K_1$）。

投资者可以通过这种方式降低期权的总成本，但盈利也受到限制。当标的资产价格高于 K_2 时，牛市价差的最大利润达到顶点。

盈亏原理

盈利：标的资产价格上涨，但最多上涨至 K_2 行权价。

亏损：标的资产价格下跌，但亏损有限，只限于买入看涨期权的净支出。

盈亏图

牛市价差策略的盈亏图是一个类似"S"的结构，股价上涨时盈利逐渐增加并达到最大盈利。股价下跌时亏损逐渐变大最后达到最大亏损，具体如图 10-11 所示。

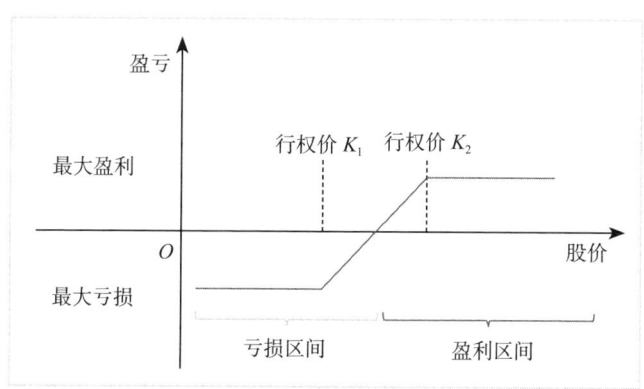

图 10-11　牛市价差买方到期收益示意

牛市价差策略组合与 Collar Spread（领口策略）损益是基本相同的。领口策略是一种保守的期权策略，通常用于为持有的标的资产提供**保护性对冲**。通过买入看跌期权（保护性卖出）和卖出看涨期权（限制上涨潜力），投资者既限制了损失，也牺牲了部分上行潜力。领口策略是资产＋期权，牛市价差只是期权组合。

熊市价差策略

逻辑与组成

熊市价差策略是在投资者预期标的资产价格将适度下跌时使用的一种策略。

投资者会买入一个高行权价的看跌期权并卖出一个低行权价的看跌期权。这种组合可以在标的资产价格下降时获利,同时通过卖出看跌期权限制最大风险。

执行

1) 买入行权价较高的看跌期权 K_2。
2) 卖出行权价较低的看跌期权 K_1 ($K_2 > K_1$)。

由于卖出看跌期权,投资者降低了策略成本,但也限制了其盈利上限。当标的资产价格低于 K_1 时,达到熊市价差的最大利润。

盈亏原理

盈利:标的资产价格下跌,但最多下跌至 K_1 行权价。

亏损:标的资产价格上涨,亏损有限,等于净支出。

盈亏图

熊市价差策略的盈亏图是一个类似反向"S"的结构,股价下跌时盈利逐渐增加并达到最大盈利,股价上涨时亏损逐渐变大最后达到最大亏损,如图 10-12 所示。

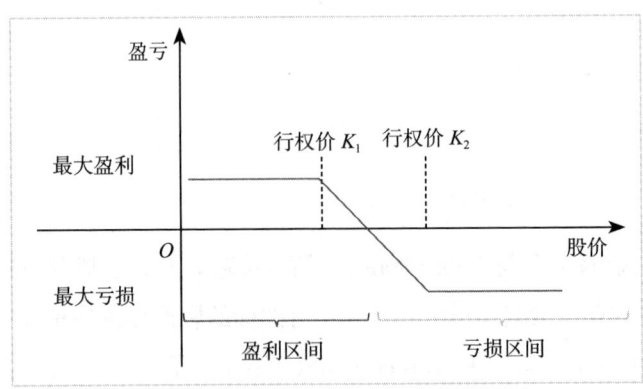

图 10-12 熊市价差买方到期收益示意

风险反转策略

逻辑与组成

风险反转策略(Risk Reversal)是一种基于期权的组合策略,投资者通过同时买入看涨期权和卖出看跌期权来实现对标的资产价格上涨的押注,或做相反操作来对冲标的资产下跌风险。此策略通常用于表达看涨观点,还可以帮助中性投资者避免支付高额期权费。

执行

1)**买入看涨期权(Call Option)**:当投资者认为标的资产价格将上涨时,他们买入 K_2 行权价的看涨期权,付出权利金 C,锁定行权价格以较低的成本参与潜在的价格上涨。

2)**卖出看跌期权(Put Option)**:为了弥补买入看涨期权的费用,投资者卖出 K_1 行权价的看跌期权并获得权利金收入 P,承担一定的下跌风险。

通过卖出看跌期权的权利金补贴买入看涨期权的成本,投资者可以用较低的净成本甚至零成本创建头寸。

盈亏原理

盈利:如果标的资产价格上涨超过看涨期权的行权价 K_2-C+P,投资者将获得无限的潜在盈利,因为此时看涨期权处于实值状态,而看跌期权无用武之地。

亏损:如果标的资产价格下跌至看跌期权的行权价 K_1-C+P,投资者将面临潜在亏损。亏损的规模取决于标的资产的价格下跌幅度,理论上亏损是有限的,直到价格跌至零。

盈亏图

风险反转策略的盈亏图与持有标的的收益类似,但中间有一段是亏损的,享受的是持有成本的降低,具体如图10-13所示。

以上的策略特点总结:

1)**牛市价差策略**:适合预期适度上涨的市场环境,成本较低,有限盈利与有限风险。

2)**熊市价差策略**:适合预期适度下跌的市场环境,成本较低,有限盈利与有限风险。

3)**风险反转策略**:与持有标的风险收益相似,但降低了成本,如果股价波动在一定范围内，则会亏损。

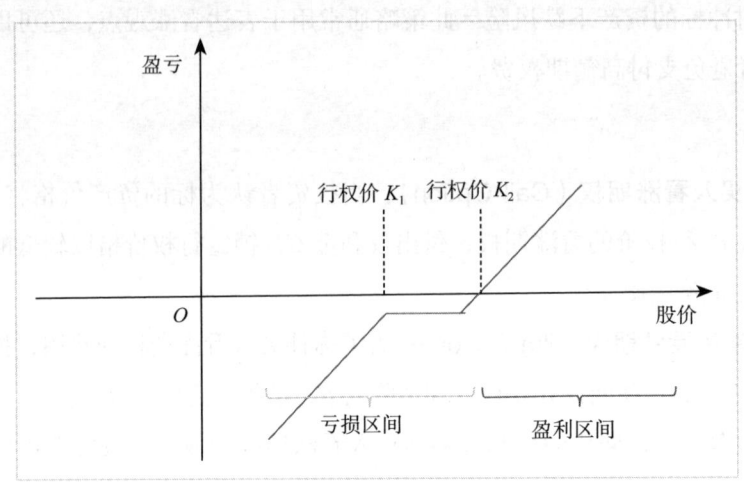

图 10-13　风险反转买方到期收益示意

10.5.3　策略特征

- **多空 / 市场中性**：这些策略是看涨和看跌期权的组合，具有多空性质。但方向性策略会通过使用不同价格看涨和看跌期权来构建方向性的组合。
- **换手率 / 持有周期**：关键在于标的资产价格达到模型预测范围的时间。可长可短，但不会超过期权到期频率。
- **是否择时**：可以择时，也可以不择时，只选择方向。
- **杠杆率**：杠杆率高。
- **适用市场**：方向性策略也是期权策略常用的策略，有效期主要在于标的资产预测模型的有效性。
- **资金容量**：中。

10.5.4　策略风险及对冲

这些策略的主要风险在于标的价格风险 Delta 和波动率 Vega 风险。根据模型预测的部分，需要控制这些希腊字母值的大小。

在牛市价差组合策略中，Delta 值为正，熊市价差组合策略中，Delta 值为负，分别代表标的价格未来的走势方向。

表 10-2 总结了方向性期权策略希腊字母值正负特征。

表 10-2 方向性期权策略希腊字母值正负特征

策略名称	期权组成	Delta	Gamma	Vega	Theta	Rho
牛市价差策略	买入较低行权价的看涨期权，卖出较高行权价的看涨期权	正	低	低	负	正
熊市价差策略	买入较高行权价的看跌期权，卖出较低行权价的看跌期权	负	低	低	负	正
风险反转策略	买入看涨期权，卖出看跌期权	正	中等	高	负	正

10.6 小结

期权金融工具和定价理论的出现，结合之前的现货（股票、债券）和期货，可以构建非常丰富的量化投资策略。

本章介绍了期权的基本定价公式、风险敏感性指标、无风险平价套利策略、常见的基于波动率预测，以及方向性的期权组合策略。期权定价中最重要的一个参数就是波动率。所以期权策略的核心就是波动率的预测建模问题。

期权的波动率策略执行时依赖数学和金融模型，主要以判断波动率走势为主，以其他希腊字母风险敏感值判断为辅。而期权的方向性策略以对标的价格和波动率的判断为主，以其他希腊字母风险敏感值为辅。但如果使用期权标的进行 Delta 对冲，方向性策略就变成了波动率策略。

下一章将介绍债券策略。

| 第 11 章 |

债券策略

11.1 引言

截至 2023 年年底，中国债券存续规模达 158 万亿人民币，全球市场的债券规模超过 100 万亿美元，都超越了股票市场的规模。债券投资也一直是比较活跃的领域。与股票投资不同，参与债券投资的主体是机构，个人往往是通过基金产品间接投资债券，直接买卖债券的比例非常低。

债券分析和投资策略中需要很多数学和金融模型的知识，所以债券投资策略本身就具有量化投资的特征。对于想从事专业量化投资的人来说，债券投资策略是需要了解和掌握的重要领域。

债券主要分成利率债（主权国家或者具有主权国家信用主体发行的近似于"无信用风险"的债券，又称主权债）和信用债（企业信用主体发行的有信用风险债券）两大类。利率债定价的主要变量是各个期限的利率水平，而信用债的定价变量是利率水平和发行主体的信用资质水平（信用评级和财务情况）导致的信用利差。当然二者都会有流动性风险和供求关系导致的价格波动，而且主权债也具有一定的信用违约风险，历史上也发生过多次主权债违约的情况。

总体来说，债券定价因素与股票相比相对少。定价因素少（主要是利率和信用资质）意味着整个市场的债券价格在相同因素变动情况下的走势比较接近，所以债券策略的研究也主要在利率水平和信用水平的变动预测和套利领域里。利率债投资策略注重利率曲线的整体水平变化，以及不同期限利率相对大小的变动。信用债投资策略则注重于发行主体所在行业和个体的信用资质、流动性等方面。

债券的综合收益来自两部分：利息收入和价差收益。利息收入是依赖持有债券获得，价差收益是依赖交易获得。债券的策略都是围绕着这两个收益来源相关的因素进行的。本书主要介绍价差相关策略。

本章首先介绍债券和收益率曲线的基本定价原理，继而介绍债券投资策略中常见的久期策略、骑乘策略和利差策略。信用研究涉及的数据非常多，研究方法既包含主观方法也包括量化方法，本身就可以有一整本书来介绍。对于初学者来说不是重点，所以本书不深入介绍。

11.2 债券基础理论

债券相关的定量研究主要包括债券定价理论、利率和收益率曲线构建、信用分析三个方面。在以下这三个领域的介绍内容中，很多指标可以直接作为债券投资策略的因子指标。通过这些指标构建债券策略模型。

11.2.1 债券定价理论

债券，尤其是固定利息的债券，未来现金流在不违约的情况下是确定的，而违约风险则是通过收益率高低来引入到定价方法中的。

债券定价估值公式、DCF（现金流折现）模型和收益率计算方法是债券定价理论中的核心分析方法。债券估值是基于未来现金流的现值计算。DCF 模型是估值债券的基础，DCF 通过折现未来现金流来计算债券价格。收益率是衡量债券收益的关键指标，常见的有到期收益率（YTM）、即期收益率和持有期收益率等。

以下是这些概念及其计算方法的详细解释。

债券定价估值公式

债券的估值是基于未来现金流的现值计算的,这些现金流包括定期的利息支付(票息)和到期时偿还的本金。计算债券价值的公式如下:

$$P = \sum_{t=1}^{T} \frac{C}{(1+r)^t} + \frac{F}{(1+r)^T}$$

式中,P 是债券的现值(即价格);C 是每期的票息(Coupon Payment);r 是每期的折现率(通常是市场利率或债券的收益率);T 是债券的到期期限(总期数);F 是债券的面值(通常是 1000 美元或其他固定数值)。

解释:

1)每期的票息(C)是根据债券的票面利率与面值决定的。

2)折现率通常是债券的市场收益率或当前的市场利率,用于将未来现金流折现为现值。

3)到期时,债券持有人将收到最后一次票息以及债券的面值(F)。

DCF(现金流折现)模型

债券的 DCF 模型实际上与估值公式相同,都是将未来的现金流按适当的折现率折现为现值。DCF 是估值债券的基础,因为债券的价格是由其未来的现金流决定的。DCF 的步骤如下:

1)**未来现金流**:包括每期的票息支付和最后的本金偿还。

2)**折现率**:市场利率或折现率用于将未来现金流折现至现值。折现率高低体现的是从债券回收现金流的风险。这个值需要另外的计算方法获得。

3)**折现公式**:每期的现金流都会通过以下公式计算现值:

$$PV = \frac{CF}{(1+r)^t}$$

式中,PV 是某期现金流的现值;CF 是某期的现金流(票息或本金);r 是折现率;t 是现金流出现的期数。

通过将所有期的现金流折现后相加，得到债券的现值（估值）。

收益率计算方法

债券的收益率（Yield）表示债券投资的收益率，主要有以下几种计算方法。

到期收益率

到期收益率（Yield to Maturity，YTM）是最常用的收益率指标，表示投资者如果持有债券直到到期，期间获得的年化收益率。YTM通常用来比较不同条款的债券收益率水平。

YTM通过求解以下方程式得到：

$$P = \sum_{t=1}^{T} \frac{C}{(1+\text{YTM})^t} + \frac{F}{(1+\text{YTM})^T}$$

该方程的YTM通常通过数值方法（如二分法或牛顿法）求解，因为没有显式的解析解。

即期收益率

即期收益率（Current Yield）是指债券当前的票息收入与当前价格之间的比率。公式如下：

$$\text{Current Yield} = \frac{C}{P}$$

式中，C是每期的票息；P是债券的现价。

即期收益率只考虑票息收入，忽略了本金偿还和资本增值/亏损。

持有期收益率

持有期收益率（Holding Period Yield，HPY）表示在持有债券的特定期间内的实际收益率。计算公式为：

$$\text{HPY} = \frac{P_1 - P_0 + C}{P_0}$$

式中，P_1是卖出时的债券价格；P_0是买入时的债券价格；C是持有期内收到的票息。

税后收益率

对于应税债券,税后收益率(After-Tax Yield)是投资者在支付所得税后的实际收益率:

$$\text{After-Tax Yield} = \text{税前收益率} \times (1 - \text{税率})$$

名义收益率 vs 实际收益率

名义收益率(Nominal Yield):债券票息与面值的比率,计算公式为:

$$\text{Nominal Yield} = \frac{C}{F}$$

它没有考虑到债券价格变动或再投资票息的影响。

实际收益率(Real Yield):考虑到通胀的影响,可以通过以下公式计算:

$$\text{Real Yield} = \frac{1 + \text{Nominal Yield}}{1 + \text{通货膨胀率}} - 1$$

债券久期

债券久期(Duration)是衡量债券价格对利率变化敏感性的一个指标。它反映了债券的平均加权持有期,表示债券所有未来现金流的现值加权平均期限。久期用于估计债券价格对利率变动的反应程度,是管理利率风险的关键工具。

久期的概念由美国经济学家弗雷德里克·麦考利(Frederick Macaulay)于20世纪30年代提出。麦考利久期(Macaulay Duration)是最早用于衡量债券利率敏感性的指标,即利率每变动1%(100个基点),债券价格的百分比变化幅度。久期越高,债券价格对利率的变化就越敏感。

常见的久期有以下几种类型:

麦考利久期(Macaulay Duration):表示债券现金流的加权平均时间,通常以年为单位。麦考利久期是根据债券的每一期现金流的现值计算的加权平均时间。每一期现金流的时间权重是现金流现值除以债券的现值。

$$D_M = \frac{\sum_{t=1}^{T}\left(t \cdot \frac{CF_t}{(1+y)^t}\right)}{\sum_{t=1}^{T}\frac{CF_t}{(1+y)^t}}$$

式中，D_M 是麦考利久期；CF_t 是第 t 期的现金流；y 是债券的到期收益率（YTM）；T 是债券的到期时间；t 表示各期的时间（年）。

修正久期（Modified Duration）：修正久期直接反映债券价格对利率变化的敏感性。它是麦考利久期的调整形式，考虑到了利率变化对现值的影响。

$$D_{mod} = \frac{D_M}{1+\frac{y}{n}}$$

式中，D_{mod} 是修正久期；D_M 是麦考利久期；y 是债券的到期收益率（YTM）；n 是每年的付息次数。

修正久期告诉我们，当利率变化 1% 时，债券价格将发生的百分比变化。债券价格变化可以通过下面的公式估算：

$$\Delta P \approx -D_{mod} \times \Delta y \times P$$

式中，ΔP 是债券价格的变动；Δy 是利率的变化；P 是债券的现行价格。

有效久期（Effective Duration）：对于带有期权的债券（如可赎回债券），现金流会受到利率变化的影响。因此，使用有效久期可以更准确地衡量这种情况下的利率敏感性。有效久期的公式为：

$$D_{eff} = \frac{P_- - P_+}{2 \times \Delta y \times P_0}$$

式中，D_{eff} 是有效久期；P_- 是利率下降 Δy 时的债券价格；P_+ 是利率上升 Δy 时的债券价格；Δy 是利率变化的幅度；P_0 是当前债券的价格。

通常长期债券的久期较高，因此其价格对利率波动更敏感。票息越高，久期越短。因为较高的票息意味着更多的现金流较早到期，降低了整体的加权平均时间。

在投资和风险管理的过程中，我们主要使用的是修正久期和有效久期。因为通过它们，我们可以直接估算利率变动情况下债券的价格变化。

我们还会使用久期计算出 DV01 这个落实到货币价值层面的利率敏感性指标。

DV01（Dollar Value of 1 Basis Point），又称为基点价值，与债券久期关系密切。具体来说，DV01 表示在收益率（或利率）变化 1 个基点（即 0.01%）时，债券价格的变动幅度。

DV01 衡量的是债券价格和利率之间的**线性关系**，它反映了债券在小幅利率变化下的价格风险。通常，DV01 用来估算债券价格的变化，并为投资者在做风险管理时提供决策依据。

一个常用的近似公式：

$$\text{DV01} \approx \text{Modified Duration} \times \frac{P}{10\,000}$$

式中，Modified Duration 是修正久期，衡量债券价格对利率变化的敏感性；P 是债券的价格。

DV01 能帮助投资者理解债券组合对利率变化的敏感性。

债券投资组合的 DV01 是通过将各个债券的 DV01 与其在组合中的权重相乘，再将结果相加得到的。组合 DV01 反映的是整个组合对于利率变化的敏感程度。

$$\text{组合DV01} = \sum_{i=1}^{n} N_i \times \text{DV01}_i$$

式中，N_i 是第 i 只债券的持仓数量；DV01_i 是第 i 只债券的 DV01；n 是组合中债券的总数。

DV01 通常用于构建利率风险对冲策略，帮助投资者量化利率变动对债券的影响，并设计相应的对冲组合。投资者可以根据 DV01 调整债券持仓，使整个组合的 DV01 在预期利率变化时保持适当的水平，从而控制风险或提高收益。

债券凸度

久期提供了债券价格和利率关系的线性近似，但实际情况是债券价格和利率之间呈现非线性关系。当考虑这个非线性关系时就需要使用凸度这个指标。

债券凸度（Convexity）是衡量债券价格与收益率之间关系的一个重要概念，反映了债券价格对收益率变化的久期之外的二阶敏感度。具体来说，凸度表示收益率变动时，债券价格变化的二阶导数（即曲线的弯曲度），用来修正**久期**（Duration）的线性假设。凸度是对久期线性估计的进一步修正，特别是在利率大幅波动时，凸度能更好地描述债券价格的变化情况。

- **正凸度**：债券价格对利率的反应是非线性和递增的，即随着利率的下降，债券价格上升的速度更快；当利率上升时，债券价格下降的速度减慢。
- **负凸度**：某些债券，如带有赎回条款的债券，可能在某些情况下表现出负凸度，这意味着当利率变化时，债券价格的变化幅度会减小。

凸度的计算公式

债券凸度的公式是通过债券价格对利率的二阶导数来定义的。标准凸度公式为：

$$\text{Convexity} = \frac{1}{P} \times \sum_{t=1}^{n} \frac{C_t \times (t+t^2)}{(1+y)^{t+2}}$$

式中，P 是债券的现价；C_t 是第 t 期的现金流（即债券的利息或本金）；y 是债券的到期收益率（Yield to Maturity, YTM）；t 是时间，表示现金流的支付期数；n 是现金流的总期数。

修正后的凸度公式

对于连续复利下的凸度，可以用如下简化公式计算：

$$\text{Convexity} = \frac{1}{P} \times \sum_{t=1}^{n} C_t t^2 e^{-yt}$$

各个符号定义同上。

凸度可以被看作对久期的调整，它修正了久期在利率大幅变化情况下对债券价格的低估或高估。投资者可以利用债券的凸度来优化投资组合，选择高凸度的债券以获得更好的利率变化保护。

债券的凸度补充了久期的局限性，为投资者提供了更准确的债券价格预测。

在利率波动较大的市场环境下，考虑凸度的债券分析可以帮助投资者更好地应对价格波动，并优化投资决策。

债券久期和凸度都是衡量债券对利率变化敏感性的关键指标。它们是债券分析中的核心工具，广泛应用于利率风险管理和投资组合构建。通过匹配久期，可以减少利率波动带来的影响。使用久期和凸度还可以近似计算利率变化对债券价格的影响，以帮助投资者评估债券的风险。

$$\frac{\Delta P}{P} = -D_{\text{mod}}\Delta y + \frac{1}{2}\text{Convexity}(\Delta y)^2$$

11.2.2 利率和收益率曲线构建

利率值一般是指某个债券或者利率指标单个时间期限的值。例如7天的回购利率为2.458%，1年期的存款利率为3.20%等。利率有即期利率、远期利率两种类型。即期利率（Spot Rate）是某一时点上无风险债券（如零息债券）的现时利率。它仅反映从现在到债券到期的无风险利率，不包括未来现金流的再投资收益。远期利率是未来某一时间段开始的预期利率。它是根据即期利率推导出来的，反映市场对未来利率水平的预期。

利率曲线是显示不同期限的债务工具（通常是无风险或低风险债券）在不同时间点上的利率值的曲线。它反映了市场上对不同到期期限的资金成本或收益的预期。

收益率曲线可以看作一种特殊类型的利率曲线，通常指显示一系列同类型债券（如国债、评级相同的信用债）的到期收益率与剩余期限之间关系的曲线。收益率曲线反映了市场对于短期、中期和长期债券的需求情况，以及对未来利率、经济增长、通胀等宏观经济指标的预期。图11-1所示为收益率曲线示例。

信用债的收益率曲线是包括无风险利率和信用利差的曲线，一般按照行业或者评级不同而构建不同的信用债收益率曲线。例如有AAA、AA、BBB等不同信用评级的到期收益率曲线。图11-2所示为企业债（AAA-）、国债收益率曲线和利差曲线。

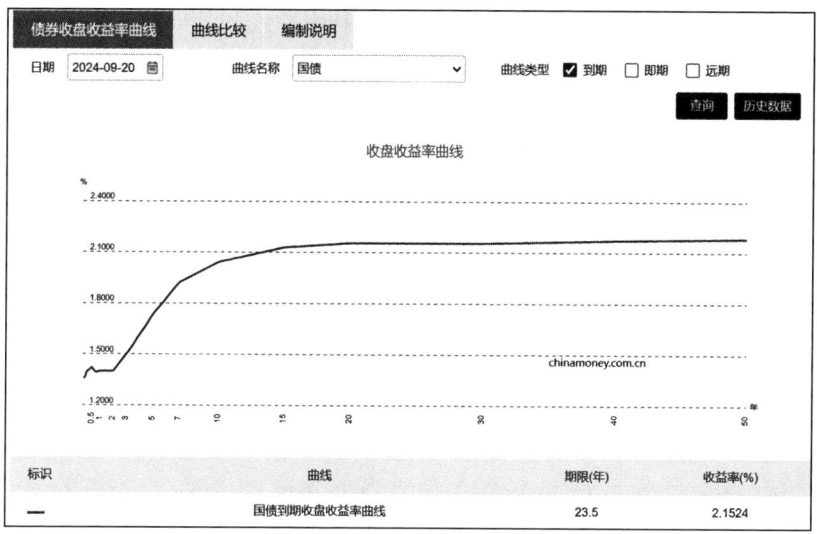

图 11-1　外汇交易中心网站公布的收益率曲线

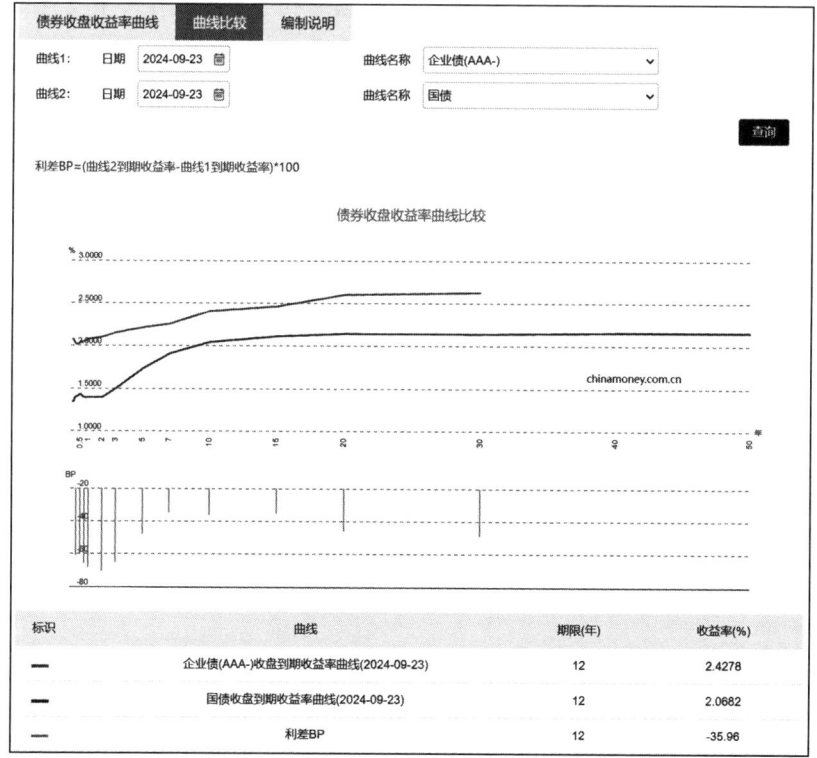

图 11-2　外汇交易中心网站公布的企业债（AAA-）、国债收益率曲线和利差曲线

利率曲线可以分为即期利率曲线、远期利率曲线和到期收益率曲线三种主要的类型：

- **即期利率曲线（Spot Rate Curve）**：即期利率曲线表示某一时点上不同期限的零息债券（Zero-Coupon Bond）的收益率曲线。即期利率反映了从当前时刻到债券到期之间不包括任何其他现金流的利率。它反映的是当前市场上针对不同期限的无风险借贷成本，通常通过市场上债券的价格推导出来。

- **远期利率曲线（Forward Rate Curve）**：远期利率曲线显示未来某一特定时间点开始，持续一定期限的预期利率水平。远期利率是一种**合约利率**，约定在未来某个时间段内借入或借出资金的成本。远期利率通常是从即期利率推导出来的，可以使用两个不同期限的即期利率来计算相应的远期利率。例如，1年后第2年的远期利率可通过1年和2年即期利率计算得出。远期利率可以用来预测未来的利率水平，投资者或企业可以根据远期利率来进行利率对冲或债务管理。

- **到期收益率曲线（Yield-to-Maturity Curve，YTM Curve）**：到期收益率曲线展示的是不同期限债券的到期收益率，即假设持有债券至到期并收到所有现金流时债券的年化收益率。它是市场上最常见的一种利率曲线。到期收益率曲线包括每只债券的全部现金流，即利息和本金支付，反映了市场对债券的整体预期收益。到期收益率曲线是债券投资者和宏观经济分析中最常使用的曲线，因为它包含了各个期限上的市场利率信息。

利率和收益率曲线反映的是利率的期限结构，即不同时间期限下利率的价格。信用利差也是具有期限结构的。期限越长，信用利差越大。

利率曲线的形状在一定程度上反映了未来利率和经济的市场预期。

- **正常（上升）收益率曲线**：长期债券的利率高于短期债券的利率。这反映了投资者预期未来利率会上升或要求更高的长期收益来补偿未来的不确定性。

- **平坦收益率曲线**：长期和短期债券的利率接近。这通常反映市场对未来利率和经济前景的中性或不确定预期。
- **倒挂收益率曲线**：长期债券的利率低于短期债券的利率。倒挂曲线通常预示着市场预期经济衰退，未来利率可能下降。

利率曲线如何变动是债券投资策略中要考虑的重要因素。我们可以将收益率曲线的变化分成三种情况：平行移动（Parallel Shift）、陡峭化（Steepening）和扁平化/倒挂（Flattening/Inversion）。这三种变化反映了市场对于利率、经济周期和通胀预期的调整，影响着债券的价格和收益。每种变化都有不同的含义，并且会对投资者的收益策略产生不同的影响。

平行移动指的是整个收益率曲线上的利率水平同时发生相同幅度的上移或下移，即所有期限债券的收益率都相应地上升或下降相同的基点数量。

- **上移（利率上升）**：利率水平整体上升，债券价格普遍下降。通常反映市场预期未来通胀压力增加，央行可能会采取加息政策来控制通胀。
- **下移（利率下降）**：利率水平整体下降，债券价格普遍上升，反映市场对经济增长放缓或宽松货币政策的预期。

平行移动对持有久期较长的债券影响更大，因为久期越长，债券对利率变化越敏感。投资组合中应根据对利率水平的预期，调整持有债券的久期。例如，预期利率上升时，可以减少久期较长的债券，降低组合对利率上升的敏感度。

陡峭化指的是长期收益率上升得比短期收益率快，从而使得收益率曲线的斜率变得更加陡峭。

- **陡峭化上升**：长端利率上升幅度大于短端利率，通常反映市场对未来经济增长和通胀的乐观预期。央行可能保持短期利率较低以刺激经济，而市场预期长端利率上升反映未来通胀加剧或经济扩张。
- **陡峭化下降**：长端利率下降幅度大于短端利率，可能反映市场对未来通胀和经济增长的担忧。

长短期利差扩大有利于长短端利率差异较大的策略，如骑乘收益率曲线策略（Riding the Yield Curve）等。陡峭化通常意味着市场对未来的经济复苏持乐观态度，可能会导致投资者调整他们的投资组合，增加风险资产的配置。

扁平化指的是长期收益率和短期收益率之间的差距缩小，而倒挂则是长期收益率低于短期收益率的极端形式。

- **扁平化**：长端利率下降或短端利率上升，收益率曲线趋向水平。通常反映市场预期经济增长放缓或央行即将加息，从而导致短期利率上升。
- **倒挂**：收益率曲线倒挂通常反映市场对经济衰退的预期，短期利率较高而长期利率较低，表明投资者对未来经济前景的悲观预期。

收益率曲线倒挂是经济衰退的一个常见预兆。通常，投资者会转向更安全的资产（如长期债券），推动其收益率下降，而短期利率由于货币政策保持较高，因此在扁平化或倒挂的情形下，投资者可能更愿意持有短期债券，减少利率风险暴露，同时增加对长期收益率的关注。投资者可以根据收益率曲线的不同变化调整债券组合，管理利率风险，获得收益。

除了债券相关的利率和利率曲线，还有其他利率相关金融工具如回购、利率互换等收益率曲线。

我们可以直接使用外部数据源的利率曲线。但为了灵活和动态的债券分析，需要使用利率曲线构建模型（Yield Curve Construction Model）来构建能表达自己利率走势视角的利率曲线。

市场上存在不同复杂程度的利率曲线模型，包括静态利率曲线模型和动态利率曲线模型。这里主要介绍静态的利率曲线构建方法。具体构建步骤如下：

1）**选择合适的数据源**。构建利率曲线首先需要从债券市场获得精确的数据。这些数据包括不同期限债券的价格、票息、到期收益率等。常用的数据来源包括：

- 国债（如美国国债）市场数据

- 回购协议利率
- 利率掉期市场数据

2）**选择期限结构的模型**。构建利率曲线需要基于某些数学模型来逼近或拟合市场数据。这些模型可以是参数化的或非参数化的，常见的模型包括：

- **线性插值法**：将已知利率插值计算未知利率，适用于短期内数据密集的情况。
- **多项式插值法**：通过高阶多项式逼近不同期限的利率数据，适合拟合具有一定波动的利率曲线。
- **分段线性插值法**：对各个期限区间分段处理，保持曲线的平滑性。

3）**构建零息利率曲线**。零息利率曲线是利率曲线的重要部分，它表示的是每个期限的零息债券（不支付中间利息的债券）的收益率。通过引入剥离（Bootstrapping）技术，可以从有票息债券推导出不同期限的零息利率。

剥离法（Bootstrapping）：

- 使用短期零息债券收益率作为初始数据。
- 借助已知的利率，剥离出长期债券的零息利率。
- 逐步推导出不同期限的零息利率。

4）**构建即期利率曲线与远期利率曲线**。

- **即期利率曲线**：即当前时点的利率水平，反映市场对当前利率的预期。
- **远期利率曲线**：通过即期利率推导出未来某个时间点的利率。远期利率可以用于推测市场对未来利率的预期。

通过零息利率的推导，可以构建即期利率和远期利率曲线。

其他需要通过参数拟合的常见利率曲线构建包括 Cubic Spline 插值、Nelson-Siegel 模型、Svensson 等。

11.2.3 信用分析

债券信用分析是评估发行债券的主体（企业、政府、金融机构等）偿还债务能力的一项重要工作。信用分析的核心是确定借款人（债券发行者）的违约风险，即无法按时支付利息或偿还本金的可能性。通过信用分析，投资者可以了解债券的信用风险水平，从而决定是否进行投资以及应该要求的利差水平。

信用分析最重要的结论是债券是否会违约和违约概率的大小，以及违约后的回收率。这三个结果最终都会反映到债券的收益率水平上。所以信用分析工作会集中在研究债券的收益率领域。进一步，我们会将债券总体收益率分解成基础利率+信用利差两部分。一般会选择国债收益率作为可参考的基础利率。这样研究工作就可以分解成基础利率研究和信用利差研究两部分工作。

信用分析不仅评估财务报表，还包括对发行者行业、宏观经济状况、管理团队以及资本结构等方面的评估。

常用的信用分析方法可以分成定性和定量两种。

定性分析主要通过评估发行主体的管理质量、行业前景、法律法规和宏观经济状况等非财务指标，了解企业未来的风险敞口。

- **管理质量**：分析企业管理层的经验、战略决策能力、治理结构是否健全等。
- **行业前景**：分析发行主体所处行业的竞争格局、发行主体所占市场份额及增长潜力。
- **法律和法规**：分析发行主体所处的法律环境，包括税收政策、监管规定等对企业的影响。
- **宏观经济环境**：考虑整体经济状况，如通货膨胀、失业率、利率水平对发行主体的影响。

定量分析通过分析发行主体的财务报表及其他数据，计算出一系列能够反映信用风险的财务比率。这些比率有助于了解发行者的财务健康状况。下面是一些常用的财务比例：

- **盈利能力分析**：衡量企业产生利润的能力，如净利润率、EBITDA（息税折旧摊销前利润）利润率等。

$$EBITDA\ 利润率 = EBITDA / 总收入$$

- **杠杆比率分析**：衡量企业借债的依赖程度，反映资本结构的稳定性。

$$债务 / EBITDA = 总债务 / EBITDA$$
$$资产负债比率 = 总负债 / 总资产$$

- **偿债能力分析**：衡量企业用经营产生的现金流偿还债务的能力。

$$利息覆盖倍数 = EBITDA / 利息费用$$
$$现金流覆盖率 = 经营现金流 / 短期债务$$

- **流动性分析**：分析企业短期偿债能力。

$$流动比率 = 流动资产 / 流动负债$$
$$速动比率 = (流动资产 - 库存) / 流动负债$$

通过信用分析，我们可以定量获得信用风险的衡量指标。

- **信用评级（Credit Rating）**：信用评级是由评级机构（如标准普尔、穆迪、惠誉等）基于发行主体的财务状况、债务结构、行业地位等进行的综合评价，分为投资级和高收益（垃圾）级别。**投资级别**如 AAA、AA、A、BBB，意味着违约风险较低。**高收益级别**如 BB、B、CCC，意味着违约风险较高。
- **违约率（Default Rate）**：违约率表示在一定时间内违约的债券数量占全部债券数量的比例。较高的违约率表明市场上信用风险较大。
- **信用利差（Credit Spread）**：信用利差是同期限的信用债和无风险债券（如国债）收益率之间的差异。信用利差越大，表明市场认为该债券的信用风险越高。

$$信用利差 = 公司债券收益率 - 国债收益率$$

- **违约风险溢价（Default Risk Premium）**：违约风险溢价是投资者为了承担违约风险而要求的额外补偿，通常体现在债券的收益率上。高风险的债券将具有更高的违约风险溢价。
- **久期调整信用利差（Duration-Adjusted Credit Spread）**：这是对信用利差进行久期调整后得出的信用风险指标，反映了在考虑利率敏感性后信用风险的相对水平。
- **资产覆盖率（Asset Coverage Ratio）**：资产覆盖率反映发行主体以资产清偿债务的能力，计算方法为：总资产 / 总负债。较高的资产覆盖率意味着违约风险较低。
- **市场隐含违约概率（Market-Implied Default Probability）**：市场隐含违约概率是从债券市场价格和信用利差中推导出来的，反映了市场对发行主体未来一段时间内违约的预期概率。

债券的信用分析是评估发行人偿还债务能力的关键环节。通过定量和定性分析，投资者可以识别债券的信用风险，并结合信用评级、信用利差、违约率等指标做出投资决策。成功的信用分析不仅依赖于对财务数据的深度分析，还需要理解行业动态和宏观经济环境。

11.3 久期策略

久期策略是基于对利率曲线未来变动的预测而动态调整债券投资组合的一种策略。久期策略既可以用在债券的短期投资策略中，也可以用在债券的中长期投资策略中。久期大小与债券价格对利率的敏感性紧密相连，所以久期策略属于债券价差策略的一种。但如果选择的是中长期久期策略，会同时获得利息收入。

11.3.1 策略逻辑

久期策略的核心逻辑是基于债券价格与利率曲线变动之间的关系来寻找交

易机会。债券的价格对利率的变化极为敏感,久期(Duration)用于衡量债券价格对利率变动的敏感性。久期越长,利率变化对价格的影响越大。因此,久期策略的基本原理是在利率下降时持有较长久期债券,以获取价格上涨带来的收益;在利率上升时持有较短久期债券,以规避价格下跌的风险。

此策略的盈利逻辑在于通过预测利率走向和利率曲线形状变化并相应调整持有债券的久期,从而实现收益最大化。例如,当预期未来利率下降时,投资者可以增加长久期债券的仓位,此时,债券价格将随利率下降而上升,产生资本增值。当预期利率上升时,投资者减少久期,或者持有短期债券以减少潜在的价格损失。

久期的概念由美国经济学家弗雷德里克·麦考利(Frederick Macaulay)于20世纪30年代提出。随着金融市场的发展,久期策略逐渐演变为固定收益投资中的关键策略,尤其是在利率预期分析和债券投资组合的风险管理中,在债券基金管理公司如 PIMCO、贝莱德等大型资产管理公司得到了广泛应用。

11.3.2 策略要点

研发和执行久期策略涉及的基础源数据包括债券的面值、票面利率、到期日、市场利率、当前价格、中观和宏观经济指标等。

上面介绍过收益率曲线变化可以分成三种形式:平移、陡峭化、扁平化。我们可以使用这些数据构建利率曲线并预测利率曲线未来的变化。

当预测到利率平移变化是主要情景时,可以使用利率来计算债券久期指标、凸性指标。根据预测结果选择适当久期的债券构建投资组合。后续根据市场情况调整债券组合的久期。通过债券调仓,当预期利率上升时,向下调整债券组合的久期;反之,则向上调整债券组合的久期。

当预测到利率陡峭化或扁平化时,可以使用哑铃组合(Barbell Strategy)、子弹组合(Bullet Strategy)等策略。

哑铃组合策略是指投资者将投资资金集中于短期债券和长期债券,减少或忽略中期债券的投资。组合结构类似哑铃,两端重心(短期和长期债券)较重,而中间较轻或没有投资。

短期债券提供较高的流动性和较低的利率风险，当利率上升时，短期债券到期较快，能较容易地再投资于更高收益的债券。长期债券能提供较高的收益率，特别是在陡峭化的利率曲线情形下，长期债券的收益优势更为明显。

通过结合短期和长期债券，投资者既能享受短期债券的灵活性和低风险，又能从长期债券中获得较高收益率。

当市场预期收益率曲线平坦化时（即短期利率上升速度快于长期利率），哑铃策略可以通过长期债券赚取更高收益，同时通过短期债券减少损失，提供流动性安全缓冲。当市场不确定性较高时，哑铃组合能灵活应对不同利率环境，短期债券提供了较强的流动性。

子弹组合策略是指投资者将资金集中于某一时期的债券，例如中期，而较少投资短期和长期债券。这种策略类似于"子弹"，即集中火力于特定期限的债券上，形成一个相对集中的久期。

中期债券在收益和风险之间提供了平衡。相比短期债券，中期债券通常提供较高收益率，且相比长期债券，中期债券的利率风险较低。在利率平稳或小幅变化的市场环境中，子弹策略可以有效捕捉中期债券的收益，同时避免过多的利率风险。

11.3.3 策略特征

- **多空 / 市场中性**：久期策略可以是纯多头的（例如通过增加久期在利率下降时获利），也可以是空头的（例如通过缩短久期或做空债券应对利率上升）。久期策略通常是方向性的，因为它基于对利率变化的预期。也有一些组合策略，试图通过对冲久期风险实现利率中性。
- **换手率 / 持有周期**：视市场利率变化的频率而定，通常换手率较低，因为利率变化并不频繁。持仓可以是短期，也可以是中长期（数月到一年）。
- **是否择时**：本身有一定相对久期的择时性。
- **杠杆率**：债券一般都使用融资加杠杆的方式增加债券组合的久期暴露，但杠杆高低取决于投资者的风险偏好和市场融资利率的高低。

- **适用市场**：利率变动的市场，如升息和降息周期，以及利率波动市场。
- **资金容量**：大。

11.3.4 策略风险及对冲

久期策略最大的风险是利率风险。如果利率走势与预期相反，债券价格可能遭受较大损失。很多债券流动性不高，市场流动性差可能导致债券价格剧烈波动，影响久期策略的表现。

调整组合久期，可以通过调整组合中的债券实现，但为了降低费用和避免流动性影响，可以使用利率期货、利率互换、国债期货等衍生品来调整久期，进而对冲利率波动带来的风险。例如，如果预测利率将上升，那么可以使用利率互换将固定利率变为浮动利率，从而减少久期暴露。

在市场动荡或预期利率大幅变化时，我们还需要通过增加债券组合的凸度降低久期策略的非线性风险。

11.4 骑乘策略

骑乘策略（Riding the Yield Curve Strategy）是一种基于收益率曲线形状变化的债券投资策略，投资者利用收益率曲线的形状以及债券价格随着到期时间的减少而上升的特性来获得收益。该策略的应用在固定收益市场广泛流行，尤其是在债券市场成熟和收益率曲线分析技术广泛应用之后。

11.4.1 策略逻辑

骑乘策略的核心逻辑是通过债券在收益率曲线上的自然到期时间的变化获取资本增值。收益率曲线通常是向上倾斜的，这意味着长期债券的收益率高于短期债券。当投资者购买期限较长的债券并持有一段时间后，债券随着到期时间的缩短，收益率逐渐向短期债券的较低收益率水平靠拢，价格因此上涨。投资者可以在此期间卖出债券，获得资本利得（见图 11-3）。

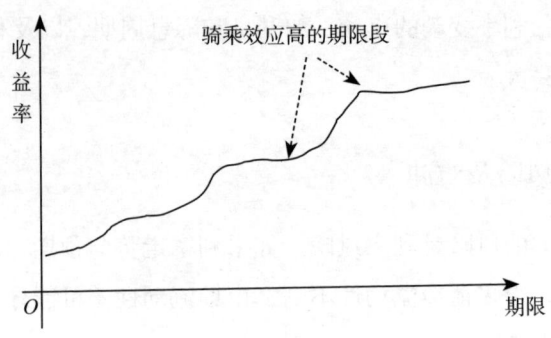

图 11-3 骑乘效应在收益率曲线上期限段的选取

该策略的盈利来自**价差收益和利息收入**。由于收益率下降，债券价格上升。同时债券持有期间可以获得票面利息收益。

11.4.2 策略要点

骑乘策略的开发和执行涉及收益率曲线、债券的面值、票面利率、市场价格、到期时间、市场利率等数据，以及债券定价和收益率曲线模型。

策略执行的基本步骤如下：

1）分析当前市场的收益率曲线形态。

2）选择收益率曲线中较长期限，并在未来一段时间内斜率高会"骑乘"至短期段的债券。

3）持有债券一段时间，直到债券剩余期限接近短期，并在价格上升时卖出。

11.4.3 策略特征

- **多空/市场中性**：骑乘策略通常是一个多头策略，即通过持有债券并期望其价格上涨来获利。此策略本质上是方向性的，因为它依赖于收益率曲线的形状以及未来利率的预期。如果想屏蔽短端的价格波动，也可以做空这一段到期的债券，形成近利率中性策略。

- **换手率/持有周期**：换手率通常较低，因为该策略的持有期可能较长，通常为几个月到几年。持有周期取决于所选债券的期限和市场预期，一般为中期（6个月到2年）。
- **是否择时**：一般不需要择时，但会选择骑乘效应强的期限点建仓。
- **杠杆率**：通常会使用杠杆以放大收益。
- **适用市场**：利率陡峭的市场。
- **资金容量**：大。

11.4.4 策略风险及对冲

骑乘策略最大的风险在于如果利率曲线变得平坦甚至倒挂，骑乘策略的效果会大打折扣，甚至可能产生亏损。同时要承担流动性风险，较长期限的债券可能存在流动性不足的问题，尤其在市场动荡时。

对于曲线变动，可以适当使用利率衍生品来锁定其他利率曲线的变化风险。同时要密切跟踪收益率曲线的变化，及时调整投资组合，以应对市场的不利变化。

11.5 利差策略

利差策略（Spread Strategy）是利用不同债券或者利率资产之间收益率利差的变动来获取利润的一种相对价值投资策略。

11.5.1 策略逻辑

利差策略可以应用于债券和利率衍生品。对于债券来说，策略有效的前提条件是不同债券类型或者利率类型，以及同种债券类型之间由于信用、流动性、市场等原因存在利差效应。利差策略就是预测这些不同收益率利差的变动来获取利润。利差可以是不同信用评级债券之间的利差（如公司债与国债的利差）、不同期限债券之间的利差（如短期债与长期债的利差）、不同基准利率的差异，或者同类债券不同发行人的利差。

通过分析和预测这些利差的变化，投资者可以采取相应的买卖操作。例如，当信用利差扩大并认为这是短暂的利差偏离时,投资者可以买入较高风险债券(如公司债),同时卖空较低风险债券(如国债),并在利差收窄时获利。该策略的盈利模式依赖于利差的变化以及相对价格的调整。

利差策略的起源与固定收益市场的成熟息息相关。固定收益市场中,机构投资者如保险公司、对冲基金和资产管理公司广泛应用此类策略。在20世纪后期,随着债券市场的不断发展,以及金融衍生品的引入,利差策略成为固定收益量化策略中的重要组成部分。

11.5.2 策略要点

利差策略通过分析不同收益率曲线和对应的可交易债券品种,以及历史数据,发现利差变动规律并建立利差模型,然后通过对比历史平均利差和当前市场利差,判断是否存在交易和套利机会。利差策略的收益率曲线如图11-4所示。

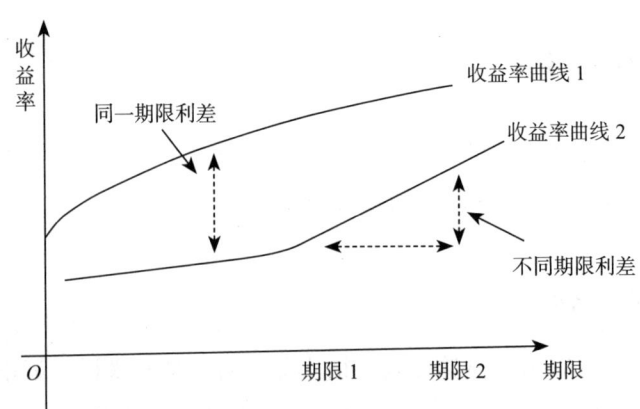

图11-4 利差策略的收益率曲线:不同曲线同一期限利差和同一曲线上不同期限利差

基本步骤包括:

1)识别不同债券之间,或者债券及衍生品之间的利差类型(信用利差、期限利差等)。

2)使用历史数据和当前市场条件分析利差的变化趋势。

3）根据预测的利差变动执行买卖策略，如买入利差较高的债券，卖出利差较低的债券，等待利差收敛获利。

11.5.3 策略特征

- **多空/市场中性**：此策略通常为多空结合的策略。投资者同时买入和卖出不同类别的债券，以利用两者之间的利差变动。此策略可以是市场中性策略，因为通过多空对冲，投资者对绝对市场走势并不敏感，其主要依赖利差的相对变化来获利。
- **换手率/持有周期**：利差策略的换手率中等，视市场波动性和利差变动的频率而定。持有周期从数周到数月不等，通常为中期策略。
- **是否择时**：要根据相对利差的大小择时。
- **杠杆率**：通常使用杠杆以放大利差变化带来的收益，特别是对于机构投资者而言。
- **适用市场**：利差长期存在，所以这个策略也可以一直适用。
- **资金容量**：大。

11.5.4 策略风险及对冲

利差策略最大的风险在于预测的利差变动方向与实际变动方向相反，并且会短期内快速放大差距。而且由于该策略往往使用杠杆，一旦利差反向大幅变动，便容易导致质押追保，此时平掉投资组合可能会因流动性等原因加重损失。

当然任何包括企业债券的投资策略，都要承担信用风险。如果投资者持有的高利差债券（如公司债）发行人违约，可能造成重大损失。

风险管理手段包括控制杠杆率，同时使用信用违约互换（CDS）对冲信用风险。例如，当买入高收益债券时，可以通过买入相应的CDS来对冲该债券的违约风险。

尽管对冲手段可以减少部分风险，但利差策略的一部分风险（如信用利差扩大）可能与盈利机会紧密相关，因此有时风险本身是策略的重要组成部分。

11.6 小结

债券投资是机构投资业务中重要的一个领域。债券投资策略构建需要了解如债券定价、收益率曲线和信用分析等多种金融理论、金融模型和数学公式。

债券收益主要来自利息收入和价差收益。所以债券策略都是围绕着这两个方面进行。常用的债券策略包括久期策略、骑乘策略和利差策略等。

投资组合中包括信用债券，尤其是高收益债券时，由于存在违约风险，需要管理信用违约风险。在债券没有违约风险的情况下，其价格波动主要是随着收益率曲线的变动而变动，所以债券策略的核心在于预测收益率曲线的未来变动，或者多个收益率曲线之间的相对关系。

下一章将介绍可转债策略。

| 第 12 章 |

可转债策略

12.1 引言

可转债(可转换公司债券)是一种特殊类型的公司债券,它允许持有人在特定的时间段内按预定的转换价格将债券转换为发行公司的普通股票。可转债结合了债券和股票的特性,既具有债券的固定收益,又有潜在的股价上涨带来的增值机会,同时因为转股具有一定的选择权性质,所以可转债又具有期权的属性。

这些属性就意味着可转债、股票价格,以同一只股票为标的的期权具有共同的影响因素。当这些价格走势或波动率水平出现差异时,就有可能出现套利机会。由此衍生出的策略就是可转债套利策略(Convertible Arbitrage Strategy)。

可转债套利策略的应用可以追溯到 20 世纪,尤其是在公司债券和股票市场都逐渐成熟之后。最早提出可转债投资理念的是一些固定收益基金和对冲基金,像 Citadel 和 D.E. Shaw 等量化基金都曾在可转债策略领域表现突出。可转债策略尤其受到套利交易者的青睐,因为它能够结合债券和股票市场的相关性。

本章先介绍可转债基础理论,理解这部分内容是执行可转债策略的必要条件。然后我们再介绍可转债套利策略的详情。

12.2 可转债基础理论

可转债是一种混合型金融工具,兼具债券和股票的特性,其定价比普通债券复杂。定价理论的核心是将可转债的现金流分解为债券部分和期权部分,分别进行定价。

可转债定价可以看作以下几个部分的加权和:

- **普通债券的价值**:可转债的债券部分与普通债券类似,能够产生固定的票息收入和本金偿还。
- **转换期权的价值**:持有人可以在特定条件下将债券转换为公司股票,这是可转债中的一个看涨期权。
- **赎回或回售条款**:可转债可能包含赎回或回售条款,这影响持有人的持仓选择权,进而影响定价。

可转债价格 = 普通债券的价值 + 转换期权的价值 − 赎回期权的价值 + 回售期权的价值

普通债券部分的价值与普通信用债估值方法一致,可以通过现金流折现法(DCF)来计算,即根据未来的票息和本金支付,使用无风险利率或公司信用利差来进行折现。也可以根据相同评级、行业的可比债券的价格或者收益率曲线加减点的相对方法进行。

可转债中嵌入了一只股票看涨期权,其价值可通过期权定价模型如 Black-Scholes 模型或二叉树模型来计算。

可转债通常包含赎回和回售条款:

赎回期权是发行人可提前赎回债券的权利,这类似于持有的卖出期权,会对债券价值产生负面影响。

回售期权是债券持有人可提前将债券出售给发行人的权利,其价值与买入期权类似。

这些期权的定价同样可以通过期权定价模型,如 Black-Scholes 或二叉树模型来计算。

为了精确评估可转债的定价,常使用二叉树模型对期权部分进行估值。该模型将整个持有期分割为多个小时间段，每个时间段内股票价格可能上升或下降，形成一个"二叉树"结构，进而通过逆推计算出转换期权的公允价值。

二叉树模型的基本步骤包括：

1）**构建股票价格树**：假设在每一时间间隔内，股票价格上升或下降，生成价格路径。

2）**确定转换期权的价值**：在每一个期权节点上，持有人可以选择转换或继续持有。逆推计算每个节点的期权价值。

3）**考虑债券的赎回和回售条款**：在每个时间点根据条款执行相应的操作，调整期权价值。

使用二叉树模型可以一并计算出债券和期权的价值。

在实际市场中，以下因素可能会影响可转债的定价，应该根据具体债券进行一定的调整：

- **股票波动率**：更高的波动率会增加转换期权的价值。
- **信用利差**：债券部分的折现率受到发行人信用状况的影响，信用利差越高，债券价值越低。
- **市场利率**：市场利率的上升会降低债券部分的现值。

12.3 可转债套利策略

可转债套利策略是利用可转换债券的双重属性来获取收益的策略。可转债是一种债券，但持有者有权在特定条件下将其转换为公司股票。因此，可转债既有债券的固定收益特性，又有股票的潜在升值机会。

可转债套利策略的盈利来源包括：

1）**债券利息**：作为债券，它为持有者提供固定的票息。

2）**股票升值**：如果标的股票价格上涨，投资者可以将债券转换为股票，获取资本增值。

3）**波动性套利**：由于可转债价格与股票价格波动相关，可转债套利策略还可以通过对冲股票价格风险,利用波动性赚取收益。

因此,该策略利用了可转债的债券与股票之间的非对称性,特别是在股票上涨时能够获取较大收益,而在股票下跌时只承受有限损失。

12.3.1 策略逻辑

可转债套利策略的核心逻辑是利用可转债价格与其标的股票之间的定价偏差来获取无风险或低风险收益。可转债具有债券和股票的双重特性,投资者可以同时持有可转债和相应的标的股票,利用两者之间的价格差异进行套利交易。主要的套利方式包括:

1)可转债与股票之间的价格错配:通过买入可转债并卖空标的股票,当两者之间的价格差异消失时获利。

2)可转债折价或溢价套利:当可转债的市场价格与其理论价值存在显著偏离时,投资者可以买入被低估的可转债或卖出高估的可转债并通过相应股票交易获利。

该策略的盈利来源主要是:

1)利用可转债和股票之间的价格差异获利。

2)可转债本身提供的固定票息和可转股的潜在升值机会。

12.3.2 策略要点

可转债套利策略的实施需要依赖多种数据和模型,包括:

- **数据**:可转债的票息、转换价格、市场价格、到期时间、标的股票的价格、股票的波动率、市场利率等。
- **金融模型**:
  - **可转债定价模型**:如 Black-Scholes 模型或二叉树模型,用于评估可转债的内在价值。
  - **股票期权定价模型**:评估可转债与标的股票之间的价格关联性。
  - **希腊值分析**:尤其是 Delta(股票价格敏感性)和 Gamma(可转债价格

的二阶敏感性），用于衡量股票与可转债之间的相互关系。
- **波动率套利模型**：根据标的股票的隐含波动率和历史波动率的差异来确定套利机会。

当可转债被低估时，基本的操作步骤为：

1）分析可转债的定价，并确定其与标的股票之间的潜在套利机会。

2）买入低估的可转债，并同时卖空相应的标的股票，以锁定定价偏差。

3）随着时间推移，当价格差异收敛时，平仓获利。

12.3.3　策略特征

- **多空/市场中性**：该策略是多空策略，投资者通常同时持有可转债的多头头寸和标的股票的空头头寸，以锁定套利空间。此策略大多为市场中性策略，因为通过卖空标的股票，投资者基本上可以中和市场整体波动带来的风险，只获取价格差异带来的收益。
- **换手率/持有周期**：由于套利机会可能随市场波动频繁出现，因此该策略的换手率较高，需要持续监控市场动向。可转债套利的持有周期一般为短期到中期，通常在几天到几个月不等，视市场波动和套利机会而定。
- **是否择时**：需要择时，择时点要看可转债价格与正股价是否可以套利。
- **杠杆率**：可转债套利策略通常使用杠杆以放大收益，因为策略本身相对低风险。杠杆率的使用水平依赖于投资者的风险偏好和市场条件。
- **适用市场**：正股价格波动比较大的市场。
- **资金容量**：依赖于可转债规模，目前比较小。

12.3.4　策略风险及对冲

可转债策略的主要风险是期权部分的价值变动。这主要是在股票价格剧烈波动时发生的。同时可转债市场的流动性通常低于股票市场，如果流动性较差，可能难以及时执行买卖操作。持有可转债也存在信用风险。可转债的利息较低，所以利率风险并不是很高。

主要使用信用违约互换来对冲可转债套利策略的风险。股票标的期权波动率风险一般是我们需要预测的风险，不需要对冲，否则会影响收益。管理期权风险的希腊字母值是常用的风险管理方法。

总体来说，可转债套利策略的主要风险往往是可控的，因为债券部分提供了一定的下行保护，所以可以通过灵活的风险管理手段降低市场风险并专注于捕捉价格偏差带来的收益。

12.4 小结

可转债本身具有债券、股票和期权三重属性，当股价高于转股价时，可转债的收益特性与股票相似；当股价低于转股价时，可转债的收益特性与债券相似；当股价在转股价附近波动时，可转债的期权属性最为明显。

可转债套利策略是利用其三重属性，当各部分市场价格或者市场隐含参数与预期有偏差时的套利策略。可转债套利策略的成功执行需要建立可转债的估值模型和风险管理体系。近些年来，可转债发行量和存量规模不断上升，在股票市场低迷时成为受欢迎的套利策略。

下一章将介绍高频策略。

| 第 13 章 |

高 频 策 略

13.1　引言

在各类量化策略中,高频策略(High Frequency Trading,HFT)是最神秘但收益最稳定的策略。高频策略是指利用计算机技术在秒、毫秒,甚至微秒以下时间内进行多次投资决策判断并执行买卖交易的量化策略。

高频策略之所以收益稳定在于交易次数多,统计意义上非常容易短期验证策略有效性,所以上线就是收益较稳定的策略。但高频策略实施的门槛非常高,需要非常大的软硬件资源投入,而且有编写高频策略能力的投研人员要求的薪酬也较高。一旦策略研发出来,高频的胜率很好测算和评估,具有统计意义上明显的胜率才会执行实盘。高频策略的换手率非常高,所以在交易所没有优惠交易费率的情况下,交易费用会吃掉一半或者更高比例的利润。

高频策略的弱点是资金容量比较低。这是因为高频策略是试图在很短时间内进行来回交易赚取很小利润的策略,因为短时间内订单和交易量都不大,而且成交占比多的话在这么短时间内会有大的价格冲击,使得下一笔高频交易无利可图。

13.2 高频策略概述

高频策略的核心逻辑是利用市场中的微小价格差异,通过极快的交易速度频繁买卖证券,从中赚取利润。高频交易依赖于超低延迟和快速计算,通常在几毫秒内完成交易。HFT 基于以下几个主要方式赚取收益:

- **价差套利**:利用不同市场或同一市场中证券价格的微小差异进行无风险套利。
- **做市商策略**:充当市场的做市商,为市场提供流动性,在买卖价差之间赚取利润。
- **订单流动策略**:通过分析市场上的订单流动趋势,预判短期市场走势,进行交易。
- **事件驱动交易**:通过对新闻、公告等市场信息的捕捉和分析,利用事件引发的价格波动进行获利交易。

高频交易的历史可以追溯到 20 世纪 90 年代,此时计算机技术开始发展,交易所实行电子化,交易执行速度迅速提升。早期的高频交易策略由 Renaissance Technologies、Citadel、Jump Trading 等大型量化基金所开发。2000 年,随着网络延迟的降低、交易所微秒级的撮合速度以及专用线路(如光纤通信)的使用,HFT 成为主流。2007 年的《MiFID》(《金融工具市场指令》)指令引入了跨市场竞争,这进一步推动了 HFT 的普及。许多对冲基金和专门的高频交易公司在这一领域崛起,如 Virtu Financial 和 Getco。

高频策略的执行依赖以下核心要素:

- 实时市场数据(报价、成交量、订单簿深度等)。
- 低延迟的市场接入和高速交易基础设施。
- 历史数据用于训练和优化模型。
- **统计套利模型**:用于检测价差和套利机会,如基于均值回归、协整性分析的模型。
- **算法交易模型**:自动化执行买卖订单,优化执行价格,减少市场冲击。

- **流动性和订单簿模型**：分析市场订单簿深度和流动性变化，用于预测价格变动。
- **机器学习模型**：用于优化策略并识别微小的交易信号。

高频策略一般使用 C/C++，甚至汇编语言编写，这些语言可以高度控制软件执行速度，并且还可以直接发指令到硬件，更容易优化程序，获得更快速的策略和交易执行。高频策略也会使用硬件技术如 FPGA（现场可编程门阵列）加速行情处理和算法。高频策略一定是通过计算机下单交易的。

常常被误解算法交易与高频策略是同一件事。实际上它们虽然有一定联系，但本质上是不同的。

算法交易一般指大订单的一个投资指令发出后如何使用算法把大订单分解成小订单执行，使得交易冲击和交易成本最小。这种情况下投资策略已经制定完成，算法交易只是执行交易的方法。

高频策略则需要同时制定投资策略并执行交易。虽然高频策略执行中也常常用到算法交易中的算法，但也不是必需的。

13.3　做市策略

高频做市策略（HFT Market Making）是高频策略的一种类型。做市制度是一种市场机制，交易所指定的做市商通过在市场上提供流动性，帮助买卖双方进行交易。做市商是金融市场中的参与者，通常是专业的金融机构或交易公司，负责维持某些证券的市场流动性。

做市商通过持续报出买卖价格（即买入价和卖出价），为市场参与者提供交易机会，降低买卖差价（即点差），提高市场的流动性。做市商使用买卖双边报价持续提供买入和卖出价格，这些报价通常随市场情况、订单流、流动性需求等因素的变动而变动。

高频策略中的做市策略就是采用与做市商类似的双边报价策略，通过高速交易来赚取价差。

13.3.1　策略逻辑

高频做市策略的核心逻辑是通过在市场上同时挂出买卖报价，提供流动性，并通过买入和卖出之间的价差（Bid-Ask Spread）来获利。这种策略与做市商策略产生类似的效果，策略在市场上持续提供报价，使得市场有足够的买卖方，改善了市场流动性。但高频做市策略以策略本身盈利为唯一目的，而做市商的交易需要完成做市指标以维护做市商地位，获得一定的做市奖励。

13.3.2　策略要点

高频做市的关键在于快速响应市场变化、持续更新报价，同时管理好仓位风险，以最小的价格滑点快速成交。

高频做市策略的基本步骤为：

1）**实时收集数据**：包括市场的订单簿深度、流动性、报价等。

2）**模型计算合理的买卖报价**：通过模型计算出最佳的买入和卖出价格，提供市场流动性。

3）**自动化挂单**：系统自动在市场上挂出买入和卖出订单，并根据市场变化持续调整。

4）**仓位管理**：确保策略在买卖之间保持平衡，不积累过大单向仓位。

13.3.3　策略特征

- **多空/市场中性**：高频做市策略由于高速交易和换仓，虽然短期内有一定持仓，但这部分仓位很低或者做了市场风险对冲。所以高频做市策略可以认为是市场中性策略。它通过持续买入和卖出证券，保持仓位平衡，不依赖市场整体方向。
- **换手率/持有周期**：极高，由于频繁挂单和快速成交，做市策略的换手率非常高，可能在一天内完成数以千计、万计的交易。持有周期极短，通常从几秒钟到几分钟，策略不依赖长期持仓。

- **是否择时**：不需要择时。
- **杠杆率**：高频做市策略通常使用杠杆，但由于仓位短期持有且相对平衡，杠杆使用较为稳健。
- **适用市场**：任何市场。
- **资金容量**：小。

13.3.4 策略风险及对冲

高频做市策略的主要风险来源于市场价格的剧烈波动和信息不对称，这可能导致做市商的订单被快速吃掉，从而积累大量的单边仓位，带来潜在的损失。做市商策略最大的风险就是仓位管理不当，积累了大量无法快速平掉的持仓。当市场快速向不利方向移动时，会积累亏损。

由于高频做市策略依赖于快速交易，所以任何延迟或执行问题都可能导致价格滑点和执行风险。算法或技术系统的故障、延迟可能导致无法及时调整订单，从而带来系统和技术风险。HFT 做市策略可能面临来自监管机构的限制，特别是在市场异常波动期间。

高频策略不需要对冲，除非短期内积累了大量持仓且无法平掉。

13.4 高频套利策略

在美国市场，同一只股票可以在不同交易所进行交易。这样由于各种原因，不同交易所的同一只股票的价格短期内会存在价格差异，此时就可以使用高频交易技术来跨市场套利。

还有一种情况是股票或者资产之间都有一定的相关性，比如同一行业，或者行业上下游的公司股票。这是因为它们受类似风险因子影响。这样如果一只股票的价格变动后，其他相关股票可能会快速跟着这只股票变动。这种关系如果在统计口径下有效，则可以建立其统计套利策略。在其他市场参与者反映之前，高速提前交易其他股票，再卖出。

13.4.1 策略逻辑

高频套利策略（HFT Arbitrage）的核心逻辑是在短期内捕捉同一资产或者相关资产价格之间的统计关系和异常，利用资产之间的价差变化进行套利。同一资产跨市场套利依赖于高速交易系统，高频套利策略依赖于均值回归、协整关系等统计模型，且假设一组资产价格在短期内偏离其长期均衡后会回归到均衡状态。高频套利策略特别强调速度，交易的持有周期非常短。

高频套利策略的历史可追溯到 20 世纪 80 年代，随着计算能力的提升和市场电子化，HFT 套利策略在 20 世纪 90 年代后期逐渐发展。Renaissance Technologies 等早期量化对冲基金开发了基本的统计套利模型。高频套利策略的演化始于 2000 年左右，伴随着交易技术的提升，特别是延迟时间的减少，HFT 公司如 Two Sigma、Citadel 和 Virtu Financial 都开发了高频跨市场和统计套利策略。

13.4.2 策略要点

高频套利策略通过下面两种情形做出交易决策并执行：

1）**价格偏差统计套利**：当相关资产的价格相对于其历史均值或协整关系产生偏离时，策略会做空高估资产并做多低估资产，等价差回归后平仓获利。

2）**误价跨市场套利**：高频交易系统监测多个市场、多个资产之间的误价机会，通过快速执行赚取利润。

高频套利策略往往依赖均值回归模型和协整模型来判断资产价格是否偏离历史均值，并在均值回归时进行买卖。

13.4.3 策略特征

- **多空/市场中性**：高频套利策略一般来说在很短时间只持有多头或者空头，然后快速进行反向交易，由于交易速度极高，市场行情对策略的影响可以忽略，所以可以认为是市场中性策略。
- **换手率/持有周期**：换手率极高，持有期非常短，通常在几秒至几分钟内完成一次套利交易，系统会频繁调仓。持有周期短至毫秒或几秒，通常是日内策略,极少隔夜持仓。
- **是否择时**:需要择时,要看是否有套利机会。
- **杠杆率**:由于持仓时间短、回撤较小,HFT 套利通常使用较高的杠杆,以提高资本利用率。
- **适用市场**:任何市场。
- **资金容量**:小。

13.4.4 策略风险及对冲

高频套利策略的风险与其他高频策略的风险大致相同,即不能积累大量不能快速不产生损失平掉的持仓库存风险。当然也存在统计模型风险,但因为是高频,回测和模拟盘时应该提前发现这种风险。但如果上线市场就发生变化,也会产生损失。

高频交易系统下单过于集中,可能对市场造成冲击,进而影响自身的交易效果,所以要使用算法交易策略来执行这些比较大的订单。

高频套利不进行显式对冲,除非由于特殊事件无法快速卖出,导致净持仓大幅增加。

13.5 小结

高频交易策略的核心逻辑是利用市场中的微小价格差异,通过极快的交易速度频繁买卖证券,从中赚取差价利润。

高频策略交易快,换手率高,持仓时间极短。交易费用可以蚕食掉 50% 以上的交易利润。高频交易策略需要较大的人力和软硬件物力的投入,需要持续开发新的策略以避免策略失效风险。

高频策略以其稳定且较高的夏普比率,低或者无周度回撤深受投资者喜爱,但因为资金容量小,是稀缺策略,能够获得高频策略配置的投资者并不多。

下一章将介绍组合及配置策略。

| 第 14 章 |

组合及配置策略

14.1 引言

分散化的投资组合的市场风险一般来说比集中度高的投资组合风险低。投资组合中投资标的收益的相关性越低，整个投资组合的风险就越小。相关性低的分散投资方法一样适用于投资策略的组合。将多个收益相关性低的投资策略组合成一个投资组合，其整体的风险原则上就低于单个策略的风险。基于这个理念，基金中的基金（FOF）、管理人中的管理人（MOM）基金策略也就应运而生。

FOF（Fund of Fund，基金中的基金）模式，是建立一只组合基金，这只基金的资金再去购买其他基金。基金管理人通过系统化的基金评估方法选择要投资的基金，构建 FOF 组合，目标是建立稳健、风险低的基金。

MOM（Manager of Managers，管理人中的管理人）模式，是在一只基金内部建立多个策略基金经理团队，每个策略团队独立管理其投资组合。MOM 管理人根据各个基金管理人的特点和能力分配 MOM 的资金。

FOF 和 MOM 的区别在于前者一般不清楚各只基金的投资仓位和交易流

水，因为这些基金都是外部基金，而 MOM 基金管理人了解他的基金经理的持仓和交易情况，如果需要，MOM 的管理人还会根据汇总持仓做附加交易来调整策略或者管理 MOM 层面的风险。

因为要配置在多个不同基金或者策略上，多资产组合策略一般需要比较大的资金，策略容量也就比较大。

除了 FOF 和 MOM 在基金层面进行组合和配置，还可以在一个策略中配置多资产。这就是多资产配置策略。桥水基金著名的风险平价策略（Risk Parity Strategy）就是一种多资产配置投资策略，该策略旨在通过分配投资组合中的风险，而不是资本，以实现更好的风险调整收益。其核心思想是确保投资组合中各资产的风险贡献相等，从而减少某一资产类别对整体波动性的影响。

本章介绍 FOF、MOM，以及风险平价策略的概念和要点。

14.2　FOF 策略

FOF，即"基金中的基金"，是一种专门投资于其他基金的基金。这些基金通过投资一揽子基金来实现投资分散化，从而降低风险并获得多样化的收益。

14.2.1　策略逻辑

FOF（基金中的基金）策略的核心逻辑是通过投资于不同策略和资产的基金组合（如对冲基金、私募基金、公募基金等），减少单一基金或资产类别的波动风险，实现分散化投资，并获取多样化的收益来源。

FOF 管理人的核心工作是负责挑选、评估并配置一系列基金，以实现风险和收益的优化。但这种分散化投资并不是最终分散成了与市场表现一样的基金。FOF 管理人必须有能力挑选表现优异的基金，获取基金管理人的超额收益（阿尔法）。

FOF 策略最早出现在 20 世纪 60 年代，由一家名为 T. Rowe Price 的投资公司创建的，该策略的初衷是通过基金组合降低单一资产的波动性，适应不同市场环境下的投资需求。20 世纪 90 年代，随着对冲基金的兴起，FOF 策略在对冲基金领域广泛应用，这一领域的 FOF 被称为 Fund of Hedge Fund，FOHF。FOHF 成为机构投资者和高净值个人投资者分散投资风险的重要工具。

14.2.2 策略要点

FOF 策略的研发与执行过程中的关键部分是建立有效的基金或者策略评价模型，此模型一般包括定性评估和定量评估两部分。

定性部分主要是对基金经理和策略管理人的背景评估，包括其教育背景、工作经历、执业时间、是否经历过完整的经济周期等，目的是过滤掉明显没有竞争力的基金和策略。

定量部分就是对基金和策略的过往业绩进行归因分析和打分排名。这一步骤需要的业绩指标与第 5 章的策略绩效评估指标没有太大差别。打分排名可以使用因子模型来进行。先确定评估维度，根据维度的重要性赋予权重，然后选择反映此维度的量化因子打分，最后加权得分进行排序。如果 FOF 选择择时，定量部分还会包括各个策略是否适应当前市场情况的评估。

这样，FOF 运作的基本步骤就包括：

1）基金筛选与分析：构建基金评估模型，筛选出符合目标的基金，根据历史表现和未来预期进行评价。

2）组合优化与配置：根据风险收益目标，通过均值方差优化等模型构建基金组合。

3）定期调整与监控：定期审视各基金的表现，监控市场变化，动态调整组合中的基金配置。

4）风险管理与对冲：通过分散化的投资管理系统性风险。

14.2.3 策略特征

- **多空 / 市场中性**：FOF 策略通常是多头或者中性策略，因为它通过投资其他基金，追求超越市场的收益或绝对收益。然而，某些 FOF 也可能通过对冲基金间接参与空头策略。

- **换手率/持有周期**：FOF 策略的换手率一般较低，因其主要目的是持有优质基金一年以上，而非频繁交易，所以 FOF 持有期较长。
- **是否择时**：可以择时，也可以不择时。
- **杠杆率**：FOF 策略本身的杠杆率较低，但所投资的基金可能会使用杠杆，因此组合中可能间接承担杠杆风险。
- **适用市场**：FOF 策略需要较长时间才能展现其策略的稳健性和 Alpha 策略。通常适用于长期投资者，特别是在市场波动较大时，FOF 策略的分散化优势能更好地控制风险。
- **资金容量**：大。
- **双重费率**：FOF 通常收取双重管理费，包括基金本身的管理费和其所投资的子基金的管理费。

14.2.4 策略风险及对冲

FOF 的成功依赖于有能力选取未来表现好的基金，如果选取的基金表现不佳，整体组合表现也会受到影响。同时策略执行周期比较长，证伪需要时间。对于无效策略，会出现较大和较长时间的损失。因为 FOF 以及分散化投资，除非特意选取同类型基金，否则其净值波动不应该太大。

14.3 MOM 策略

MOM 是指"管理人中的管理人"模式，即资产管理公司委托多个基金经理管理特定的子账户或子基金。管理公司本身对这些账户不直接进行投资，而是负责选择和监督这些基金经理，并可能在基金层面对这些基金经理的投资组合的净敞口进行调整或者风险对冲，以确保整体投资组合的表现。

MOM 策略的概念最早在 20 世纪 80 年代提出，随着资产管理行业的成熟，该策略逐渐得到推广。许多大型资产管理公司，如摩根士丹利、贝莱德等，开始采用 MOM 模式，很多对冲基金也是这种 MOM 多管理人模式。

14.3.1 策略逻辑

MOM 策略的逻辑与 FOF 策略的逻辑非常相似，都是通过投资于多只基金或者多个投资组合，实现分散化、专业化和稳健的投资收益。区别在于 FOF 选取的是外部独立的基金，而 MOM 选取的投资经理一般都运作在 MOM 公司提供的平台上。MOM 运营的方式会让其投资的基金经理的投资组合更透明。

14.3.2 策略要点

MOM 的管理人也需要建立其"基金"评估模型，只不过这个基金是运行在 MOM 平台上的不同投资经理的投资组合。这样 MOM 主体就有了投资组合的交易流水，我们前面介绍过基于交易流水的策略评估能计算更多评估指标，此时评估就可以更深入。

但对于 MOM 来说，需要提供投资交易平台供这些投资经理使用，会有额外成本，而 FOF 基金是不需要建立自己的投资交易平台的。

也是因为有这些不同投资组合的交易流水和持仓信息，MOM 管理人可以对基金的风险有更加透明的监管。MOM 管理人可以根据情况在基金层面再执行一层对冲或者投资调整，类似于对 MOM 中的投资组合进行微调。

14.3.3 策略特征

- **多空 / 市场中性**：MOM 策略可以是多头、空头或者中性策略，关键在于 MOM 的基金策略。
- **换手率 / 持有周期**：换手率相对较低，因为一旦选定基金经理组合，通常会持续较长时间，持有周期就长。
- **是否择时**：可以择时，也可以不择时。
- **杠杆率**：杠杆使用视具体基金经理而定，MOM 本身一般不直接使用杠杆。
- **适用市场**：策略有效期取决于市场环境和基金经理的表现，定期评估后可能会进行调整。
- **资金容量**：大。

14.3.4 策略风险及对冲

MOM 选择不当的投资经理可能导致整体投资组合表现不佳。MOM 对不同投资经理的资金配置或者对冲错误也会导致基金表现不佳。因此需要定期进行基金经理的业绩回顾和风险评估，确保保持优质的基金经理组合。也可以设定止损和收益目标，以控制风险。

MOM 管理人可能使用期权、期货等衍生品对冲多个投资经理管理的投资组合加总后的市场风险净敞口，特别是在快速波动的市场环境中。

14.4 风险平价策略

风险平价策略（Risk Parity Strategy）是一种多资产配置的投资策略，旨在通过分配投资组合中的风险，而不是资本，以实现更好的风险调整收益。其核心思想是确保投资组合中各资产的风险贡献相等，从而减少某一资产类别对整体波动性的影响。

风险平价策略由桥水基金（Bridgewater Associates）创始人雷·达里奥（Ray Dalio）及其团队在 20 世纪 90 年代提出，基于该策略的旗舰基金"全天候（All Weather）"基金大获成功，帮助其成为全球最大的对冲基金之一。

风险平价策略正式推出于 2000 年左右。达里奥的核心理念是，投资者应该注重风险的分散，而不是资金的分散。2008 年金融危机后，风险平价策略受到了更广泛的关注，因为其表现比传统投资策略更加稳健，特别是在市场波动剧烈的时期。风险平价策略广泛应用于养老金、主权财富基金和机构投资者的资产配置中。

14.4.1 策略逻辑

风险平价策略的逻辑是通过对投资组合中各类资产进行风险均衡分配，而不是仅仅基于资产的名义权重分配，以实现更稳定的收益。该策略假设不同资产类别（如股票、债券、商品等）具有不同的风险贡献，且通常股票的波动性要比债券高得多。因此，传统的"60% 股票，40% 债券"配置通常会带来高权益风险暴露，而风险平价策略会根据风险贡献进行再分配。

风险平价策略通过平衡不同资产的风险贡献减少对单一资产类别的依赖，提高组合的稳健性。为了实现目标收益，风险平价策略通常会在低波动资产（如债券）上加杠杆，使其风险贡献与高波动资产（如股票）相当。通过风险平价可以降低市场波动的影响，在不同市场环境中保持相对稳定的表现，赚取调整后更稳健的长期收益。

14.4.2 策略要点

风险平价策略制定时，需要计算资产类别的历史波动率，如股票、债券、商品的历史波动性数据，用于衡量每个资产的风险水平。还需要计算资产间的相关性，以了解不同资产间的相互关系，确保组合的分散效果。然后分析市场宏观经济数据，包括利率、通胀率、GDP 增长率等宏观变量，用于调整不同资产的配置比例。

每个资产的风险贡献（Risk Contribution）可表示为：

$$\text{RC}_i = w_i \cdot \sigma_i \cdot \sum_j w_j \cdot \rho_{ij} \cdot \sigma_j$$

式中，RC_i 是资产 i 的风险贡献；w_i 是资产 i 的投资权重；σ_i 资产 i 的收益波动率；ρ_{ij} 是资产 i 与资产 j 的收益率相关系数。

Portfolio Risk，即整个投资组合的整体风险，可以用以下公式计算：

$$\text{Portfolio Risk} = \sqrt{\sum_i w_i^2 \sigma_i^2 + \sum_i \sum_{j \neq i} w_i w_j \sigma_i \sigma_j \rho_{ij}}$$

为使各资产的风险贡献相等，设置每个资产的目标风险贡献等于整体投资组合风险的分配。代入上面的公式，就可以通过求解以下方程组来获得每个资产的权重：

$$\text{RC}_i = \frac{1}{N} \cdot \text{Portfolio Risk}$$

这个方程没有解析解，需要通过优化算法（如梯度下降或其他数值优化技术）来调整各资产的权重 w_i，使所有资产的风险贡献 RC_i 相等。

策略执行过程中，随着市场波动性和相关性的变化，要定期调整资产配置，保持风险平价。

14.4.3 策略特征

- **多空/市场中性**：风险平价策略主要是多头策略，通过持有股票、债券、商品等资产实现分散化配置。
- **换手率/持有周期**：中等换手率，主要根据波动率和相关性变化定期调整资产权重，策略持有期较长，适合长期投资者。
- **是否择时**：一般整体持仓不择时。
- **杠杆率**：风险平价策略通常使用一定的杠杆，尤其是在低波动性资产（如债券）上，以提高整体收益。
- **适用市场**：风险平价策略可以在不同的市场周期下发挥作用，尤其是在不确定性较大的环境中表现较为稳健。
- **资金容量**：大。

14.4.4 策略风险及对冲

如果各类资产变动比较频繁，则风险平价策略的主要参数、波动率和相关性变动也会频繁，这可能导致换仓过于频繁，增加交易成本，降低收益，而且由于债券资产波动比较小，需要配置较高的债券资产，但如果利率大幅上升，债券价格下跌将给策略带来负面影响。如果各类资产之间的相关性突然上升，分散化效果减弱，可能导致组合出现大幅回撤。

策略一般不采用对冲，但可以通过衍生品来调整风险贡献，降低调仓成本。

14.5 小结

本章介绍了三种常用的多资产组合策略，分别是 FOF 策略、MOM 策略和风险平价策略。它们通过多基金、多投资策略，或者多资产的组合配置，降低策略投资组合的波动，以长期获得稳定的收益。MOM 与 FOF 的核心能力都是能够筛选未来表现好的策略和投资经理。它们的区别在于 FOF 选取的是外部独立的基金，而 MOM 选取的投资经理一般都运作在 MOM 公司提供的平台上。MOM 的运营方式会让其投资的基金经理的投资组合更透明。MOM 也可以在基金层面进行新的一层对冲。风险平价策略由于桥水基金的成功获得投资界的广泛采用。其核心工作是将资金根据相同风险配额的形式来配置到各个资产中。

下一章将介绍基于大数据与人工智能技术的量化投资策略。

| 第 15 章 |

基于大数据与人工智能技术的策略

15.1 引言

互联网、移动设备，以及各行各业的数字化，为人类提供了前所未有的数据深度和广度，也因此诞生了大数据（Big Data）理论和相关技术。而人工智能（AI）模型和技术的高速发展成为处理分析这些多维海量大数据的利器。2022年，大语言模型的突破更是让理解和分析多模态数据的人工智能技术如虎添翼。大语言模型将持续变革各领域的工作方式。

我们知道数据和模型是量化投资策略研发的核心。量化投资经理们也积极利用这些先进的大数据和人工智能技术来挖掘新的投资机会和优化现有策略。例如，我们可以通过分析社交媒体数据来捕捉市场情绪，或者利用机器学习算法来预测市场趋势，识别潜在的风险因素。我们还可以通过实时监控和分析全球各个行业实时的经济指标和市场动态，快速做出交易决策。

大数据相当于燃料，而人工智能则是发动机。二者的有机结合强有力地推动了人类探索硅基智能的进程。

2017年10月17日利用AI技术，包括IBM Watson平台的机器学习、情感分析和自然语言处理,来选择股票的人工智能基金 AIEQ（Amplify AI Powered Equity ETF）公开发行。AIEQ 基金跟踪 AI Powered Equity 指数,分析超过 6000 家美国公司的数据,每天处理超过 100 万条数据点,包括新闻、社交媒体、行业和分析报告、财务报表等。截至 2024 年 6 月 30 日,其累计净值收益达 67.04%,年化收益率 7.96%。

实际上,像复兴科技这样的量化对冲基金与私募基金很早就开始探索使用 AI 模型来对数据进行分析,发现潜在股价的变化规律,进行股票选择与优化其投资组合。

本章将介绍大数据和人工智能的基本概念,以及这些技术在量化投资中的应用。

15.2 大数据简介

15.2.1 什么是大数据

互联网和移动终端的发展让人类以惊人的速度积累数据。同时各行各业的数字化也提供了接近实时的行业信息。这些海量数据不仅包含结构化数据,还包括半结构化和非结构化数据,如文本、图片、视频等。这些高速、多样的数据是传统数据应用软件难以处理的,其规模超出了常规数据库软件的存储、管理和分析能力。

这时大数据概念和相关收集、处理、存储的大数据技术也就应运而生了。

世界著名的美国权威研究机构 Gartner 对大数据给出了这样的定义:"大数据是需要新处理模式才能具有更强的决策力、洞察发现力和流程优化能力的海量、高增长率和多样化的信息资源。"

15.2.2 大数据发展历史

1980 年,美国著名未来学家阿尔文·托夫勒（Alvin Toffler）最早在《第三次浪潮》一书中提出了大数据的概念,随后在 20 世纪 90 年代到 21 世纪初,数据库技术和数据挖掘理论逐渐成熟，大数据进入萌芽阶段。互联网应用普及后的 2000—2006 年，非结构化数据大量出现，传统的数据库处理难以应对，大数据研究进入了突破阶段。2008 年 9 月，美国《自然》杂志正式提出"大数据"概念。在此之前《Google File System》《MapReduce》和《Bigtable》这三篇论文分别发表于 2003 年、2004 年和 2006 年。2007 年亚马逊也发表了一篇关于 Dynamo 系统的论文。这几篇论文奠定了大数据时代的基础。2012 年的美国大选中，奥巴马团队成功运用大数据技术战胜对手，并且还将发展大数据上升为国家战略，以政府之名发布了《大数据研究与发展计划》，这也让专业的大数据概念变为家喻户晓的词汇。世界各大科技公司纷纷入局，提升大数据技术并开拓其在各行业的应用。在此环境下，大数据成为世界各国政府和公司追逐的对象。此后，大数据技术开始广泛应用于各个领域，正向循环也推动了其技术成熟。

15.2.3　大数据的主要特征与关键技术

传统数据相比，大数据的主要特征包括：

- **体量巨大（Volume）**：数据规模庞大，如百度新首页导航每天需要提供的数据超过 1.5PB。
- **多样性（Variety）**：数据类型多样，包括结构化数据，以及文本、图像、视频等多种非结构化数据。
- **速度快（Velocity）**：数据增长速度快，处理速度也需要快速以适应市场需求。
- **价值密度低（Value）**：虽然数据量大，但其中真正有价值的信息比例也许较低。
- **真实性（Veracity）**：数据的真实性和准确性对分析结果至关重要。

大数据的关键技术主要包括数据采集、数据预处理、数据存储、数据管理、数据分析与挖掘、数据可视化等。

- **数据采集**：这是大数据处理的第一步，涉及从各种来源（如传感器、社交媒体、互联网等）收集数据。这个过程需要高效的数据捕获和传输技术。
- **数据预处理**：在数据采集之后，通常需要对数据进行清洗和整理，以确保数据的质量和一致性。这包括去除噪声、填补缺失值、转换数据格式等步骤。
- **数据存储**：由于大数据的规模巨大，传统的数据库系统往往无法满足需求，因此需要使用分布式文件系统和分布式数据库来存储这些数据。这些系统可以高效地管理和存储海量数据。
- **数据管理**：数据管理涉及对存储在不同位置的数据进行统一管理和调度，确保数据的安全性和可访问性。这包括数据的备份、恢复、权限控制等功能。
- **数据分析与挖掘**：这是大数据技术的核心部分，通过各种算法和技术从大量数据中提取有价值的信息和洞察。常用的技术包括机器学习、深度学习、统计分析等。
- **数据可视化**：将分析结果以图表的形式展示出来，帮助用户更好地理解和解释数据。这包括使用各种工具和软件来生成直观的可视化效果。

这些关键技术共同构成了大数据技术体系，使得我们能够有效地处理和分析海量数据，从而支持决策制定和业务优化。各个传统数据库大厂如 Oracle、Microsoft 都有其大数据库产品。国内阿里、华为也都有大数据库产品。

15.2.4　大数据的应用领域

大数据技术已经在多个领域得到广泛应用，包括智慧交通、智慧城市、智慧医疗、金融、零售、物流、制造业等。在金融领域，大数据被用于风险评估、策略研发、交易分析、支付和信用评估以及反欺诈等方面。

大数据在金融领域的具体应用案例有很多。典型的应用场景如信用评分及风险防范领域，即利用个人的 360 度信息（收入、购物、职业、相关人员等），构建个人的信用评分，供信用卡或者网贷业务使用，同时建立欺诈防范系统，通过大数据技术进行风险控制。还有在精准营销和客户挖掘领域，银行通过打通内外部数据，并利用人工智能技术对数据进行深度挖掘，打造个性化理财推荐系统，预测客户需求和价值，实现细分客群的精准触达。

在量化投资领域，大数据及其处理技术已经应用在因子构建、价格预测、投资组合构建、风险管理的方方面面：

- **基于价量的价格深度学习模型**：即采集大量历史数据，利用数据挖掘算法找到与证券价格和绩效相关的关键因素。这部分包括使用深度学习模型提取 tick 级别价格数据的特征数据，并预测其未来的变动方向和大小规律。
- **另类因子构建**：可以通过分析媒体报道、社交媒体等文本内容进行情感分析，评估股票情绪、公司的声誉和市场反应，建立个股和行业情绪因子。我们还可以通过分析与低频经济指标高度相关的高频销售、收入、旅游等大数据来提前预判宏观指标，获得先机。
- **策略与投资组合多元化**：利用大数据拓宽量化投资的数据维度以及新的因子，构建更多元的投资策略与投资组合。
- **风险预判与管理**：通过分析历史数据和市场行情，可以预测市场的未来走势和波动情况。这种预测能力使得投资者能够在市场出现不利变化之前采取相应的措施，从而降低风险。
- **智能投顾**：可以为用户提供个性化的投资建议。通过分析海量的证券市场数据、个人的专有风险承受能力和风险承受意愿，智能投顾系统能够提供个性化的投资建议，帮助投资者识别出潜在的投资机会和风险。

大数据在证券投资中的应用大大提高了投资决策的全面性、准确性和及时性。

当然使用大数据技术是一个复杂且多方面的事情，也会为使用者带来一定的成本。大数据技术涉及软硬件设备和工具的购买以及维护，尤其是数据存储设备的不断增加，还有实施大数据项目需要的专业技术人员，所以在考虑是否使用大数据技术前需要对成本效益进行分析。

15.3 人工智能简介

15.3.1 什么是人工智能

人工智能（Artificial Intelligence，AI）是计算机科学的一个分支，人工智能可以被定义为使计算机系统模拟人类认知功能的能力，如学习、推理、自我修正和感知。它致力于创建能够执行通常需要人类智能才能完成的任务的系统和算法。

人工智能系统的目标是处理、分析和解释复杂的数据，从而做出决策、解决问题、学习新技能和创造新知识，其使用智能算法和技术来模拟人类的思维过程，以实现类似人类或超越人类的智能行为。它是研究、开发用于模拟、延伸和扩展人类智能的理论、方法、技术及应用系统的一门新的科学。

与人类解决问题的步骤一致，人工智能解决问题时包括**感知、决策、反馈**三个基本步骤。感知就是通过视觉、语言形式感知外部信息输入和指令；决策就是使用模型算法来识别这些信息，并进行推理和推荐；反馈则是通过输出信息回答问题或者通过机器人、自动化设备实施行动。感知需要自然语言处理、图像视频识别、语音识别、数据分析等算法和技术手段；决策则是算法主导领域；反馈则是响应机器设备的领域。

对于量化投资来说，人工智能在感知层是对金融数据的处理，决策层是价格判断或者投资决策，而反馈则是自动化交易。人工智能也离不开之前我们讨论的策略中的输入数据、模型处理、决策输出三大步骤。

15.3.2 人工智能发展历史

人工智能的发展经历了从诞生到目前最有可能成为强人工智能的大语言模型几个阶段。

- 1950—1960 年处于诞生与初步探索阶段。约翰·麦卡锡（John McCarthy）在 1956 年的达特茅斯会议（Dartmouth Conference）上最早提出人工智能的概念。这一时期，研究者们主要关注逻辑推理和问题解决能力，如艾伦·图灵（Alan Turing）提出的图灵测试为 AI 的发展奠定了基础。
- 1970—1980 年是专家系统的兴起时期。这一时期，人工智能研究开始转向专家系统，这些系统能够模拟特定领域的专家决策过程。专家系统的成功应用，如 MYCIN 在医学诊断上的应用，标志着 AI 技术开始在实际问题中发挥作用。
- 1990 年机器学习开始兴起。随着计算能力的提升和数据量的增加，机器学习开始成为 AI 研究的热点。神经网络和决策树等算法的发展，使得机器能够从数据中学习并做出预测。
- 2000—2022 年是深度学习与大数据繁荣阶段。深度学习的出现，特别是卷积神经网络（CNN）在图像识别上的突破，以及长短期记忆网络（LSTM）在自然语言处理（NLP）上的应用，极大地推动了 AI 技术的发展。同时，大数据技术的发展为 AI 提供了丰富的训练材料。
- 2022 年至今出现大语言模型并呈现爆发式发展。2017 年谷歌发布里程碑论文《Attention Is All You Need》。文中提出了一种新型神经网络结构——Transformer，其将注意力机制引入神经机器翻译领域，摒弃了 RNN 和卷积神经网络，实现了高效、并行化的训练。2022 年 11 月 OpenAI 发布的以聊天形式问答的基于 Transformer 模型的 ChatGPT 应用获得了巨大成功，引领了大语言模型领域的爆发式发展，为人类开启了寻求 AGI（通用人工智能）技术的第一步。

15.3.3　人工智能关键概念与技术

人工智能的主要研究领域是算法和模型方面。其中重要的基本概念包括神经网络、机器学习、深度学习、自然语言处理、计算机视觉和大语言模型等。

神经网络

神经网络（Neural Network，NN）是一种模仿人脑神经元网络结构和工作原理的人工智能模型。其基本原理是通过大量的神经元（节点）相互连接，并赋予不同连接权重，从而实现信息的传递和处理。每个神经元接收输入信号，通过激活函数进行计算,并将计算结果传递给下一层神经元,最终输出结果。神经网络的核心组件包括输入层、隐藏层和输出层,其中隐藏层可以有多个(见图 15-1)。

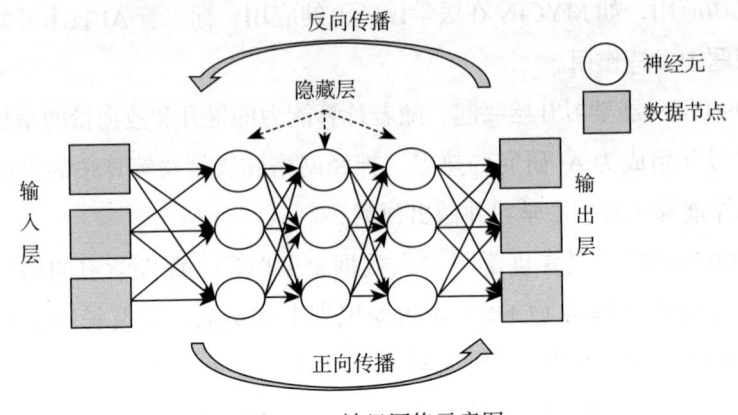

图 15-1　神经网络示意图

神经网络的工作原理涉及几个关键步骤:前向传播、激活函数、损失函数和反向传播算法。在前向传播过程中,输入数据通过网络逐层传递,直到生成输出结果。激活函数用于引入非线性特性,使网络能够学习复杂的模式。损失函数用于衡量预测值与实际值之间的差异,而反向传播算法则用于根据损失函数调整网络中的权重,以最小化误差。

神经网络作为一种强大的学习和处理工具,已经在信息处理、自动化、工程、医学、经济等领域被用于分类、回归、聚类等任务并取得了显著成果。具体应用包括计算机视觉(如图像识别和分割)、自然语言处理(如语音识别和机器翻译)、医疗诊断(如医疗图像分析)、金融投资、自动驾驶和智能家居等。此外,神经网络还在游戏(如 AlphaGo)、机器人等领域展现出巨大的潜力。通过对神经网络基本原理、结构、学习机制以及应用等方面的深入解读,我们可以更好地理解和应用这一技术。

机器学习

机器学习(Machine Learning,ML)是 AI 的核心,通过机器学习,计算机能够从数据中学习并做出决策或预测。机器学习包括监督学习、无监督学习、半监督学习和强化学习等多种形式。机器学习可应用于证券价格的预测分析、推荐系统，以及风险管理。

- **监督学习**是最常见的一种机器学习方式。在这种方法中，训练数据集包含已知的输入和输出（标签），算法的任务是通过这些数据来学习输入和输出之间的关系，并建立一个模型来预测新的输入和输出。例如，我们可以用影响股票的T+0时刻的多个因子值作为模型输入，然后以T+1的股票价格作为目标进行模型训练，目的就是让模型收敛于股票价格。
- **无监督学习**是在没有标签的情况下进行的学习方法。其目标是从未标记的数据中发现模式和结构，而不是预测特定的输出。常见的应用包括聚类分析和降维技术。例如，聚类分析可以将一组数据分成多个类别，降维技术则可以减少数据的维度以简化数据结构。对股票来说，也可以根据股票价格的表现进行无监督学习分类，然后分析分类结果。
- **半监督学习**介于监督学习和无监督学习之间，它利用少量有标签数据和大量无标签数据进行学习。这种方法在标签数据稀缺的情况下特别有效，因为它能充分利用未标记数据的信息来提高模型的泛化能力和预测准确性。
- **强化学习**是一种通过与环境交互来学习决策策略的方法。智能体（Agent）在环境中执行动作，观察环境反馈的状态和奖励，并从中学习最优行为策略。强化学习广泛应用于游戏、机器人、自动驾驶等领域，其核心思想是最大化积累奖励。

这四种学习方法各有特点和应用场景，选择什么样的学习方法取决于具体问题的需求和可用数据的类型。

深度学习

深度学习（Deep Learning，DL）是机器学习的一个重要分支，深度学习基于人工神经网络的计算模型，通过多层神经网络进行非线性变换和特征提取，以实现对复杂数据的建模和处理。深度学习的核心概念包括神经网络、激活函数、权重和偏差等。神经网络由多个层级组成，包括输入层、隐藏层和输出层，每一层都包含大量的神经元。

深度学习的主要类型包括前馈神经网络（Feedforward Neural Networks）、卷积神经网络（CNN）、循环神经网络（RNN）、长短期记忆网络（LSTM）和生成对抗网络（GANs）。这些类型的神经网络在不同的应用场景中发挥着重要作用。

深度学习的应用场景非常广泛，涵盖了计算机视觉、自然语言处理、语音识别、推荐系统、异常检测等多个领域。例如，在计算机视觉领域，深度学习可以用于图像分类、目标检测和图像分割等任务；在自然语言处理领域，它可以用于文本分类、机器翻译和语音识别等任务；在语音识别领域，深度学习模型可以通过训练卷积神经网络来识别和分析语音信号。

自然语言处理

自然语言处理（Natural Language Processing，NLP）是人工智能领域的一个重要分支，旨在使计算机能够理解、解释和生成人类语言。它结合了语言学、计算机科学和人工智能等多个学科的知识和技术，致力于处理和分析文本或语音数据，以便理解和解释内容、对内容进行分类和/或从内容中获得见解。

自然语言处理的基础领域涉及词法分析、句法分析、基于机器学习的文本分析、深度学习与神经网络、词嵌入与词向量等。近年来，深度学习技术在自然语言处理领域取得了显著进展，以 BERT（基于变压器的双向编码器表示）和 GPT（生成式预训练变压器）模型为代表的预训练语言模型通过大规模语料库的预训练，显著提升了模型在多种 NLP 任务上的表现。此外，Transformer 模型也在自然语言处理中得到了广泛应用，特别是在处理长距离依赖问题方面表现出色。ChatGPT 是使用自然语言处理技术的最好案例。

自然语言处理已经广泛应用到智能客服、机器翻译、语音识别、情感分析、虚拟助手等领域。这一领域还会随着大语言模型技术的快速发展而应用到几乎每个与人打交道的领域。

计算机视觉

计算机视觉（Computer Vision，CV）是一门研究如何使机器具备人类视觉能力的科学。它通过摄像机和计算机等设备，模拟人眼对目标进行识别、跟踪和测量，并进一步进行图像处理，使计算机能够理解图像或视频中的内容。计算机视觉的目标是让计算机能够像人类一样看到、识别和分析图像和视频数据。

计算机视觉涵盖了多个方向，包括图像分类、目标检测、目标跟踪、图像分割、人脸识别等多个领域。这些技术使得计算机能够从二维图像中认知三维环境信息，并从中提取有用的信息以解决各种问题。

此外，计算机视觉作为人工智能领域的一个重要分支，与深度学习和大数据技术的发展密切相关，已经在许多实际应用中取得了显著突破。例如，在自动驾驶、医疗影像分析、安防监控等领域，计算机视觉技术都发挥着重要作用。

大语言模型

大语言模型（Large Language Model，LLM）是目前人工智能最火热的领域。它是一种使用深度学习技术来捕获复杂模式以生成文本的模型。这些模型具有大量的参数，通常包含数十亿甚至数千亿的参数。它们在大量文本数据上进行训练，通过自监督学习的方式学习语言特征。

LLM 通常基于深度学习架构，如 Transformer 架构。Transformer 架构包括多头注意力层堆叠在一个非常深的神经网络中。这种架构使得模型能够处理长距离依赖关系，并且在各种自然语言处理（NLP）任务上表现出色。

LLM 的训练过程通常分为预训练和微调两个阶段。在预训练阶段，模型在大规模文本数据集上进行训练，学习语言的基本模式和结构。然后，在微调阶段，模型可以根据具体任务进行进一步的优化和调整。

LLM 可以执行广泛的任务，包括文本总结、翻译、情感分析等。它们在机器翻译、语音识别、文本生成等多个 NLP 应用中起到了关键性的作用。

LLM 的特点是规模庞大，包含数十亿的参数，这使得它们能够学习语言数据中的复杂模式。此外，这些模型通常基于深度学习架构，如转化器，这有助于它们在各种 NLP 任务上取得令人印象深刻的成果。

15.3.4 人工智能的应用领域

人工智能的应用领域非常广泛，涵盖了多个行业和领域。下面列举了几个应用领域的例子。

- **医疗健康**：AI 在医疗健康领域的应用包括辅助诊断、患者监护、药物研发等。通过分析大量的医疗数据，AI 可以帮助医生做出更准确的诊断，比如 IBM 的 Watson 系统。
- **智能制造**：AI 在制造业中的应用包括预测性维护、自动化生产线、供应链优化等。通过智能化，制造业可以提高效率，降低成本。工厂中大量采用的智能机械以及以特斯拉擎天柱为代表的人形机器人都是人工智能技术的重要应用场景。
- **教育与培训**：人工智能技术被应用于个性化学习、智能辅导系统等领域，极大地提高了教育质量和效率。
- **交通领域**：无人驾驶汽车是人工智能在交通领域的重要应用之一，极大地提高了交通安全和效率。还有智能交通管理系统等都是 AI 在交通领域的应用，AI 技术可以提高交通效率，减少事故。
- **金融行业**：在金融行业中，人工智能结合大数据用于风险管理、欺诈检测、算法交易、策略研发、智能投顾等方面，提升了金融服务的效率和安全性。

15.4 基于大数据和人工智能模型的量化策略

除了各大媒体的新闻外，互联网上每天还充斥着由 KOL（关键意见领袖）、普通投资者、消费者发布的自媒体文章以及网吧消息。我们可以用数据挖掘和分析、情感分析和预测模型等人工智能技术从这些海量信息中挖掘有用的信息来帮助开发量化策略，或者为主观投资者提供投资决策参考。例如利用社交媒体数据来分析投资者对股票或行业的关注度变化，或者消费者对某些产品或品牌的评价，或者通过分析信用卡交易数据来预测零售业的销售趋势。而资源丰富的投资机构则是通过购买另类数据来了解投资相关领域的状态和发展。例如使用卫星图像数据来监测全球农业作物的生长情况，预测农产品的产量和价格波动。

本节以网络媒体文章观点情绪为例介绍如何利用大数据和人工智能技术构建我们的量化策略。

以我们通用策略研发执行步骤图为参考（见图 15-2）。这里我们主要介绍前 5 步的工作。而一旦构建因子成功，后续的策略研发、执行与其他量化策略并没有太大区别。这里 2、3、4 步都需要编写相关程序，而第 5 步的因子分析可以使用之前策略平台的框架进行。

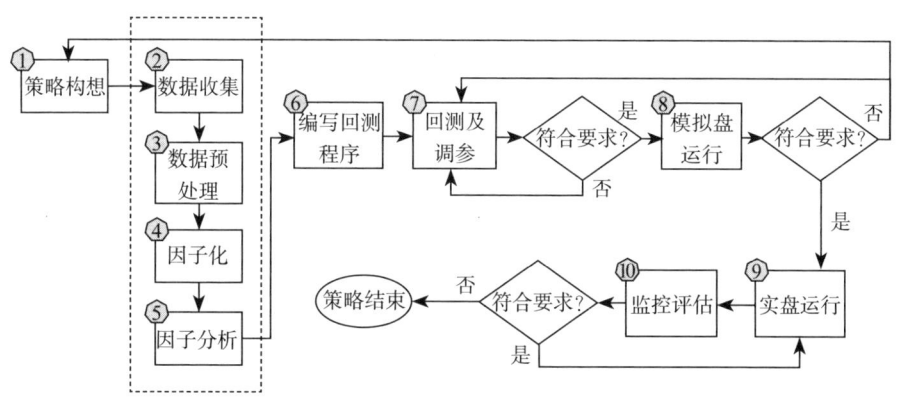

图 15-2 基于大数据的情绪因子的量化策略流程

策略名称

网络情绪驱动的股票类策略

策略构想

无论是正面消息还是负面消息，新闻报道和自媒体文章都会在一定程度上影响投资者对于某一只股票或者行业的关注度，进而影响他们的投资决定。热度持续走高，视正面还是负面新闻，买入或者卖出股票的意愿也会增加。我们拟通过对新闻和自媒体文章中正负面消息的判断，联合同一时期股价变化的数据分析，找到它们的相关关系，进而建立起相应的投资策略。

数据收集

我们可以选取策略的数据来源为：东方财富网、东方财富网股吧、和讯网、新浪网。这些网站有大量关于股票和行业的新闻。

收集这些网站的新闻需要使用爬虫程序，定期从网站下载读取信息。开源软件中有很多爬虫工具，Python 也有爬虫包可以使用，其中 BeautifulSoup4 包被广泛使用。

BeautifulSoup4 的主要功能包括解析和处理 HTML 和 XML 文档。它允许开发者轻松地解析网页结构，提取所需的数据，并进行进一步的处理或分析。具体来说它可以帮助用户解析和提取数据：BeautifulSoup4 能够解析 HTML 和 XML 文档，使得开发者可以方便地提取页面中的文本、标签、属性等信息。这对于网页抓取和数据挖掘等任务非常有用。爬取网页后，可以使用它的函数来进行节点定位和操作。开发者可以根据标签名、层级选择器等方式定位到特定的网页元素，并进行操作，如获取节点内容、节点的属性等。

下面是使用 BeautifulSoup 包来解析网页内容的示例。

```
# 导入网页请求 package
import requests
# 导入 beautifulSoup package
from bs4 import BeautifulSoup
url = 'https://finance.sina.com.cn/'
# 读取 sina 金融首页内容
htmlPage = requests.get(url,timeout=30)
# 将首页使用 bs 进行解析
soup = BeautifulSoup(htmlPage,'html.parser')
# 获得解析的网页题目和主体内容 section。
title = soup.find(name='title').text
body_list = soup.find_all('p')
```

因为一个网页中有很多链接，所以我们需要不断循环读入各个链接网页的内容。读入的网页又有链接。如果不加限制将进入无限循环模式，所以我们一般会设定层数限制。一般来说 3 层就足够了。

注意：虽然网站上的信息可以实时变化，但为了避免触及网站预警措施，我们可以每天就读取两次，这样的数据我们以日频数据处理。

数据预处理

对于我们获得的每一页网页信息，我们需要进行如下处理：

1）信息剔除：去除无用的链接或者广告。

2）单文章提取：分解提取单篇文章内容。这是因为一个网页，尤其是首页中一般会有多篇文章。文章内容混在一起就无法判断其对应的那些股票或者行业的评论。分解的文章至少要包括文章题目、作者、发布时间、文章主体内容、文章来源网站。

3）文章去重：因为我们爬取多次，如果网站更新不频繁，我们爬取的文章会有重复，所以需要去重处理。

经过上述步骤，我们就获得了每一天的各个网站的文章。

因子化

有了单个文章的内容，我们就可以对每一篇文章进行情感分析，将结果进行因子化。具体步骤如下：

1）股票标的标识：标识每一篇文章涉及的股票代码。

2）行业标的标识：标识每一篇文章涉及的行业代码。

3）情感分析：用机器学习方法来判断每一篇文章对股票或者行业的评价倾向（正面还是负面）以及程度。

4）数据汇总：汇总各个网站对于同一只股票或者行业的数值。

5）因子定义：定义情绪指标因子为日期和股票代码。

因为最终我们需要落实到每一只股票或者行业，所以我们需要1，2步来标识文章讨论的股票代码和行业。这里面比较复杂的事情是股评或者股票新闻文章中一般会提及多只股票，可能主要描述一些股票的正面情绪，但同时以其他股票为比较对象，看空其他股票。所以需要一些模型手段来提取最重要的股票代码。还有就是提及的可能是公司名称，我们需要建立公司名称与股票代码的关联表格，以便进行匹配。

情感分析是一种文本分析方法，它使用自然语言处理（NLP）、计算语言学和机器学习技术来识别和提取文本中的主观信息，进而判断文本的情感倾向或情绪。情感分析的目的是将文本数据转换为可量化的情感表达，通常分为三个主要类别：正面、负面和中性。在更复杂的情感分析中，还可能包括更细致的情感类别，如愤怒、喜悦、悲伤等。我们对股票或者行业的情感分析就是要获得每一篇文章对文中股票的看空、看多、或者中性的程度。

情感分析可以有多种方法，我们需要选取方法进行编程实施。

- **基于规则的方法**：使用预定义的规则和词典来识别文本中的情感词汇和表达。例如，VADER（Valence Aware Dictionary and Sentiment Reasoner）是一种基于规则的情感分析工具，专门用于社交媒体文本的情感分析。
- **基于机器学习的方法**：使用经典的机器学习算法，如支持向量机（SVM）、随机森林和逻辑回归等，通过训练模型将文本数据分类为不同的情感类别。例如，决策树也是一种常用的机器学习方法，可以用来训练情感分析模型。
- **基于深度学习的方法**：使用深度学习算法，如卷积神经网络（CNN）、循环神经网络（RNN）、长短期记忆网络（LSTM）和双向 LSTM（Bi-LSTM）等，来处理复杂的文本数据并进行情感分类。例如，Paddle NLP 框架和 ERNIE 模型可以用于中文情感分析任务的数据处理和模型训练。
- **混合方法**：结合多种技术，如词嵌入、序列模型和 Attention 机制等，以提高情感分析的准确性和鲁棒性。

使用监督学习时，我们需要找到已经标识的文章作为训练语料。同时有一定数量的文章作为样本外测试。预测模型准确性的衡量方法包括准确率、精确率和召回率、F1 Score 和 ROC 曲线和 P-R 曲线等。

- **准确率（Accuracy）**：这是最常用的评估指标之一，通过比较模型预测结果与实际观察值来计算。
- **精确率（Precision）和召回率（Recall）**：这两个指标常用于分类问题，精确率是指正确预测为正类的数量占所有被预测为正类的数量的比例，而召回率是指正确预测为正类的数量占所有实际为正类的数量的比例。

- F1 Score：这是精确率和召回率的调和平均数，用于综合评估模型的性能。
- ROC 曲线和 P-R 曲线：这些曲线用于评估模型的分类能力，ROC 曲线显示了模型在不同阈值下的真正率和假正率，而 P-R 曲线则显示了精确率和召回率的关系。

实施步骤的具体细节不在本书讨论范围，读者可以对相应步骤另行研究。最后情感分析的结果数据结构一般为：日期、文章 id、股票 ticker、行业代码、情绪方向、情感程度。如果一篇文章有多只股票或者多个行业，我们就会产生多条数据。

有了以上数据，我们就可以至少定义两个因子：

1）股票情绪因子：对于同一日期、同一股票的文章使用公式（情绪程度 × 方向）进行加总，得到日期、股票代码、情绪值。

2）行业情绪因子：对于同一日期、同一行业的文章使用公式（情绪程度 × 方向）进行加总，得到日期、行业代码、情绪值。

我们也可以根据基础情绪分析结果定义更多维度的因子，这里就不再赘述。

因子分析

有了上述因子后，我们就可以使用常规的因子分析方法来计算各个时期的 IC、IR 值，判断因子是否有效。同时可以分析这些因子与其他因子如动量因子的相关性。

如果高度有效，则可以用它们开发单因子策略。但更多的是把它们作为其他因子的补充，进入多因子模型。

策略风险分析

因为文章中包含多只股票代码和行业，所以若对情绪的提取有错误，就会做出错误的策略。

是否采取对冲大盘风险措施应该依据此策略的中性策略定位要求来决定。

15.5 小结

本章介绍了大数据和 AI 技术在量化策略开发中的应用，并提供了具体的情感分析策略描述和案例。随着人工智能技术的不断进步，尤其是大模型的出现，未来量化投资领域将更加依赖于这些先进的技术。

量化经理们将继续探索如何利用大数据和 AI 来提高策略的预测准确性，优化交易执行，以及增强风险管理能力。此外，随着计算能力的提高和数据科学方法的发展，我们可以预见更多创新的量化策略将被开发出来，以适应不断变化的市场环境。

下一章开始进入量化投资实战相关的知识介绍。

| 第三部分 |

开启量化投资的实战之旅

| 第 16 章 |

量化投资编程

16.1 引言

从本章开始，我们将介绍量化投资实战过程中需要做的具体工作。在从事量化投资所需的金融、计算机编程与数学模型三大技能中，必须熟练掌握的是计算机编程技术。量化投资实战的主要工作就是使用量化投资平台编写能自动化运行的交易策略程序。如果追求最优化策略，那么量化投资平台本身也需要自己编写。所以计算机编程在量化投资中占据着很重要的位置。

总体来说，量化投资过程中有**数据处理、策略程序编写、回测平台程序编写、模拟盘运行平台程序编写和实盘运行平台程序编写**等五方面与计算机编程相关的工作。这些工作可以分为两类：量化平台程序编写与量化策略程序编写。量化平台程序包括数据处理程序、支持用户编写策略程序的平台程序、回测平台、模拟盘执行平台和实盘执行平台等程序。

初学者可以使用开源的量化平台软件，不用自己从头开始编写这些程序，只需要聚焦在策略程序编写上面。但对于量化投资机构来说，需要更细致的平台优化和功能扩展，所以需要对这些开源平台进行改造或者自行开发全新的量化投资平台。

计算机相关专业背景的人转行从事量化投资有一定优势，因为这些学生都会学习一定的计算机技术和数学知识，能将这些技能直接应用到量化投资。但对于其他没有学习过计算机编程并且数学能力比较弱的人来说，如果要从事量化投资，就需要补足这两方面的能力。

使用计算机语言编程类似于用文字来写文章。写文章需要遵守一定的语法，但文字的语法规则的严谨性要远逊于计算机编程语言。写"程序文章"时需要严格遵守计算机语言格式、语法、关键字等的要求。文章有价值的前提是让其他人能阅读并理解它。计算机程序能产生价值的前提是让计算机能够理解和运行这些程序。量化投资实战工作的第一个任务就是要学习计算机编程语言，使用计算机语言来编写策略程序。编程语言种类繁多，每一种语言的规则都不一样。但从业者不需要学习所有编程语言，只需要熟练掌握一种编程语言。

计算机程序可以分成三大类：**用户界面程序、后台服务程序和数据库脚本**。适合编写这三类应用的计算机语言不一样。在量化投资系统计算机编程涉及的领域中一般都会包括这三个部分的程序。策略程序本身和策略评估程序则是运行在这些平台上的一个子程序模块。平台层面和策略模块常用的编程语言包括 Java、Python、MATLAB、C++ 等。我们需要根据速度要求、学习难易程度、灵活性、扩展性等条件来选择合适的编程语言。但对于初学者来说，Python 是编写策略程序比较好的选择。很多开源回测平台、实盘运行平台都是基于 Python 语言开发的，所以后续介绍主要围绕 Python 语言。

本章先对可用于策略程序编写的几种计算机语言进行概述，然后讲解 Python 以及数据库脚本语言 SQL 的基本知识。熟悉这些基本知识后就可以开始尝试在开源平台上编写策略程序。

16.2 编程语言与编程工具

可用来编写量化策略程序的主流语言主要有以下几种：Python、R、MATLAB，C++ 和 Java。每种语言在执行速度、编程难易程度、跨平台能力、功能扩展能力、维护成本等方面都有不同特点。这些特点决定了不同的编程语言会适用于不同的策略编程场景。比如高频交易策略对编程语言的运行速度要求非常高，甚至需要能直接控制如 CPU（中央处理器）、内存总线等硬件部分，而中低频在策略研发过程中需要非常灵活快速的程序迭代和灵活的图形化展示。

Python、R 和 MATLAB 最初的目标用户是非计算机专业的行业研究人员。这些语言都是解释型运行语言（又称胶水语言，Glue Languages）。它们大多语法简单，上手快，数据处理能力强，既能以文本形式在命令行运行，也支持很多图形化显示，非常适合投研人员使用。C++ 和 Java 是专业程序员使用的语言，它们功能强大，适用范围广，多用于开发企业级的应用，但熟练掌握它们需要一定时间。

Python 最初由 Guido van Rossum 于 20 世纪 90 年代在荷兰的国家数学和计算机科学研究所（CWI）开发。Python 语法简洁，代码可读性强，容易上手。它具有丰富标准库和第三方扩展库（Packages），如 Pandas、NumPy、SciPy、Matplotlib 等。Python 非常适合数据处理和分析。尤其在人工智能火爆的时代，AI 软件最常使用的编程语言就是 Python。Python 在网络上有丰富的开源项目和强大的社区支持，可以快速找到解决方案。Python 还可以在不同操作系统上运行，其代码执行时由解释器逐行解释，不需要提前编译。但不提前编译的程序在运行时有性能瓶颈，不适合对运算速度要求极高的任务。Python 多线程支持较差，它的 GIL（全局解释器锁）限制了多线程并行计算的性能。

MATLAB 编程语言及平台是 MathWorks 公司的核心产品，最初于 1984 年开始发行。MATLAB 的核心是矩阵运算，非常适合数值计算和算法开发，具有强大的矩阵运算能力。其丰富的工具箱提供了各类专业工具，涵盖信号处理、控制系统、图像处理等多个领域。MATLAB 内置强大的数据可视化功能，可以方便地绘制各种图表和图形。它还提供方便的交互式编程环境，适合快速原型开发和算法验证。MATLAB 本身也是一种解释型的脚本语言，代码执行时逐行解释运行。MATLAB 是商用软件，使用需要购买许可证。

R 语言由奥克兰大的 Ross Ihaka 和 Robert Gentleman 发明。其具有强大的统计功能，专为统计计算和数据分析设计使用，提供了大量的统计和数学函数。

可视化工具比较丰富，可以生成复杂的图表和可视化报告。R 拥有丰富的包管理系统，用户可以轻松安装和使用成千上万的扩展包。R 是开源软件，拥有广泛的用户社区和开发者支持。R 语言也是一种解释型脚本语言，不适合实时交易系统。R 语法和编程模式也比较独特，对于习惯其他编程语言的开发者来说，学习曲线较陡。

Java 最初由 Sun Microsystems（现被 Oracle 收购）的 James Gosling 在 1995 年左右发明。它既是一种面向对象的编程语言，强调类和对象的使用，又可以通过 Java 虚拟机（JVM）实现"编写一次，处处运行"（Write Once, Run Anywhere），即代码不需要重新编译即可在不同平台上以解释方式运行。Java 提供自动垃圾回收机制，以减少内存泄漏风险。Java 具有如字节码验证和沙盒执行环境等强大的安全特性。基于上述特点，它在 1995—2000 年互联网繁荣时代快速崛起，被广泛用于互联网和企业级应用程序开发。Java 的垃圾回收机制虽然简化了编程复杂度，简化了内存管理，但在高频交易等场景中，垃圾回收可能导致性能波动。

C++ 语言在 Java 出现之前是企业编程最常用的编程语言，由 AT&T 贝尔实验室的 Bjarne Stroustrup 发明。它功能强大，全面支持面向对象编程。C++ 是一种编译型语言，执行速度快，适合系统级开发和性能要求高的应用。它允许直接操作内存，提供指针和手动内存管理功能，能够直接支持底层设备编程。C++ 支持模板（Template）编程，允许编写泛型代码，增强代码的重用性。C++ 源于更早期的 C 语言。它保留了 C 语言的过程式编程特点，增加了面对对象编程的功能，极大提高了程序的可维护和可扩展性。C++ 的缺点是语法复杂，开发周期长，不适合快速迭代，维护难度大，代码可读性差，调试和维护比较困难。

总体来说，这些语言中 Python 具有易用性和丰富的生态系统特点，广泛应用于数据科学、Web 开发和自动化任务。MATLAB 强调数值计算和科学计算，广泛应用于工程、研究和教育领域。R 语言强调统计分析和数据可视化，广泛应用于数据科学、统计学和研究领域。C++ 强调高性能和低级控制，广泛应用于系统编程、游戏开发和运行性能要求高的场景。Java 强调跨平台性和企业级开发，广泛应用于大型企业系统和网络应用开发。

20世纪90年代量化投资就在国外开始普及，而这些编程语言出现时间有早有晚，但它们都在不同阶段被用于量化投资领域的策略研发和执行中。它们各有优缺点，可以应用在多个场景。但随着时间的流逝和技术的成熟和专业化，行业形成了一定的主流共识，除了高频策略需要C++或者Java之外，其他中低频策略都可以选择Python作为策略研发的编程语言。我们知道C++的学习成本非常高，编程也复杂，周期长，但其运行速度和对于底层硬件的管控是其他编程语言不可替代的。之前MATLAB、Python都是编写中低频策略的受欢迎语言。但考虑到MATLAB是商用软件，需要一定费用，而且近些年人工智能技术很多都是在Python平台实现的，所以Python逐渐变成策略研发的主流编程语言。

在策略回测平台、模拟盘和实盘运行平台方面，不一定非得使用Python。Java或者C++也是比较常见的开发策略平台的选择。

选择了编程语言之后，我们还需要选择这种编程语言的开发环境，也就是编写和调试程序的工具环境。IDE（Integrated Development Environment）是方便程序开发、编译、调试的最常用的这类工具环境。IDE不是程序开发中必需的工具，有些开发人员也习惯只使用文本编辑软件如Vi、Notepad来编写程序，但使用IDE进行编程可以大大提高编程效率。对于C++，有微软的MS Visual Studio IDE开发工具；Java有普遍使用的IntelliJ IDE；Python语言有Anaconda、PyCharm、VS Code等免费IDE工具。Python还有一个能逐步解释执行Python程序的工具Jupyter Notebook和Notebook升级版JupyterLab。这两个工具都适合初学者使用。

我们推荐Python作为初学者的量化策略编程语言，所以在后续章节中会介绍Python基本知识。样例程序也会使用Python语言。

下面我们就从策略程序开发要做的工作列表出发介绍这些工作的细节：

1）开发语言Python环境安装。

2）Python开发工具JupyterLab的安装。

3）学习Python的基本知识。

4）熟悉 Python 语言常用的库。

5）安装数据库 MySQL。

6）学习使用 Python 和 MySQL 客户端读写 MySQL 的方法。

7）学习 SQL 语言的基本知识。

16.3 Python 安装和运行

Python 编程语言具有语法简单、以解释方式运行、容易学习和上手、扩展库丰富、社区支持丰富等特点。目前 Python 广泛用于当今火热的人工智能算法和应用程序开发领域。Python 也成为量化策略开发初学者的首选语言。

学习 Python 需要安装至少两个程序：

1）Python 运行环境（Python 解释器和标准库）。

2）Python 开发工具。

Python 是解释运行的语言，它需要一个平台程序将你写的人类可读的 Python 程序解释成计算机系统能够理解的机器语言并运行。我们第一步安装的 Python 运行环境就是这个平台程序。

你可以使用 Windows 系统已有的文本编辑器编写 Python 程序，将编辑好的 Python 程序文件保存成 .py 后缀的文本文件。然后就可以使用安装好的 Python.exe 一次性解释执行所有在 .py 文件中的命令。而更有效率的开发方法是使用专用的程序开发 IDE 平台，例如 JupyterLab、PyCharm 等，来开发和调试 Python 程序。

在专用集成开发环境 IDE JupyterLab 中，Python 程序保存成 .ipynb 后缀的文件，在 JupyterLab IDE 中可以一行一行地解释运行，每一行运行完就可以看到当前结果。这个 .ipynb 文件里面不只有源代码，还保留了运行的结果，运行结果中还可以包括图形图像等，所以这个格式的文件无法用文本文件工具如 Notepad 打开浏览。JupyterLab 提供了导出文件成 .py 格式的功能。导出了 .py 文件，你就可以在 Windows 命令行使用 python.exe codefilename.py 语句来运行了。

16.3.1 Python 运行环境安装

Python 是一种解释型的语言，这意味着用户编写的程序（可读的文本形式）不能直接在计算机上运行，而是需要一个 Python 解释器来将程序解析成机器能读懂和执行的形式。这个解释器就包含在你要安装的 Python 运行环境中。

Python 运行环境支持 Python 程序在 Windows、Linux、MacOS 等不同操作系统上运行。

下面我们以 Windows 操作系统为例来展示如何安装 Python 运行环境以及如何编写和运行 Python 程序。

第一步： 进入 Python 官方网站，https://www.python.org/downloads/windows/ 选择你需要的版本下载（见图 16-1）。这里我选择的是 Python3.12.5 Installer 64-bit（长箭头指向）一般来说你的机器目前都是 64 位机器，所以选择 64-bit 没有问题。先下载 Python 的 Installer。Installer 本身不大，大约有 25M。Installer 包下载后运行的时候，它还会从网络继续下载 Python 的其他运行环境程序。

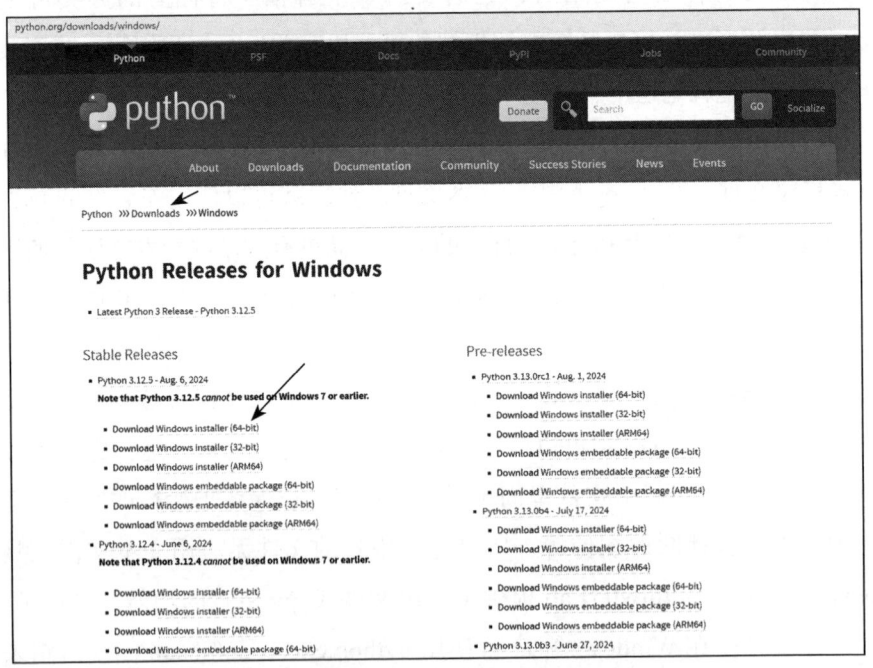

图 16-1　Python 程序下载

如果你想下载其他操作系统的 Python 运行环境，点击图 16-1 中的小箭头指向其他操作系统版本的页面链接。

第二步：Installer 下载完成后，如果不修改保存地址，它会保存在浏览器缺省下载文件夹中。找到 Installer 程序，双击运行。在打开的界面上选中 Add python.exe to PATH 以方便后续使用，然后点击 Customize installation（见图 16-2）。

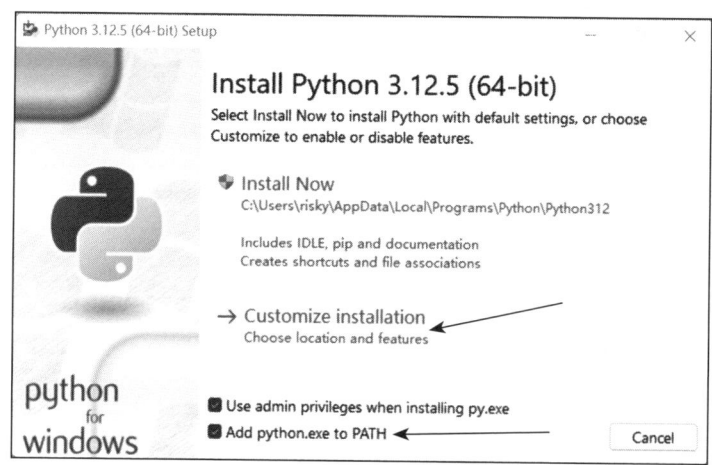

图 16-2　Python 程序安装步骤主界面

第三步：点击 Next，进入下面界面，无须改变什么，继续点击 Next（见图 16-3）。

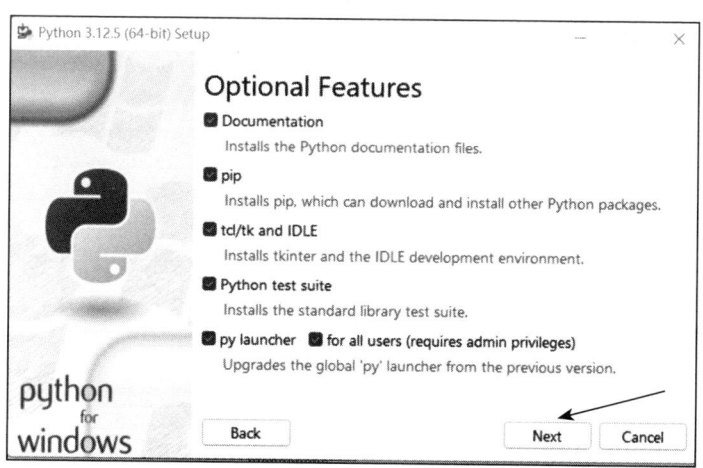

图 16-3　Python 程序安装步骤功能选择

第四步：进入下一界面，修改缺省的文件存储目录。我这里将文件安装到一个根目录 C:\python312，方便后续寻找（见图 16-4）。点击 Install 按钮。如果出现对计算机进行修改弹窗，点击 ok。

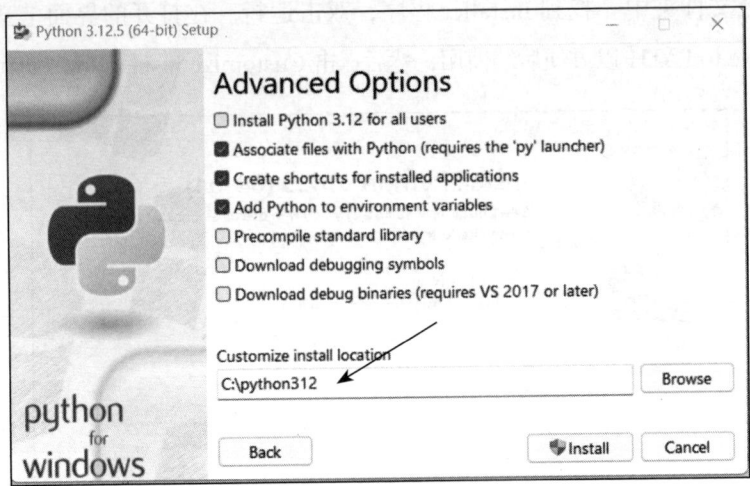

图 16-4　Python 程序安装目录选择

第五步：Installing 开始安装文件，动态显示正在安装的文件名称，在这个弹窗下你不需要点击什么，只需等待安装完成（见图 16-5）。

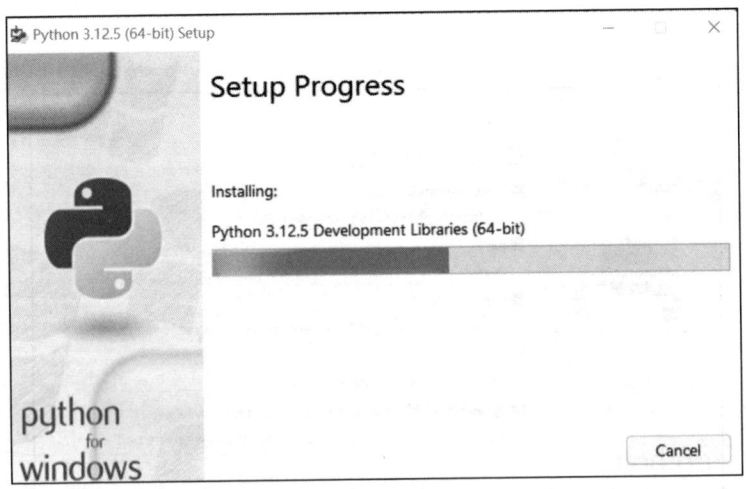

图 16-5　Python 程序安装步骤进度

第六步：最后完成后。显示图 16-6 所示的界面，点击 Close 按钮完成 Python 基础的运行环境安装。

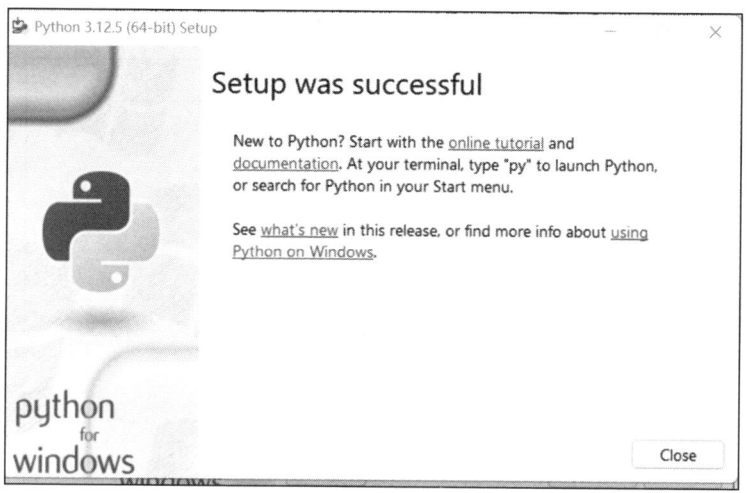

图 16-6　Python 程序安装步骤最后解码

第七步：检查 Python 运行环境安装是否成功（见图 16-7）。打开 Windows cmd 命令行，进入到 c:\python312 目录，输入 Python 命令。这时系统应该显示 Python 3.12.5 等提示语。这就表明你完成了 Python 的基本运行环境。

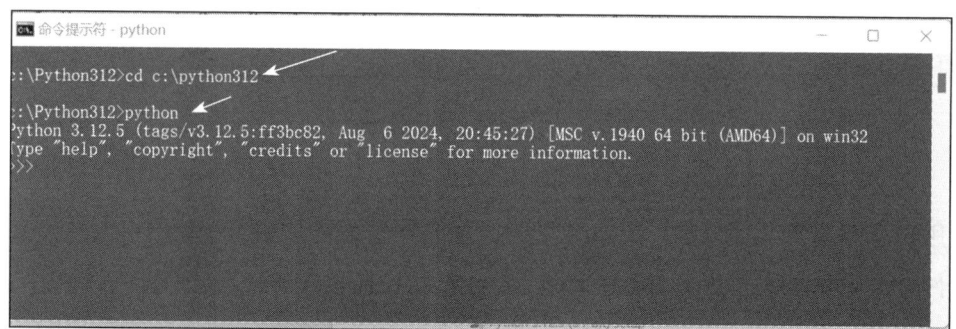

图 16-7　Python 程序命令行启动

检查你的 PATH 环境设置，实际上如果 Python312 已经加入你的 PATH 环境变量，你在任何目录下都可以输入 Python，操作系统都可以找到 c:\python312 目录下单文件。检查和修改 PATH 环境的方法如下：

1）如图 16-8 所示，打开系统属性界面，点击环境变量。（先用快捷键 Win+Pause Break 打开系统信息界面，然后找到"高级系统设置"链接，点击打开系统属性界面）。

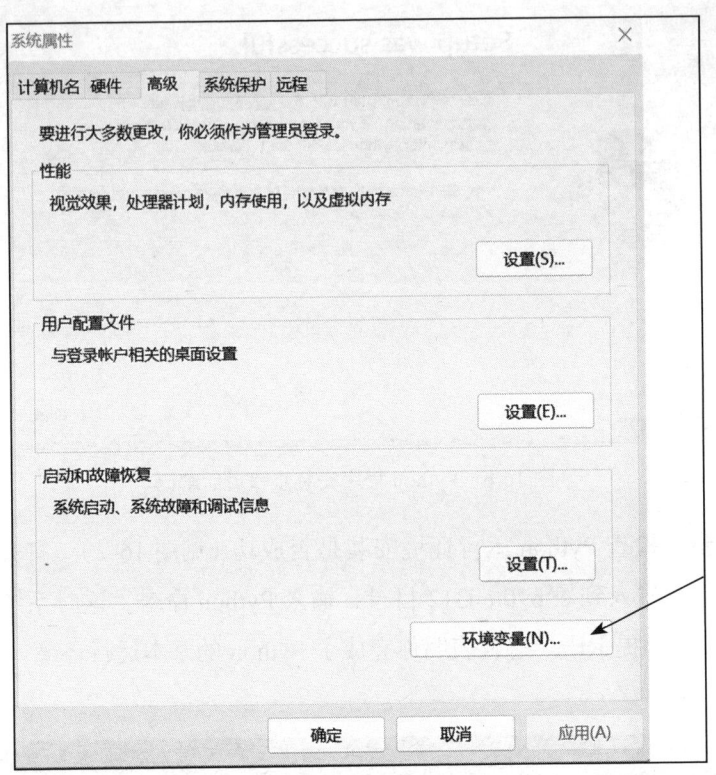

图 16-8　Windows 系统属性界面

2）环境变量界面分成两部分（见图 16-9），上面的路径设置变量只对当前用户有效。下半部分是系统路径变量。这部分设置是对系统所有用户生效。文件寻找优先级是先寻找系统变量的 PATH 路径，再到你登录用户 PATH 路径。

在用户设置部分，可以看到我的登录用户名字是"risky"。因为你用的机器可能之前已经有安装的 Python 其他版本了，这时你需要的正确的设置是将 C:\python312 放在其他安装的 Python 版本目录之前。否则你会发现即使安装了新的版本，但还是一直运行其他版本的 Python。这是初学者常遇到的问题。

在系统设置部分，可以看到系统变量的 Path 中的第一个目录是另外一个

Python 的运行环境。这时就需要将之前的 Python 目录修改到 c:\python312 相关目录之后，或者删除不用的 Python 版本目录。

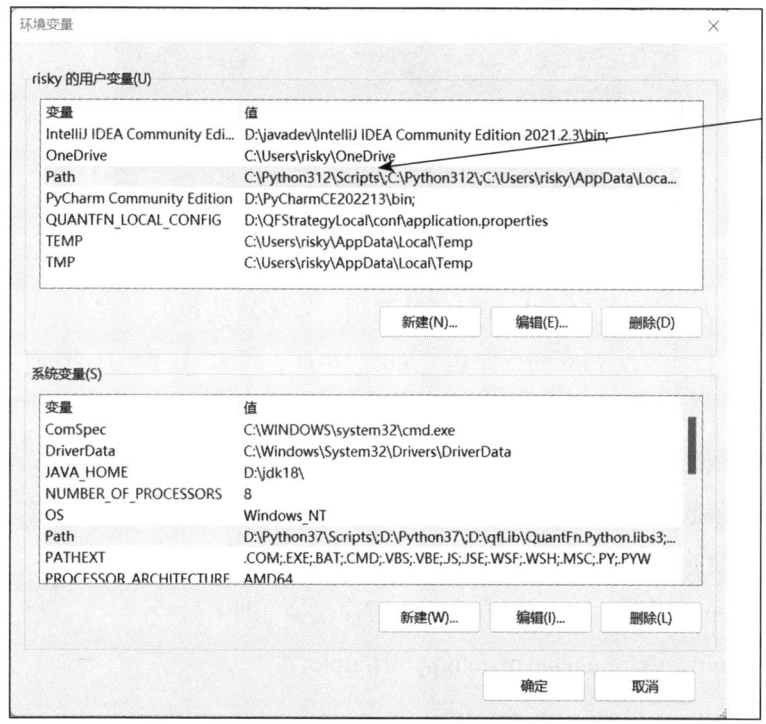

图 16-9　环境变量设置界面

第八步：安装常用的 Python 扩展程序包。

上述八步只是安装了 Python 最基本的运行环境。它包括 Python 语言的核心功能和标准库。Python 语言的核心功能只包含数字、字符串、列表、字典、文件等常见类型和函数，而 Python 标准库提供了系统管理、网络通信、文本处理、数据库接口、图形系统、XML 处理等额外的功能。Python 标准库在上述步骤完成后可以直接使用 Import 语句来导入使用。

除了 Python 语言的核心库之外，Python 社区还提供了非常丰富的第三方扩展库。这些扩展库提供了强大的绘图、数据分析、人工智能编程等功能。要使用这些三方程序库还需要另行安装。安装程序库的工具（pip）包含在上述安装之中，在 C:\python312\Scripts\ 目录下。

如图 16-10 所示，打开 Windows cmd 命令行，输入 pip list 的命令选项用来列出已经安装的程序包。我们看到目前只安装了 pip 包。

图 16-10　Python pip 版本指令

安装三方程序包要使用 pip install 选项。安装这些包的过程中，pip 会分析其依赖性并自动安装相应的程序包。如图 16-11、图 16-12 所示，我们先安装几个最常用的三方库：

1）安装数值计算程序扩展包 NumPy：pip install numpy。

2）安装数值分析程序扩展包 Pandas：pip install pandas。

3）安装绘图程序扩展包 Matplotlib：pip install matplotlib。

从上面的截图中可以看到有个安装程序镜像地址：

http://mirrors.cloud.tencent.com/pypi/simple

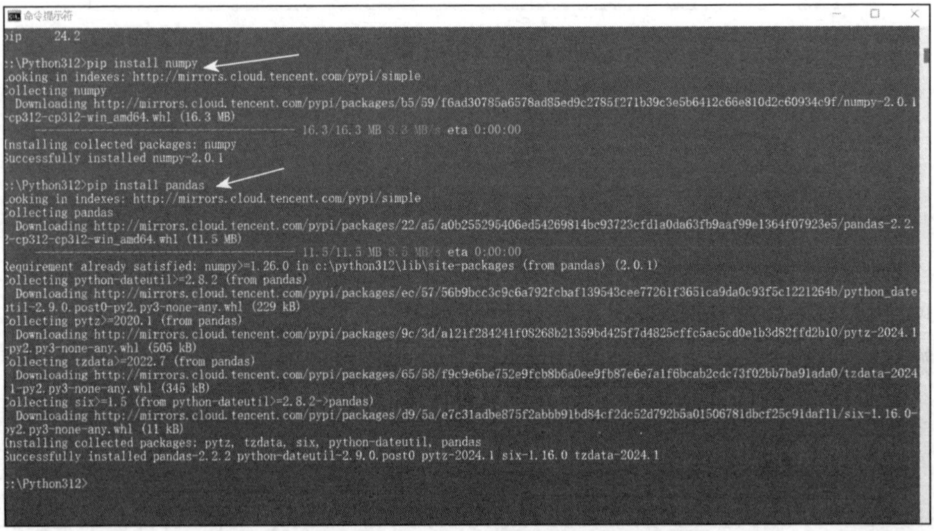

图 16-11　Python 扩展程序 NumPy 和 Pandas 包安装

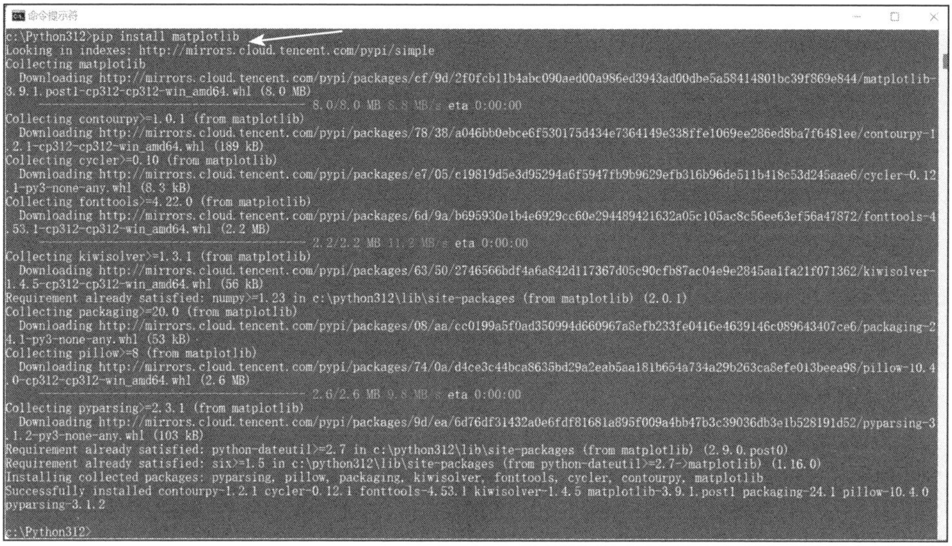

图 16-12　Python 扩展程序 Matplotlib 包安装

pip 从这个地址下载程序包。你可以使用 pip 的 -i 选项来指定从其他地址来下载安装程序包。国内常用的 Python 下载镜像为：

pip install matplotlib -i http://mirrors.cloud.tencent.com/pypi/simple

这时我们再次运行 pip list 查看已经安装的程序包就能看到新增了很多程序包（见图 16-13）。

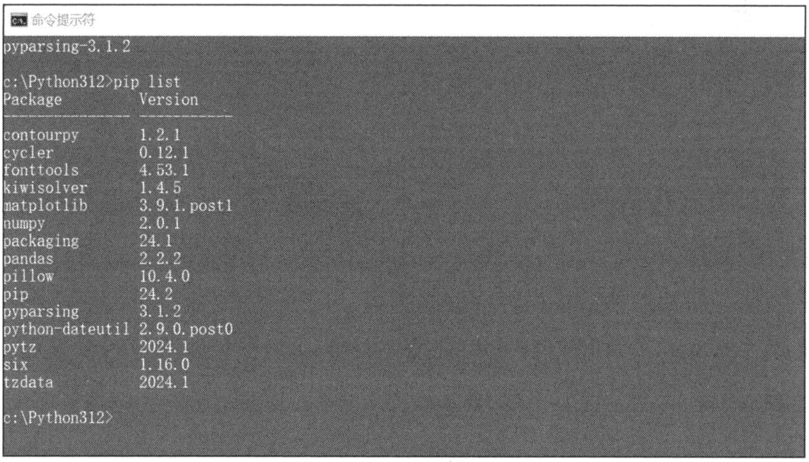

图 16-13　Python 已经安装的扩展程序包显示命令

16.3.2 Python 开发工具——JupyterLab 安装

安装了 Python 基本运行引擎后，我们就可以安装 Python 的开发工具 JupyterLab 了。

JupyterLab 是一种基于 Web 的集成开发环境，它是之前的 Jupyter Notebook 开发环境的升级版。你可以使用它开展编写 Notebook、操作终端、编辑 Markdown 文本、打开交互模式、查看 CSV 文件及图片等工作。

JupyterLab 也是使用 pip 进行安装的。从命令行可以看到同时安装了很多依赖包（见图 16-14）。

图 16-14 Python JupyterLab 安装

安装成功后在 Windows 命令行输入：jupyter-lab 或 jupyter lab 命令，结果如图 16-15 所示。

然后默认浏览器会自动打开 JupyterLab，其应用主界面如图 16-16 所示。

至此，Python 语言运行环境和开发工具环境就安装好了。后续就可以开始 Python 编程了。

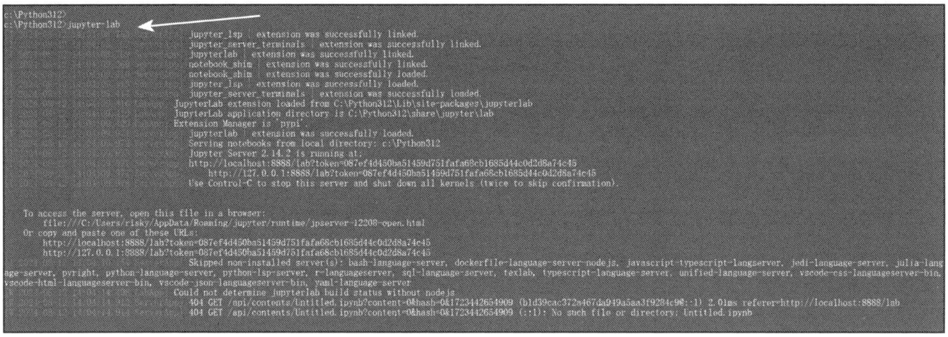

图 16-15　Python JupyterLab 启动

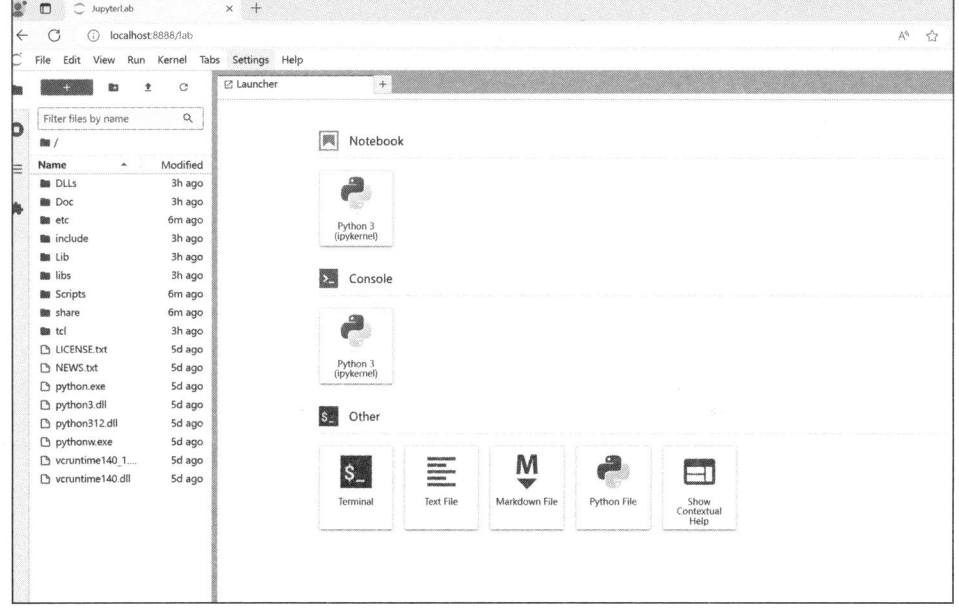

图 16-16　Python JupyterLab 应用主界面

16.3.3　编写第一个程序

本节会使用文本编辑工具 Notepad 和 JupyterLab 界面两种方法编写我们的第一个 Python 程序。

这个程序会绘制一个 $y=\sin(x)$ 的图形。

以文本编辑工具编写程序

Python 源码程序是以文本形式存储的。所以你可以使用任何文本编写工具来编写 Python 程序，但因为文本编辑工具不懂 Python 语法，在输入和编辑程序时需要非常小心，不能有错误。

例如可以使用 Windows 操作系统自带的 Notepad 来输入图 16-17 所示的 Python 代码。

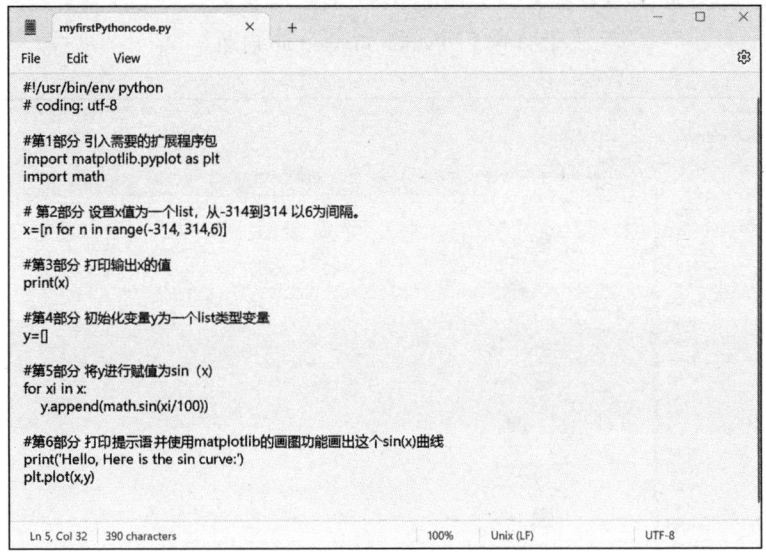

图 16-17　第一个 Python 程序源代码

将文件保存成：myFirstPythoncode.py 文件。

#开头的行是注释语句，这些被注释的语句是不执行的，主要用来帮助用户了解程序。使用注释，我们标识了 6 个程序部分。

第 1 部分　使用 import 来导入绘图（matplotlib）和数学（math）软件包。

第 2 部分　对 x 变量进行赋值，x 自动定义为 list 类型。赋值为 −314 到 314 之间步长为 6 的整数值。

第 3 部分　使用 print 函数打印输出 x 的值，这主要是为了检查结果。

第 4 部分　初始化变量 y 为一个 list 类型变量。

第 5 部分　使用循环语句，将 y 赋值为 $\sin(x)$。

第 6 部分　打印提示语　并使用 matplotlib 的画图功能画出这个 sin (x) 曲线。

使用集成开发环境 IDE 工具编写程序

虽然你可以使用 Windows 自带的通用的文本编辑工具 Notepad 来编写 Python 程序，但使用 Notepad 编程效率会比较低，而 IDE 开发环境提供例如 Python 专用的关键字颜色编码、自动检测程序错误、程序调试等众多功能，可以极大提高开发效率。所以对于初学者来说，我们推荐使用 IDE 进行程序开发，而 JupyterLab 是比较适合初学者学习调试的开发环境，当学习完 Python 基本知识后，再选择复杂一些的 IDE 如 Visual Studio、pyCharm 等工具。前面我们介绍了如何安装 JupyterLab，下面介绍 JupyterLab 的使用。

从 JupyterLab 界面点击 Notebook 图标，系统即建立一个空白程序：Untitled.ipynb（见图 16-18）。

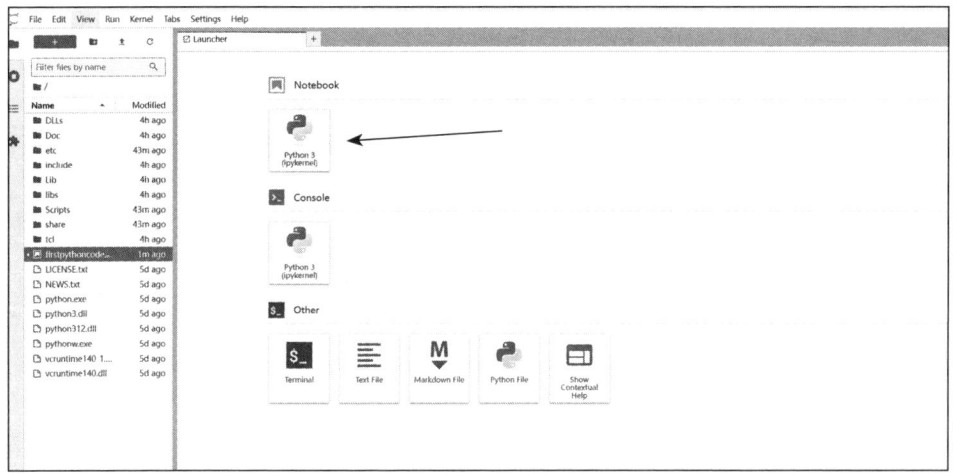

图 16-18　使用 JupyterLab 开发建立新文件

点击左上角的磁盘 icon，将这个文件重新命名为你想要的名字（见图 16-19）。

程序面板中有输入框，你可以在一行中输入导入扩展程序包命令。然后将鼠标挪到输入框下面时就会出现一个隐性的按钮，点击加入新的一行（见图 16-20）。

然后依次输入所有命令（见图 16-21）。

这里我们使用多行输入程序是为了后续能够一行一行运行程序。

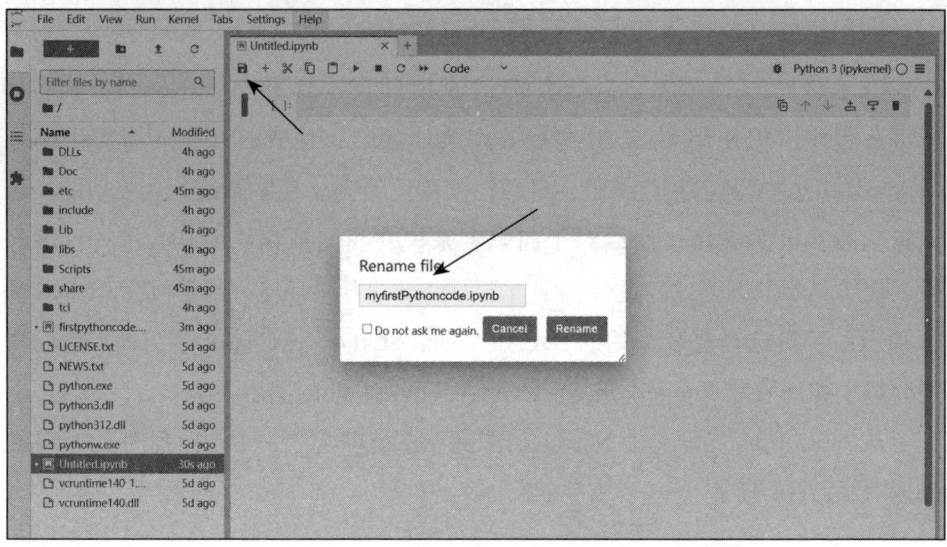

图 16-19　使用 JupyterLab 开发命名文件

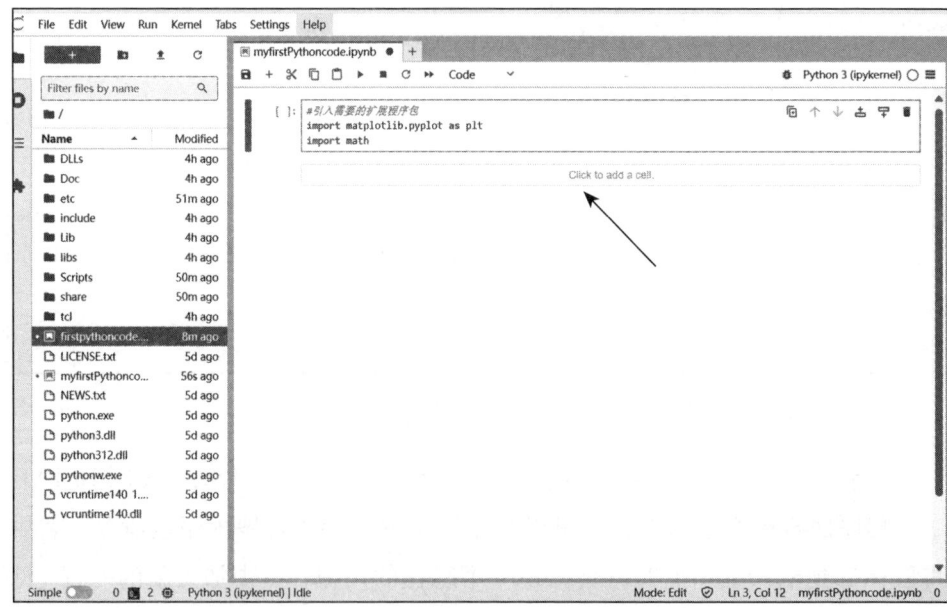

图 16-20　使用 JupyterLab 开发—源代码输入

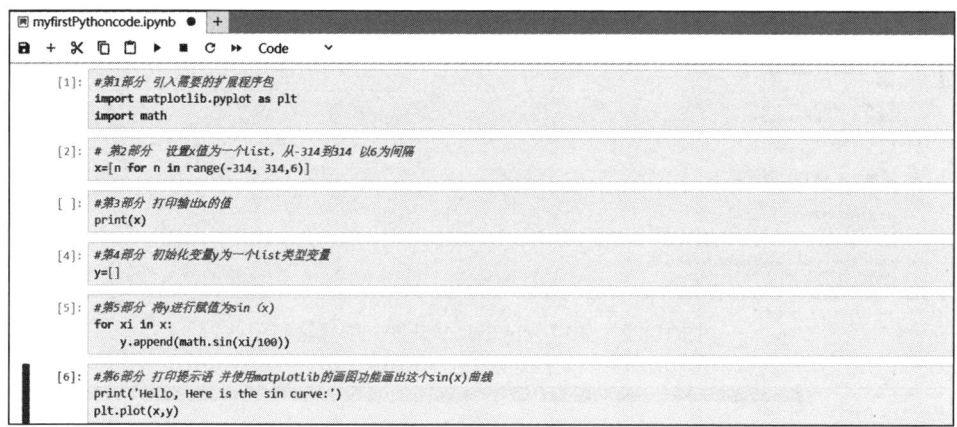

图 16-21　使用 JupyterLab 开发一程序实例

16.3.4　运行程序

编辑好程序后，我们需要运行这个程序得到结果。运行 Python 程序主要通过两种方式：

1）IDE 中解释器运行模式：使用 JupyterLab 或者其他 IDE 中的解释器程序进行一行一行的运行。

2）Windows 命令行中 Python 解释器运行模式：Windows 命令行输入 python myFirstpythoncode.py（这里的 Python 实际上是 python.exe 程序）

IDE 中解释器运行模式

如图 16-22 所示，在 JupyterLab 浏览器界面，打开刚才编辑的 myFirst-Pythoncode.py 文件，把鼠标挪到第一行，再点击执行按钮（箭头指示）。第一行的内容就会被执行。如果这一行有输出，界面就会新加一行显示运行结果。如果没有输出语句，则自动转到下一行程序。

依次点击执行每一行后，最后完成运行时，打印出运行的结果：一段文字和一张图（见图 16-23）。

如果程序某一行有错误，点击这一行执行时系统会提示错误。根据错误提示修改程序，再次运行，直到没有错误。

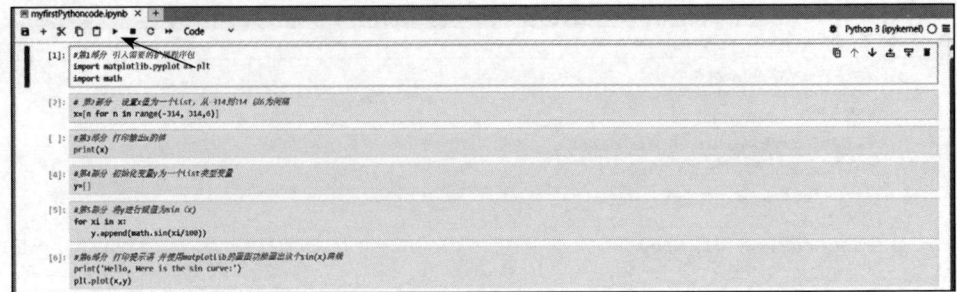

图 16-22　使用 JupyterLab 开发—解释运行

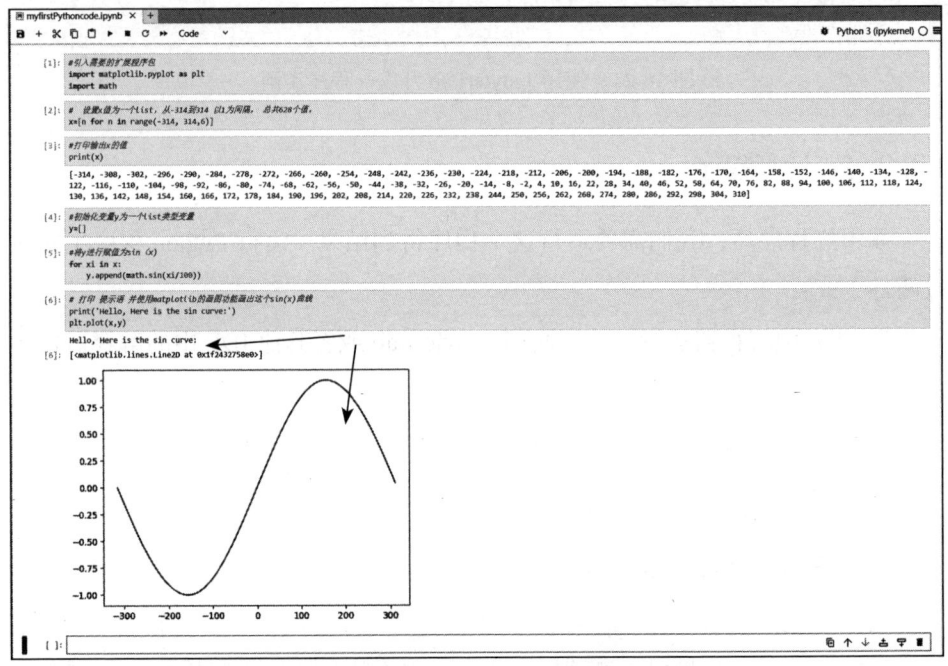

图 16-23　使用 JupyterLab 开发—解释运行结果

上面演示的文件是以 .ipynb 格式存储在计算机中的，该格式能同时保存代码和运行结果，下次打开时也会同时显示代码和结果。但实际上在真正运行 Python 程序时，我们只需要程序以 .py 形式存储。可以使用 JupyterLab 的输出功能将上面的 .ipynb 文件存储成 .py 文件（见图 16-24）。

选择"Executable Script"后，myFirstPython.py 会下载到本地机器上。从浏览器的缺省下载目录中选择这个文件，把它拷贝到你自己的程序文件夹中，即 C:\mycodes\myFirstPythoncode.py。后续就可以在 Windows 命令行使用 python.exe 来运行这个 .py 文件。

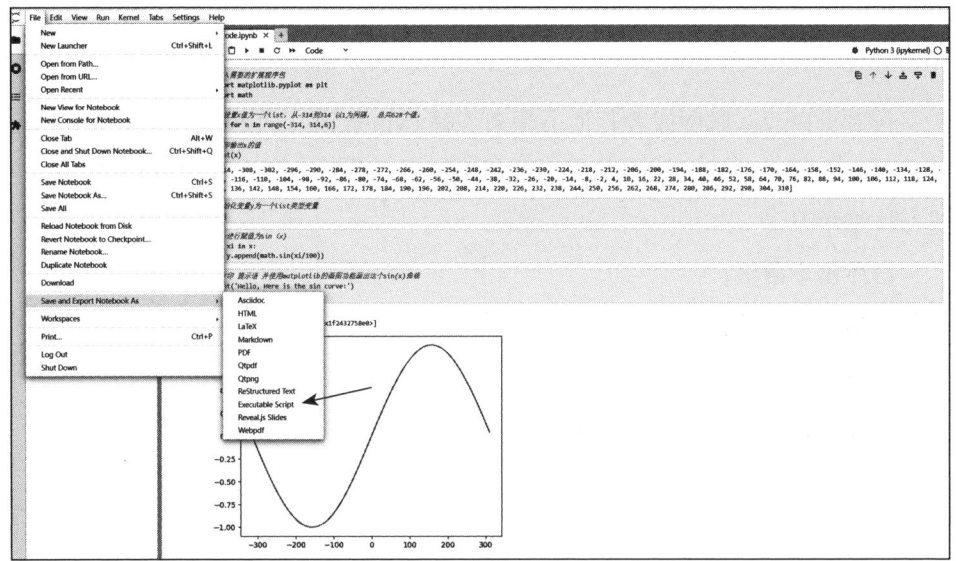

图 16-24　使用 JupyterLab 开发—解释运行结果保存

Windows 命令行中 Python 解释器运行模式

命令行执行需要 Python 程序是 .py 格式，即符合 Python 语法的源文件。

打开 Windows 命令行，输入：python myfirstPythoncode.py，即让命令行运行这个文件（见图 16-25）。

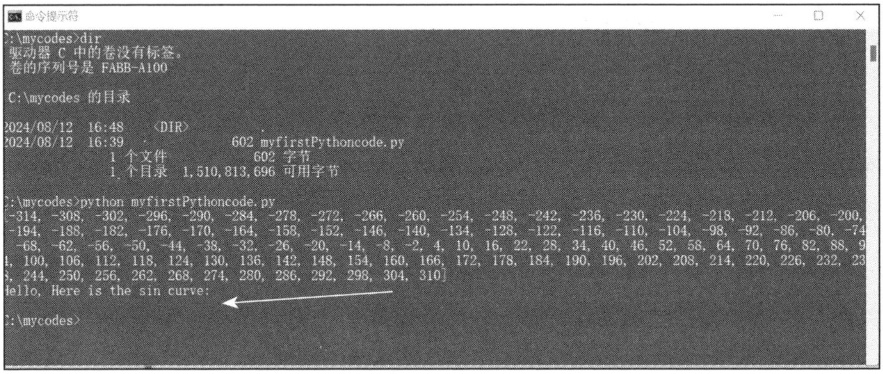

图 16-25　使用命令行运行 Python 程序

这时只会显示你打印的文本，看不到图形。这是因为命令行都是以文本形式输出的，Python 解释程序会自动忽略有图形的输出。

16.3.5 学习 Python

读者可以通互联网或者其他书籍来了解 Python 语言的语法和编程知识。几乎所有编程语言的基础知识都至少包括以下 9 个部分，读者可以按照这个路径进行详细学习：

程序基本语法；

基本数据类型；

数据结构；

操作符；

程序分支运行；

循环结构；

异常处理；

函数；

文件操作。

作为支持类（Object & Class）的面向对象的开发语言，Python 还具有面对对象的高级语言功能，即面对对象编程能力。

16.4 Python 常用库

除了 Python 的核心功能之外，Python 强大的能力是通过扩展库提供的。扩展库包括标准内置库和第三方扩展库两种。Python 里面有三个容易混淆的相关概念：库（Library）、包（Package）和模块（Module）。

Python 中，"库"（Library）、"包"（Package）和"模块"（Module）是三个相关但有区别的概念。理解这些概念的差异有助于更好地组织和使用代码。

- **库（Library）**：库是一个更宽泛的术语，指的是一组模块或包的集合，可以提供特定的功能或一组相关功能。例如，Python 的标准库（Standard Library）就是包含了许多模块和包的集合，可以帮助你完成各种任务，如数学运算、文件操作、网络通信等。库通常是指你可以直接使用的工具集，它可以包括一个或多个模块、包，有时甚至是第三方库。例如，NumPy 和 Pandas 都是常用的第三方库。

- **包（Package）**：包是一个特殊的目录，它包含一个或多个模块，以及一个特殊的文件 __init__.py。__init__.py 文件标志着该目录是一个包，而不是普通目录。包的主要作用是组织模块，特别是当模块很多时，可以将它们按功能分组到不同的包中。包可以包含子包、模块，以及其他资源文件（如数据文件、配置文件等）。举个例子，requests 是一个包，它包含多个模块，每个模块提供不同的功能。你可以通过 import requests 来导入这个包。

```
# 一个包的目录结构示例
mypackage/
    __init__.py
    module1.py
    module2.py
    subpackage/
        __init__.py
        submodule1.py
```

- **模块（Module）**：模块是 Python 代码的一个文件，包含函数、类、变量等。模块是组织代码的基本单元，它可以被其他模块或包导入和使用。模块可以是独立的 .py 文件，也可以是 C、C++ 扩展编写的模块，还可以是内置的模块（例如 sys、math）。例如，math.py 是一个模块，它包含了数学相关的函数和常量。你可以通过 import math 来导入这个模块。

```
# math 模块的使用示例
import math

print(math.sqrt(16))    # 输出：4.0
```

总结一下区别：**库**（Library）是一个宽泛的概念，表示一个工具集或一组模块和包的集合，它可以包含多个包和模块；**包**（Package）是一个目录，包含多个模块和（或）子包，用于组织代码结构，它必须包含一个 __init__.py 文件；**模块**（Module）是一个单独的 Python 文件，包含可以导入和使用的代码。

举个例子，假设你在使用 requests 这个流行的 HTTP 库：

- requests 是一个库：它为 HTTP 请求提供了一整套工具。
- requests 是一个包：它内部组织了多个模块，比如 sessions.py、models.py 等。
- requests.sessions 是一个模块：它定义了与会话处理相关的功能。

```
import requests  # 导入库（实际上是一个包）
response = requests.get("https://api.example.com/data")
print(response.status_code)
```

在这个例子中，requests 是一个包，也是一个库，提供了 HTTP 请求功能。而 requests.sessions 则是 requests 包中的一个模块。

后面我们使用"库"来统一代表包和模块。

16.4.1 标准内置库

Python 标准库是 Python 发行版自带的一组模块和包，提供了广泛的功能，如文件操作、数据处理、网络编程和系统管理。使用这些标准库可以大大减少开发时间，因为许多常见的功能已经被实现并优化好了。以下是一些常用的 Python 标准库：

操作系统接口

- **os**：提供了与操作系统交互的功能，如文件和目录操作、环境变量访问等。
  - 示例：os.listdir(), os.path.join()
- **sys**：提供了对解释器及其环境的访问，如命令行参数、标准输入输出等。
  - 示例：sys.argv, sys.exit()
- **shutil**：提供了高级的文件操作功能，如复制、移动文件等。
  - 示例：shutil.copy(), shutil.move()

文件和目录操作

- **pathlib**：面向对象的文件和路径操作模块，替代 os.path，更易用且更具可读性。
  - 示例：Path('file.txt').exists()
- **os.path**：用于处理文件和目录路径的模块，提供了路径操作函数。
  - 示例：os.path.basename(), os.path.exists()
- **glob**：用于文件名模式匹配，查找符合特定模式的文件。
  - 示例：glob.glob('*.txt')

文本处理

- **re**：用于正则表达式匹配和处理。
  - 示例：re.search(), re.sub()
- **string**：包含一些常用的字符串操作和常量，如字母表、数字等。
  - 示例：string.ascii_letters, string.digits
- **textwrap**：用于格式化和包装文本的模块。
  - 示例：textwrap.wrap(), textwrap.fill()

数据结构

- **collections**：提供了许多有用的集合类，如 Counter、deque、defaultdict 等，扩展了内置的容器数据类型。
  - 示例：collections.Counter，collections.defaultdict
- **heapq**：提供了堆队列算法（优先级队列）。
  - 示例：heapq.heappush(), heapq.heappop()
- **array**：提供了高效的数组实现，数组中的元素必须是同一类型的。
  - 示例：array.array('i', [1, 2, 3])

数字和数学运算

- **math**：提供了基本的数学函数，如三角函数、对数、阶乘等。

- 示例：math.sqrt(), math.sin()
- **random**：用于生成随机数、随机选择、洗牌等操作。
  - 示例：random.random(), random.choice()
- **decimal**：用于精确的十进制浮点运算，避免了浮点数精度问题。
  - 示例：decimal.Decimal()
- **fractions**：支持有理数的算术操作。
  - 示例：fractions.Fraction(1, 3)

日期和时间

- **datetime**：提供日期和时间的操作，如时间戳、日期格式化等。
  - 示例：datetime.datetime.now(), datetime.timedelta()
- **time**：处理时间的模块，如获取当前时间、暂停程序等。
  - 示例：time.time(), time.sleep()
- **calendar**：提供与日历相关的功能，如生成日历、判断闰年等。
  - 示例：calendar.monthcalendar(), calendar.isleap()

文件格式

- **json**：用于处理 JSON 数据，支持将 Python 对象与 JSON 格式相互转换。
  - 示例：json.load(), json.dump()
- **csv**：用于读取和写入 CSV 文件。
  - 示例：csv.reader(), csv.writer()
- **xml.etree.ElementTree**：用于处理 XML 数据。
  - 示例：ElementTree.parse(), ElementTree.Element()

互联网数据处理

- **urllib**：用于处理 URL 操作，如获取网页内容、解析 URL 等。
  - 示例：urllib.request.urlopen(), urllib.parse.urlparse()
- **http**：包含 HTTP 请求和响应的处理工具。

- ○ 示例：http.client, http.server
- socket：用于实现网络通信，提供了底层的网络接口。
  - ○ 示例：socket.socket(), socket.bind()

电子邮件处理

- smtplib：用于发送邮件的模块。
  - ○ 示例：smtplib.SMTP()
- email：用于构造、解析和管理电子邮件内容。
  - ○ 示例：email.message.EmailMessage，email.mime.text.MIMEText

多线程和并发

- threading：用于实现多线程编程，允许同时执行多个操作。
  - ○ 示例：threading.Thread()
- multiprocessing：支持多进程并发，允许充分利用多核 CPU。
  - ○ 示例：multiprocessing.Process(), multiprocessing.Queue()
- concurrent.futures：提供更高级别的接口用于并发执行任务。
  - ○ 示例：concurrent.futures.ThreadPoolExecutor, concurrent.futures.ProcessPoolExecutor

数据压缩和归档

- zlib：用于数据压缩的模块。
  - ○ 示例：zlib.compress(), zlib.decompress()
- gzip：用于处理 .gz 格式的压缩文件。
  - ○ 示例：gzip.open()
- zipfile：用于创建、读取、写入 .zip 文件。
  - ○ 示例：zipfile.ZipFile()

测试和调试

- unittest：Python 内置的单元测试框架，支持自动化测试、测试用例的组织和执行。

- 示例：unittest.TestCase, unittest.main()
- **doctest**：提取文档字符串中的示例代码并测试其正确性。
  - 示例：doctest.testmod()
- **pdb**：Python 的交互式调试器，支持断点设置、单步执行等功能。
  - 示例：pdb.set_trace()

其他常用标准库

- **functools**：提供高阶函数、函数缓存等功能。
  - 示例：functools.lru_cache(), functools.partial()
- **itertools**：提供一系列用于操作迭代器的函数，如排列组合、无限序列生成等。
  - 示例：itertools.chain(), itertools.combinations()
- **uuid**：生成唯一标识符（UUID）。
  - 示例：uuid.uuid4()
- **copy**：提供对象的浅拷贝和深拷贝功能。
  - 示例：copy.copy(), copy.deepcopy()
- **logging**：用于记录日志，支持多种日志记录方式和格式化输出。
  - 示例：logging.basicConfig(), logging.getLogger()

16.4.2　第三方扩展库

Python 标准库覆盖了常见的编程需求，但第三方库提供了更为强大的扩展功能。表 16-1 列出了 Python 常用的第三方扩展库和安装命令。

对于量化投资编程来说，NumPy、Pandas、Matplotlib、Scikit-learn 等都是常用的库。这些扩展库的详细介绍请到官网查看。

表 16-1　Python 常用的第三方扩展库和安装命令

类别	库名称	简介	安装命令
数据科学与分析	NumPy	提供支持高性能能多维数组和矩阵运算的库，同时提供大量数学函数，是数据科学和机器学习的基础库之一	pip install numpy
	Pandas	提供强大的数据处理和分析工具，尤其擅长处理表格数据（类似于 Excel 数据表，数据结构叫 DataFrame	pip install pandas
	Matplotlib	用于绘制 2D 图形的库，支持多种图表类型，如折线图、柱状图、散点图等，通常与 Pandas 一起使用	pip install matplotlib
	Seaborn	基于 Matplotlib 的高级数据可视化库，提供更美观、更简洁的图表样式	pip install seaborn
	SciPy	构建在 NumPy 上，提供额外的科学计算工具，提供大量常用的机器学习算法，如回归、聚类、降维等	pip install scipy
	Scikit-learn	一个简单而强大的机器学习库，提供大量常用的机器学习算法，如分类、回归、统计分析等	pip install scikit-learn
机器学习与深度学习	TensorFlow	由 Google 开发的开源深度学习框架，支持从研究到生产环境的多种深度学习应用	pip install tensorflow
	PyTorch	由 Facebook 开发的开源深度学习框架，因其动态计算图和易于调试而受到广泛欢迎	pip install torch
	Keras	一个高级神经网络 API（应用程序接口），能够运行在 TensorFlow、Theano 和 CNTK 上。现在已经被集成到 TensorFlow 中	pip install keras
	XGBoost	一个高效的梯度提升算法实现，特别适合用于分类和回归任务，广泛应用于数据竞赛中	pip install xgboost
数据库操作	SQLAlchemy	一个功能强大的 SQL 工具包和对象关系映射（ORM）库，支持多种数据库（如 SQLite、PostgreSQL、MySQL 等）	pip install sqlalchemy
	PyMySQL	一个用于连接和操作 MySQL 数据库的库	pip install pymysql
自然语言处理（NLP）	NLTK	一个功能全面的自然语言处理库，支持文本处理、语料库访问、分类、标注等功能	pip install nltk
	spaCy	一个工业级的自然语言处理库，特别擅长处理大规模文本数据，提供快速的分词、词性标注、命名实体识别等功能	pip install spacy
	TextBlob	基于 NLTK 和 Pattern 的一个简单易用的文本处理库，适合进行快速的 NLP 任务原型开发	pip install textblob
Web 开发	Flask	一个轻量级的 Web 框架，采用 WSGI（Web 服务器网关接口）标准，适合构建小型或中型 Web 应用，灵活性高，可扩展性好	pip install flask
	Requests	一个简单且强大的 HTTP 请求库，用于发送 HTTP 请求（GET、POST 等），处理响应数据，因其简洁的 API 设计和易用性而广受欢迎	pip install requests
	BeautifulSoup	用于解析 HTML 和 XML 文件，常用于网页抓取和数据提取	pip install beautifulsoup4
GUI 开发	PyQt	一个基于 Qt 库的 Python GUI 框架，支持构建跨平台的桌面应用程序	pip install pyqt5

16.5 数据库与 SQL 基础

量化策略执行体系中,数据库及数据处理是整个流程的核心部分之一。数据的质量和处理的有效性直接影响量化模型的性能、策略的准确性和最终的投资决策。正所谓"Garbage In Garbage Out"(垃圾输入,垃圾输出),没有准确的数据输入,模型再强大也会输出错误的结果。数据库用来存储和管理数据,SQL 是用来操作数据的标准编程语言。

16.5.1 数据管理系统及安装

数据管理系统(Database Management System)在量化策略执行过程中的主要职责包括数据存储、数据管理、数据检索和查询等。

量化策略研发阶段需要处理大量的金融数据,如历史价格数据、交易量数据、公司财务报表、经济指标、新闻情绪数据等。这些数据通常来源多样(交易所、数据供应商、网络爬虫等),而数据库则负责对这些数据进行结构化的存储,以便后续的快速检索和使用。策略模拟盘和实盘运行时都需要将订单信号、交易流水等信息写入数据库,后续对策略的评估和分析也需要数据库存储数据以便后续查询,这些需求都需要数据库来完成。市场上有多种数据库类型。不同类型的数据库系统各自发挥着不同的作用,根据数据的性质、存储需求和访问模式来选择合适的数据库类型可以显著提升系统的整体性能和可靠性。

数据库系统中最常用的是关系型数据库管理系统(RDBMS),但随着大数据的发展,数据库需要满足非结构化数据存储查询,以及实时流式响应要求,因此又出现了其他类型的数据库,如 NoSQL 数据库、时序数据库(Time Series Database)和内存数据库(In-Memory Database)等。

RDBMS 使用表格(行和列)来存储结构化的数据,表格之间可以通过外键建立关系。通过结构化查询语言(SQL)进行数据操作,如查询、插入、更新和删除。数据库引擎支持事务,拥有 ACID(原子性、一致性、隔离性、持久性)特性,可以确保数据操作的可靠性和一致性。用户常用的 RDMBS 包括

MySQL、PostgreSQL、Oracle、MS SQL Server 等。

NoSQL 数据库是一类不采用关系型表格结构的数据库，主要包括文档数据库、键值数据库、列族数据库和图数据库等。它们的设计目的是解决 RDBMS 在处理海量数据、非结构化数据以及高并发访问时的不足。它以 JSON、BSON 等格式存储数据，具有更灵活的数据结构，支持嵌套数据，适合存储复杂和多变的数据。NoSQL 子类型包括通过键值对存储的键值数据库（如 Redis、DynamoDB），面向列存储的列族数据库（如 Apache HBase、Cassandra），存储格式为图结构（节点和边）的图数据库（如 Neo4j、ArangoDB），以及存储文件的文档数据库（如 MongoDB、CouchDB）等。

时序数据库专门为存储和处理时间序列数据设计，支持高效的时间索引和压缩存储，能够处理高频数据写入，例如每秒数百万条数据点。时序数据库优化了基于时间窗口的处理和查询操作，如聚合、降采样、数据修整等，适用于存储查询市场行情数据场景。常见的时序数据库有 InfluxDB、TimescaleDB、Prometheus、KDB+/q 等。

内存数据库将所有数据存储在内存中，提供极高的数据访问速度，适合需要极低访问延迟的应用场景，如高频交易和实时数据处理。部分内存数据库支持将数据周期性地持久化到磁盘，以防止数据丢失。内存数据库适用于交易、实时计算和监控交易风险，支持毫秒级别的响应时间。实际上很多时序数据库包括内存数据库的功能。

NoSQL、时序数据库和内存数据库也会在一定程度上支持 SQL 语言，也都有其特定的语言或者 API 来存储、更新、查询数据。

量化投资系统中通用的数据类型如历史持仓、交易、损益、用户参数等这一类数据的处理会选择关系型数据库如 MySQL、MS SQL Server、Oracle Database 等。而当我们需要处理和分析实时数据流，例如股票行情时，就需要低延迟、支持流式数据的时序和内存数据库，例如 KDB、DolphinDB 这一类流式数据库产品。在实时交易执行中，流式数据库能够捕获和处理市场上的最新数据，支持快速地决策和执行交易，这对于高频交易和算法交易非常关键。

数据库系统有两大基本组成部分：数据库管理系统（DBMS）和数据库（DB）。

DBMS 是用于管理数据库的软件，它提供了与用户、应用程序和数据库本身进行交互的接口。其功能包括数据存储、查询、更新、删除、事务管理、并发控制、备份恢复等。数据库是存储系统和用户数据的系统部分。

使用 DBMS 在指定磁盘或者其他存储介质上建立数据库（Database）。数据库是由相关联的数据集合组成的。数据库中的主要数据类型是表（Table）。

- **表**是数据库中数据的基本存储单元，由行和列组成。表包括用户自定义的字段。每一行表示一个记录（或元组），每一列表示一个字段（或属性）。
- **索引**（Index）是数据库中为了加速数据检索而创建的结构，类似于书籍的目录。索引显著提高了查询速度，但会增加写操作的开销和存储空间的使用。
- **视图**（View）是基于表或其他视图的虚拟表，通过查询语句定义，不占用存储空间。视图主要用于简化复杂查询、提供数据安全控制和数据抽象。
- **存储过程**（Stored Procedure）是预编译的 SQL 代码块，存储在数据库中，供重复使用，通常用于封装业务逻辑。
- **触发器**（Trigger）是在特定事件（如插入、更新、删除）发生时自动执行的存储过程，常用于数据完整性维护和自动化任务。

注意，并不是所有数据库都支持存储过程和触发器。

MySQL 之前是完全开源软件，后来被 Oracle 收购。目前的 MySQL 社区版还是免费的开源数据库，应用也非常广泛。一般要求下，我们可以用它来存储量化投资策略需要的数据。

如图 16-26 所示，读者可以从 https://dev.mysql.com/downloads/mysql/ 网站下载相应操作系统的 MySQL 软件。

下载后安装也都是交互式的，这里就不再详述。

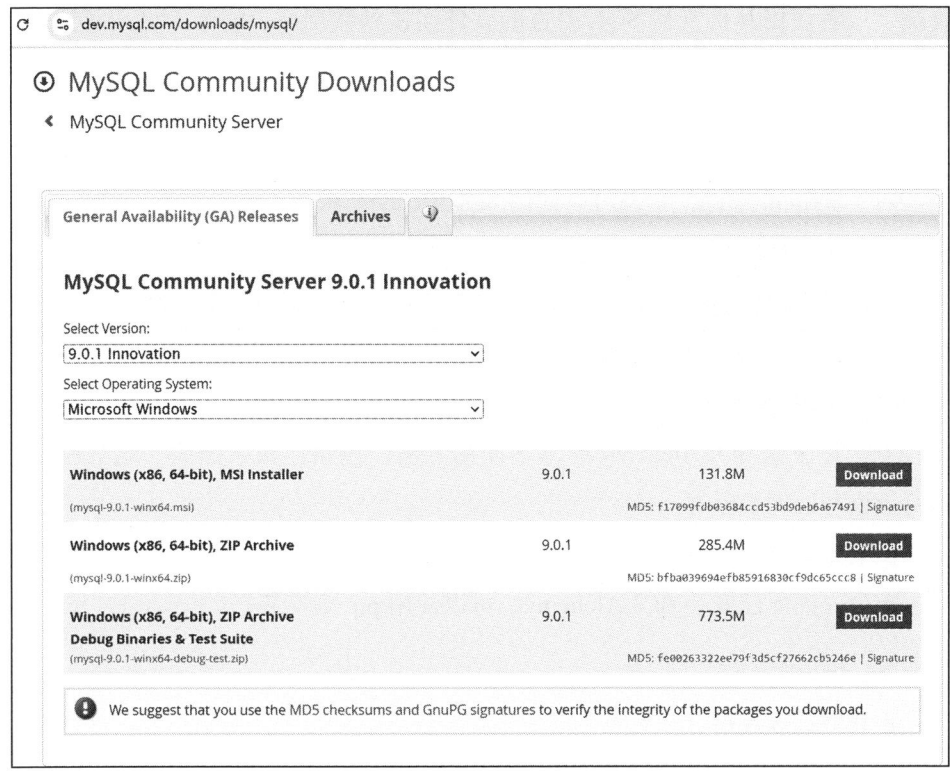

图 16-26　MySQL 数据库软件下载

16.5.2　数据操作介绍

在量化投资策略研发和运行过程中，为了更方便地使用和处理相关数据，我们会将这些数据从数据源处下载，然后存储到自己的数据库中。基本步骤是先根据量化投资策略中的各个数据的属性在数据库定义一系列的表格（Tables）。然后使用数据下载，导入工具，或者自行编制程序将数据从数据源处下载并导入数据库的表格中。

用户可以使用两种方法来读写这些数据表格。

一是通过数据库提供的应用程序接口（API）或者数据库通用接口如 JDBC，ODBC。API 或者通用接口一般支持多种编程语言。

二是通过数据库结构化查询语言 SQL。用户或者使用数据库管理软件中的终端，或者使用其他支持 SQL 语言的软件连接到数据库，输入 SQL 语句进行操作。

使用 Python SQLAlchemy 读写数据

对于 Python 来说，我们可以使用 SQLAlchemy 扩展库作为数据库接口程序来对数据库进行操作。

SQLAlchemy 是 Python 中功能强大的 SQL 工具包和对象关系映射（ORM）库，用于与关系型数据库进行交互。它提供了数据库操作的高效抽象层，允许开发者在 Python 代码中使用高级对象操作数据库，同时保留对底层 SQL 的完全控制。以下是 SQLAlchemy 的基本使用方法，包括连接数据库、定义模型、执行查询和处理事务等。

安装 SQLAlchemy

首先，确保已安装 SQLAlchemy，可以使用 pip 来安装。

```
pip install sqlalchemy
```

创建数据库连接

使用 SQLAlchemy 创建数据库连接引擎（Engine）。引擎负责与数据库之间的连接和通信。

```
from sqlalchemy import create_engine

# 示例：连接到 SQLite 数据库
engine = create_engine('sqlite:///example.db')

# 示例：连接到 MySQL 数据库
# engine = create_engine('mysql+pymysql://user:password@localhost/dbname')
```

定义模型（表结构）

SQLAlchemy 的 ORM 允许将数据库表映射为 Python 类。使用 declarative_base 来定义一个基类，然后继承这个基类创建表模型。

```
from sqlalchemy import Column, Integer, String
from sqlalchemy.ext.declarative import declarative_base

Base = declarative_base()
```

```python
class User(Base):
    __tablename__ = 'users'
    id = Column(Integer, primary_key=True)
    name = Column(String)
    age = Column(Integer)

    def __repr__(self):
        return f"<User(name='{self.name}', age={self.age})>"
```

创建表

使用 Base.metadata.create_all(engine) 创建所有已定义的表。

```python
Base.metadata.create_all(engine)
```

创建会话（Session）

Session 是 SQLAlchemy 的一个重要概念，用于管理和持久化数据库的操作。通过 sessionmaker 创建一个会话工厂，然后实例化会话对象。

```python
from sqlalchemy.orm import sessionmaker

Session = sessionmaker(bind=engine)
session = Session()
```

插入数据

使用会话对象向数据库插入新记录。通过实例化表对应的类来创建新记录，然后将其添加到会话中并提交。

```python
# 创建新用户
new_user = User(name='Alice', age=30)

# 添加到会话
session.add(new_user)

# 提交事务
session.commit()
```

查询数据

使用会话对象查询数据库中的记录。SQLAlchemy 提供了多种查询方法，如 query()、filter()、order_by() 等。

```python
# 查询所有用户
users = session.query(User).all()
for user in users:
```

```
    print(user)

# 根据条件查询
alice = session.query(User).filter_by(name='Alice').first()
print(alice)
```

更新数据

使用会话对象更新数据库中的记录。通过查询获取对象后,直接修改属性值,然后提交事务。

```
# 更新用户信息
alice.age = 31
session.commit()
```

删除数据

使用会话对象删除数据库中的记录。查询并获取对象后,调用 delete() 方法删除记录,然后提交事务。

```
# 删除用户
session.delete(alice)
session.commit()
```

事务管理

SQLAlchemy 自动管理事务,但你可以显式控制事务的开始、提交和回滚。

```
try:
    new_user = User(name='Bob', age=25)
    session.add(new_user)
    session.commit()
except Exception as e:
    session.rollback()  # 回滚事务
    print(f"Error occurred: {e}")
finally:
    session.close()  # 关闭会话
```

使用 pandas 读取数据

如果需要使用原生 SQL 查询,SQLAlchemy 允许通过 engine.connect() 执行 SQL 语句。

```
import pandas as pd

# 使用 pandas 的 read_sql_query 方法查询
query = "SELECT * FROM users"
```

```
df = pd.read_sql_query(query, engine.connect())
print(df)
```

关系映射

SQLAlchemy 支持定义表之间的关系（如一对多、多对多），并允许通过关联查询轻松操作这些关系。

```
from sqlalchemy.orm import relationship
from sqlalchemy import ForeignKey

class Address(Base):
    __tablename__ = 'addresses'
    id = Column(Integer, primary_key=True)
    email = Column(String)
    user_id = Column(Integer, ForeignKey('users.id'))

    user = relationship("User", back_populates="addresses")

User.addresses = relationship("Address", order_by=Address.id, back_
    populates="user")
```

连接池管理

SQLAlchemy 的 create_engine() 会自动创建一个连接池，并管理数据库连接。你可以在创建引擎时通过参数配置连接池的大小、超时等。

```
# 示例：创建具有指定连接池大小的引擎
engine = create_engine('sqlite:///example.db', pool_size=10, max_
    overflow=20)
```

SQLAlchemy 是一个功能强大的数据库操作工具，提供了从简单的 CRUD 操作到复杂的关系映射和事务管理的全面功能。通过 SQLAlchemy，开发者可以在 Python 中轻松地进行数据库操作，并在需要时使用原生 SQL 进行更细粒度的控制。

使用 SQL 语言来操作数据

关系型数据库的直接操作指令是结构化查询语言 SQL（Structured Query Language）。美国国家标准化组织（ANSI）根据 1986 年 IBM 的 SQL 实现制定了 ANSI-SQL 标准，作为关系型数据库所使用的标准语言。1987 年国际标准化组织（ISO）把 ANSI SQL 作为国际标准。这个标准在 1992，1999，2011 年做了三次修订。主流数据库软件都支持 ANSI-SQL，也在此基础上对 SQL 做了扩展。流式数据库也支持与 SQL 相似的查询语言，但没有行业统一的标准。

我们使用 SQL 语句来构建和操作数据库的数据内容。ANSI-SQL 语言主要分为以下几种类型，每种类型用于特定的数据库操作：

数据定义语言

数据定义语言（Data Definition Language，DDL）用于定义数据库的结构或模式。它包括创建、修改和删除数据库对象（如表、索引、视图等）。DDL 语句在执行后会自动提交。

- CREATE：用于创建数据库对象，如创建表、视图、索引等。
    - 示例：CREATE TABLE employees (id INT, name VARCHAR(100))
- ALTER：用于修改现有数据库对象的结构，如添加、删除列或修改列的类型。
    - 示例：ALTER TABLE employees ADD COLUMN age INT
- DROP：用于删除数据库对象，如删除表或视图。
    - 示例：DROP TABLE employees
- TRUNCATE：用于快速清空表的数据，但保留表结构。
    - 示例：TRUNCATE TABLE employees

数据操作语言

数据操作语言（Data Manipulation Language，DML）用于查询和操作表中的数据。DML 语句通常不自动提交，执行后可以选择提交或回滚。

- SELECT：用于从数据库中查询数据。
    - 示例：SELECT name, age FROM employees
- INSERT：用于向表中插入数据。
    - 示例：INSERT INTO employees (id, name, age) VALUES (1, 'John Doe', 30)
- UPDATE：用于更新表中的现有数据。
    - 示例：UPDATE employees SET age = 31 WHERE id = 1

- DELETE：用于删除表中的数据。
  - 示例：DELETE FROM employees WHERE id = 1;

数据控制语言

数据控制语言（Data Control Language，DCL）用于控制对数据库的访问权限。DCL 语句通常用于授予或撤销用户的权限。

- GRANT：用于授予用户对数据库对象的权限。
  - 示例：GRANT SELECT, INSERT ON employees TO user1
- REVOKE：用于撤销用户的权限。
  - 示例：REVOKE SELECT, INSERT ON employees FROM user1

事务控制语言

事务控制语言（Transaction Control Language，TCL）用于管理事务，即一组操作的逻辑单元，这些操作要么全部成功，要么全部失败。事务控制语句确保数据库的一致性。

- COMMIT：用于提交当前事务的所有操作，使其永久生效。
  - 示例：COMMIT
- ROLLBACK：用于回滚当前事务，撤销所有未提交的操作。
  - 示例：ROLLBACK
- SAVEPOINT：用于设置事务中的保存点，可以在回滚时回到这个点。
  - 示例：SAVEPOINT sp1
- SET TRANSACTION：用于设置事务的属性，如隔离级别。
  - 示例：SET TRANSACTION ISOLATION LEVEL SERIALIZABLE

数据查询语言

数据查询语言（Data Query Language，DQL）是 SQL 语言的一部分，用于查询数据库中的数据。严格来说，DQL 只有一个主要语句，即 SELECT，但它是 SQL 中最常用的部分。虽然有时将 SELECT 归类为 DML，但它也可以单独归为 DQL。

- **SELECT**：用于查询表中的数据，支持各种条件、排序、分组和聚合操作。
  - 示例：SELECT name, COUNT(*) FROM employees GROUP BY name

SQL 语言通过 DDL、DML、DCL、TCL 和 DQL 来全面支持数据库的定义、操作、权限管理和事务控制。这些类别帮助开发者和数据库管理员有效地管理和使用数据库，以满足不同的应用需求。

在 MySQL 安装后，有一个应用工具叫 Workbench（见图 16-27、图 16-28），它就是运行和管理 MySQL 数据库的工具。在那里你可以操作数据库和运行上面的 SQL 语句。

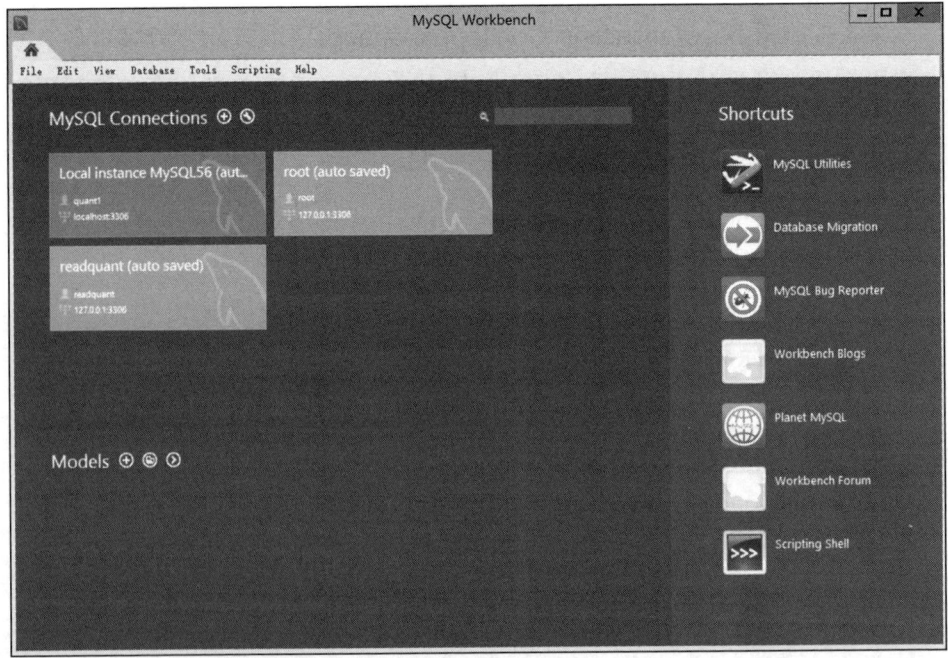

图 16-27　MySQL Workbench 首页

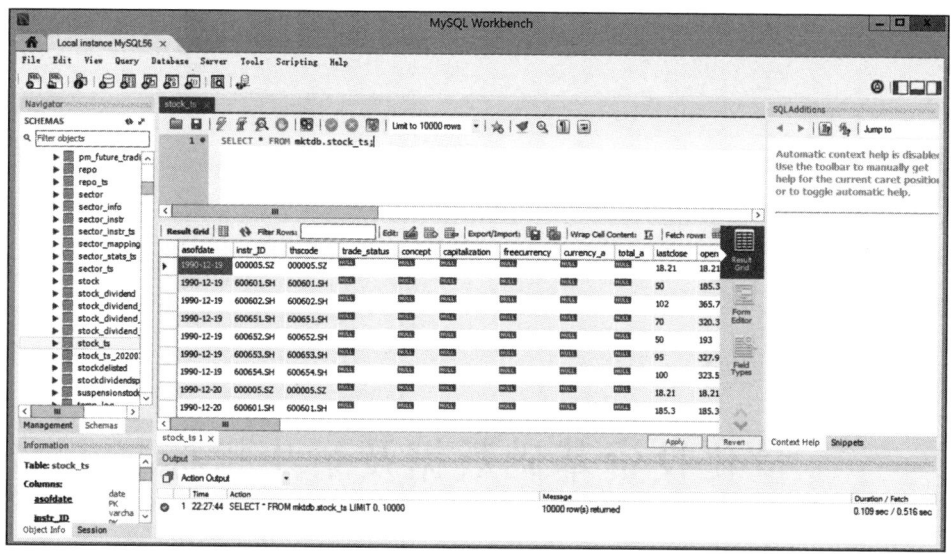

图 16-28　MySQL Workbench 操作界面

16.6　小结

编写程序是量化投资执行体系中重要的一环。我们需要计算机程序来帮助量化投资策略收集、处理数据，构建回测平台和策略执行平台，编写策略程序，最终实现核心策略的模型化和自动化。编写程序使用的是计算机编程语言。在众多语言中，Python 是适合作为初学者编写量化策略的语言。

本章对 Python 的安装、程序撰写，以及 Python 语言基本功能和扩展库进行了介绍。读者可以按照这个框架进一步深入熟练掌握 Python。

数据是量化策略的原材料，我们将大量的支持量化策略的数据存储于数据库，然后使用接口或者 SQL 语言对这些数据进行读写操作。本章介绍了数据库的基本概念和数据库的专用语言 SQL 的基本语法，以及如何使用 API 和 SQL 工具来查询和操作数据库。

编程语言、数据库都是量化投资策略执行过程中必备的基础实战知识，读者需要花费一定时间在这些知识上面，以熟练掌握编程技巧。

下一章我们开始介绍与量化投资基础数据及衍生指标。

| 第 17 章 |

量化投资基础数据及衍生指标

17.1 引言

数据在量化策略中的重要性是不可替代的。量化策略本质上是基于数据驱动的，数据的质量、种类和处理方法直接决定了策略的成功与否。我们需要关注的是对股价有影响的数据，并在量化策略研发中将这些数据作为输入建立数据驱动的策略模型。

从时效特征维度来看，数据可以分成**历史数据**和**实时数据**。站在今天的时间点，之前的数据（一般指昨天和之前的所有数据）是历史数据，今天正在接收的数据为实时数据。在量化投资执行体系中的策略研发中需要大量的历史数据，历史数据为交易模型提供了一个模拟市场环境，在这一环境中，通过回测手段来验证策略的有效性和稳健性。模拟盘和实盘运行阶段需要的是最新的数据（低频策略）或者实时数据（高频）。历史和实时数据都属于时间序列类型的数据，也就是每一条数据的信息是有时间信息的，需要使用时间戳来标识。在回测时程序按照时间顺序读入这些时间序列数据，然后在策略函数中只能使用当前日期之前的数据。

从数据所属领域维度来看，数据包括价格数据、成交量数据、公司行为数据、公司/行业/宏观层面的基本面数据，以及另类数据等。价格数据和成交量数据一般统称为价量数据或者行情数据。它们是量化策略最常用的传统数据类型。

从数据特征维度来看，数据分为基础特征数据和衍生特征指标两种。基础特征数据例如价量数据是策略研发人员视角的最原始的上游数据。衍生特征指标是基于基础特征数据加工得到的衍生数据。例如最简单的移动平均指标（MA），相对强度（RSI）指标都是基于基础特征数据中的价格数据计算得到的。随着大数据和人工智能技术的发展，数据挖掘和机器学习在量化策略中得到广泛应用。通过对大量数据，如资讯、新闻、社交数据等的深入分析，量化研究人员能够发现新的市场模式和交易机会。这些大数据也被称为量化策略的另类数据。每种数据类型提供了不同的市场视角，丰富了策略的多样性。

除了时间序列类型动态数据之外，量化策略研发执行时也需要一些相对静态的数据，比如证券 ID、证券和发行公司的基本信息如期权与期货的合约信息、公司名称、所属行业等。这些数据基本不变或者变化频率不高，在策略运行期间一般把它们当作不变的静态数据处理。但在数据库中也会保留收集数据时的时间点，防止后续回测时使用未来信息。

量化策略数据输入通常依赖于多种数据种类。数据的准确性和完整性对于量化策略也至关重要。错误的或缺失的数据可能导致错误的交易信号，进而引发亏损。所以在使用历史数据进行策略回测或实时数据进行策略执行前，数据的清洗与标准化处理是必不可少的。清洗后的数据能够减少噪声，提高模型的预测准确性。这部分也是策略研发和执行过程中需要花费大量时间和精力的工作。

在量化策略执行体系的数据工作中，数据收集与清洗处理和衍生指标计量是策略研发、模拟盘和实盘运行的前提条件。介于系统研发与策略研发之间，有的机构会将数据工作归于研发团队，有的机构则将之分配给系统和策略研发两个团队共同完成。图 17-1 展示了数据工作与其他量化策略执行体系其他部分的关系。

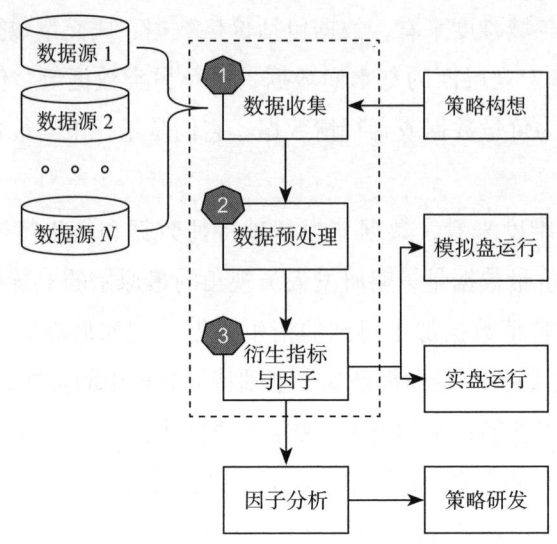

图 17-1　量化策略执行流程中的数据相关工作

当证券基础特征或者衍生指标的数据拿来作为量化策略的驱动数据时，这部分数据一般被称为因子。因子和因子模型概念在之前的因子策略模型中有介绍。因子是量化投资中常用的一个重要概念。因子最初是用来解释证券（如股票、债券等）收益率差异的特征或变量。因子通常基于某些经济学、统计学或金融理论公式计算获得，并可以通过历史数据来验证其有效性。因子是量化投资策略的核心，通过分析和利用这些因子，投资者可以开发策略，构建组合，分析风险，最终实现特定的投资目标。

本章主要介绍量化投资常用的几种时间序列的基础数据类型和它们的衍生指标，包括证券价量数据、公司行为数据，以及公司/行业/宏观层面的基本面数据。我们还会对另类数据做简要介绍。基于另类数据的策略已经在第 15 章介绍过。静态数据在金融工具中有介绍，这里面就不再赘述。

交易所会提供价格成交量数据，而大多数数据厂商都会提供价量、基本面和宏观数据，少部分数据厂商会提供另类数据。网络上也存在免费或者低费用的数据，建议量化初学者使用这些网站的数据进行研究，同时尽可能地将这些数据下载存储在自己计算机上的数据库中，以便后续使用。

17.2 价格数据与成交量数据

17.2.1 价量数据

价格和交易量数据（价量数据）和它们的衍生指标作为策略因子是国内量化策略最常用的数据类型。

交易所或者数据提供商会将这些数据分成 Level Ⅰ，Level Ⅱ 行情类型提供给用户。Level Ⅰ 数据主要包括基本行情部分，如买入价、每笔手数、成交价、卖出价、1 到 5 档的订单信息等。Level Ⅱ 数据则包含了更多的信息，例如机构交易信息、详细的逐笔交易行情以及 10 或更多档的报价行情。Level Ⅱ 行情服务的费用高于 Level Ⅰ 行情服务。

根据是否成交，行情数据可以分成订单数据和成交数据两种。订单就是未成交的数据。

在订单行情数据中，相同价格的订单（Order）合并成一档行情，因为市场上同时有很多不同价格的委托，这样就形成了多档行情。一般炒股软件只显示买卖各五个价格档的数据。这些订单数据组成了订单簿（Order Book）。

当买卖价格匹配时，就会有成交（Trade），进而形成成交数据。基于成交信息的数据有逐笔成交（Tick）数据与分时/分笔数据。Tick 数据包含最详细的信息，单独显示出每一笔成交的信息。Tick 数据只有订购了 Level Ⅱ 行情服务时才会提供，而读者在一般炒股软件中能看到的是分时数据。分时数据是按照固定时间间隔如 5 秒、1 分钟、10 分钟、每日等频率进行时间切片的开盘价、最高价、最低价、收盘价等数据。它反映的是在那个切片的时间间隔内发生的交易信息。分笔与分时数据的差别在于采样时间间隔的大小和字段。分笔一般是秒级时间间隔的数据，而且一般只有当前时间间隔最后一笔交易价格和买卖方向、买卖量等字段。字段上分笔与逐笔 Tick 成交数据类似，炒股软件中也会用分时明细来表示分笔数据，所以读者有时会感到困惑。

分钟频率以下的数据被称为高频数据。但有些策略也会放宽这个定义，任何日频以下数据都可以称为高频数据。高频策略或者日内策略需要这些数据。

交易员手工或者量化策略自动发出委托订单给交易所，这些订单如果不是市价单或者对手方价格限价单，一般不会马上成交，而是以订单形式存在于 Level Ⅰ、Level Ⅱ行情订单簿中。一旦成交后，每一笔成交数据就是逐笔成交数据，对这些逐笔成交数据进行相同时间间隔（如秒级、1 分钟、5 分钟、每日等）汇总，这些汇总数据就形成了分笔或者分时数据。分时数据一般以 K 线形式展示。

需要注意的是很多数据提供商的逐笔数据实际上也不是严格的逐笔成交数据，只是在很小时间间隔内切片的数据，所以也是一种分时数据。

在交易量不活跃的证券品种中，公布的逐笔成交数据时间间隔是不定的，中间空白时间就是没有交易。但是对于非常活跃的交易品种，基本每时每刻都有交易，每一个公布的最小时间单位内可能有很多交易，所以看起来也是相同间隔的。Tick 数据粒度更细，适合用于高频交易或量化模型中的微观结构分析，如捕捉短暂的套利机会。

图 17-2 是贵州茅台股票的行情数据截图。这个截图包括至少五方面的信息：分时成交价格数据；成交量数据；委托订单簿信息；逐笔成交数据（Level Ⅰ 中实际上也是时间间隔很小的分笔数据）；部分公司财务基本面数据。

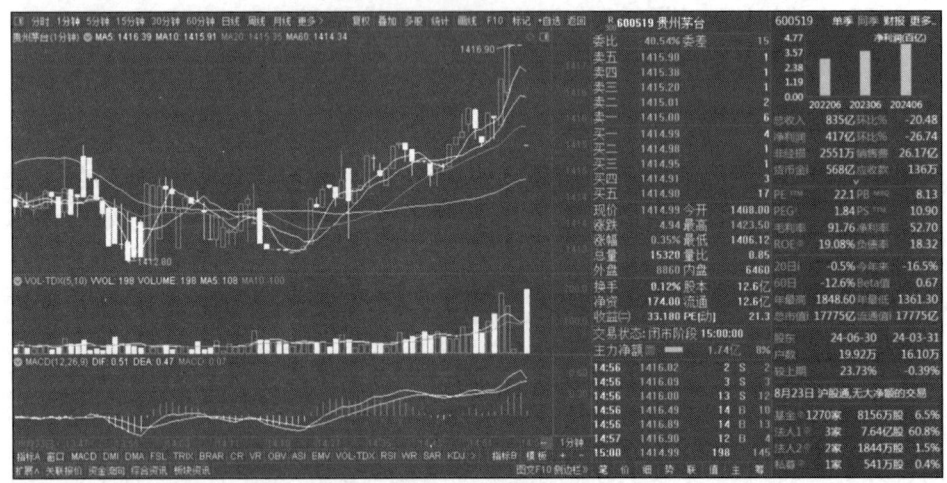

图 17-2　贵州茅台股票的行情数据

图 17-2 的最上面有 1 分钟、5 分钟等的分时时间切换选择链接。主图是最常用的选择的分时时间间隔的 K 线图，K 线图下面的柱状图显示的是成交量的大小。右边是买卖各五档 Level Ⅰ订单簿信息，下面是逐笔的成交信息。最右边

是公司层面的基本面财务信息。

股票的逐笔成交数据的字段相对简单,包括成交时间、成交手数(股数)、成交价格。如表 17-1 所示,如果存储在数据库中,则至少需要六个字段。

表 17-1 股票逐笔成交数据字段

字段名称	描述
证券代码	唯一代表证券的代码,如股票代码
日期	数据日期
时间	成交时间
成交量	成交的数量,以手数或者绝对数量为单位。不同数据源不同,需要注意
成交方向	买卖方向
成交价格	证券成交价格

分时成交数据则包括多种价格和交易量信息(见表 17-2)。

表 17-2 股票分时成交数据字段

字段名称	描述
证券代码	唯一代表证券的代码,如股票代码
日期	数据日期
频率	分时切片时间间隔:1 分钟、5 分钟、1 小时、日等
时间	切片开始时间
开盘价(Open)	本时间切片开始时证券的成交价格
最高价(High)	本时间切片内证券的最高成交价格
最低价(Low)	本时间切片内证券的最高成交价格
收盘价(Close)	本时间切片结束时证券的成交价格
成交金额	本时间切片内证券的成交总金额
成交量	本时间切片内证券的成交数量

开盘价、最高价、最低价、收盘价用英文头字母的 OHLC 表示,以 K 线图(Candlestick Chart)形式展示。

K 线图是一种用于技术分析的图表类型,广泛应用于金融市场中。K 线图最早可以追溯到 18 世纪的日本,当时它被用于记录和分析大米的价格波动。这个分析工具最早由一位名叫本间宗久的日本商人发明,他是江户时代的米商,也被认为是世界上最早的期货交易者之一。他发现,通过记录每日的开盘价、收盘价、最高价、最低价,并将这些数据绘制成图,可以直观地看出市场的情绪和价格的波动趋势。

美国技术分析师史蒂夫·尼森在20世纪80年代初期研究和推广了K线图，使其在西方世界广为人知。他在著作《日本蜡烛图技术》中详细介绍了K线图的使用方法和分析技巧，使K线图成为全球金融市场分析的重要工具。

K线图由一系列的"蜡烛"形状组成，每一根K线代表一个时间周期（如一天、一小时等），其基本结构包括：

- **实体**（Body）：显示开盘价与收盘价之间的范围（见图17-3）。
  - 如果收盘价高于开盘价，实体通常是空心或绿色，表示价格上涨。
  - 如果收盘价低于开盘价，实体通常是实心或红色，表示价格下跌。
- **影线**（Shadows）：显示最高价和最低价与实体之间的价格波动。
  - 上影线：最高价与实体顶部之间的线段。
  - 下影线：最低价与实体底部之间的线段。

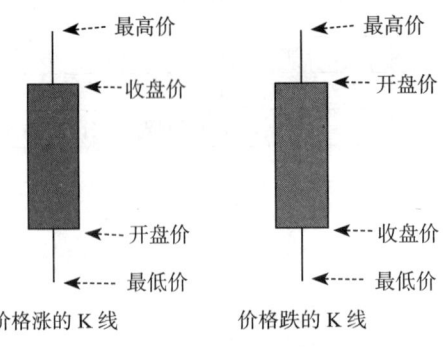

图17-3　K线图的基本结构

今天，K线图已经成为全球金融市场中使用最为广泛的技术分析工具之一。它不仅被应用于股票市场，还在外汇、期货、加密货币等多种金融市场中发挥重要作用。量化策略研发人员也经常依据K线走势来寻找策略灵感。

17.2.2　价量衍生指标

基于价格和成交量计算出来的衍生指标是国内量化策略最常用的因子。这类衍生指标又称为价量因子或者技术指标因子。技术指标因子之所以在量化策略中应用广泛，也是因为很多量化策略灵感来自技术分析投资方法，甚至就是之前技术分析策略的系统化版本。技术分析主要依据价量指标做出投资决策。

技术指标因子数量众多，大约可分成趋势指标、动量指标、反转指标、波动率指标等类型。表 17-3 所示是一些常用的技术指标因子的定义、计算公式和用途。

这些指标通过对价格、成交量、波动性等数据的计算与分析，为投资者提供关于市场趋势、反转和风险管理的有力工具。每个指标都有特定的计算方法和应用场景，能够帮助投资者更好地进行技术分析和策略制定。每种因子有其特定的计算公式和用途，可根据市场情况灵活应用。

TA-Lib（Technical Analysis Library）是一个用于金融市场技术分析的开源库，广泛应用于股票、期货、外汇等金融市场的量化交易中。它提供了多种技术分析指标和工具，能够帮助投资者和交易者进行数据分析、趋势识别和策略开发。TA-Lib 提供了超过 150 种常用的技术指标，包括移动平均线、MACD、RSI、布林带、动量指标等。TA-Lib 支持多种语言包括 Python。

Python 中使用 TA-Lib 计算技术指标非常简单，你可以在命令行使用 pip 来安装 TA-Lib：

```
pip install TA-Lib
```

由于 TA-Lib 依赖于 C 语言库，如果遇到安装问题，可以参考官方文档或寻找相应的预编译二进制包进行安装。

以下是一个使用 TA-Lib 计算简单移动平均线（SMA）和相对强弱指数（RSI）的示例：

```
import talib
import numpy as np

# 示例价格数据
close_prices = np.array([22.27, 22.19, 22.08, 22.17, 22.18, 22.13,
    22.23, 22.43, 22.24, 22.29])

# 计算 5 日简单移动平均线
sma = talib.SMA(close_prices, timeperiod=5)
print("Simple Moving Average:", sma)

# 计算 14 日相对强弱指数
rsi = talib.RSI(close_prices, timeperiod=14)
print("Relative Strength Index:", rsi)
```

表 17-3 价量衍生指标列表

指标类别	指标名称	指标定义	计算公式	用途
趋势指标	简单移动平均线（SMA）	反映一定时期内价格的平均值，用于判断价格趋势	$SMA = \dfrac{\sum_{i=1}^{n} P_i}{n}$ 式中，P_i 为第 i 天的价格	用于识别价格的趋势方向，如上升、下降或横盘
趋势指标	指数移动平均线（EMA）	对近期数据给予更大权重的均线，适用于短期趋势判断	$EMA_t = P_t \times \dfrac{2}{n+1} + EMA_{t-1} \times \left(1 - \dfrac{2}{n+1}\right)$	更敏感于近期价格变化，适用于短期趋势识别
趋势指标	移动平均收敛散度（MACD）	通过短期和长期的移动平均线差值来反映价格动量和趋势的变化	MACD=EMA12−EMA26，信号线=EMA of MACD (9days)	用于识别趋势的强弱和反转信号
趋势指标	抛物线转向指标（Parabolic SAR）	用于跟踪价格的变化，帮助识别趋势的转向点	$SAR_n = SAR_{t-1} + AF \times (EP - SAR_{t-1})$ 式中，AF 为加速因子；EP 为极值点	用于确认趋势和寻找止损点
动量指标	相对强弱指数（RSI）	衡量价格的超买或超卖状态	$RSI = 100 - \dfrac{100}{1 + \dfrac{平均上涨}{平均下跌}}$	RSI > 70 表示超买，RSI < 30 表示超卖，用于寻找反转时机
动量指标	随机指标（Stochastic Oscillator）	通过比较收盘价与价格区间来判断市场是否处于超买或超卖状态	$\%K = \dfrac{最近收盘价 - 最低价}{最高价 - 最低价} \times 100$	用于识别价格的超买（> 80）或超卖（< 20）信号
动量指标	威廉姆斯超买超卖指数（Williams %R）	量化当前价格在最近最高最低区间的相对位置	$\%R = \dfrac{最高价 - 收盘价}{最高价 - 最低价} \times (-100)$	用于识别价格的超买或超卖状态
动量指标	动量（Momentum）	简单的价格动量指标，计算当前价格与 n 天前价格的差值来衡量	$Momentum = P_t - P_{t-n}$ 式中，P_t 为当前价格	用于评估价格变动的速度和强度
动量指标	量价趋势（PVT）	结合价格变动和成交量，用于识别趋势的延续和反转	$PVT = PVT_{前日} \pm \left(\dfrac{收盘价 - 前日收盘价}{前日收盘价}\right) \times 成交量$	用于趋势强度判断，量价配合确认趋势
动量指标	平衡交易量（On-Balance Volume, OBV）	结合价格变动的方向性指标，用于预测价格趋势的延续	$OBV = OBV_{前一日} \pm 当日成交量$，根据价格收盘高低决定增加或减少成交量，如果当日收盘价与上日相同，则成交量设为 0	量价配合确认趋势强弱

第17章 | 量化投资基础数据及衍生指标 299

类别	指标	说明	公式	用途
反转指标	布林带（Bollinger Bands）	使用移动平均线和标准差来显示价格波动范围	中线 = SMA，上下轨 = SMA ± 2 × 标准差	用于识别价格的波动性变化反转信号
波动率指标	平均真实波幅（ATR）	测量市场的波动性，用于识别价格反转或趋势变化	$ATR = \dfrac{\sum_{i=1}^{n} TR_i}{n}$ 式中，TR=max(高 − 低，高 − 前收盘，低 − 前收盘)	高 ATR 表示高波动性，用于止损设置和风险管理
	宽度指标（Width Indicators）	用于评估市场波动的范围和强度		用于评估市场波动范围
	标准差（Standard Deviation）	衡量价格波动的平均离差，反映市场波动性	$标准差 = \sqrt{\dfrac{\sum (P_i - MA)^2}{n}}$ 式中，MA 为移动平均价格	用于识别价格波动的强度
其他指标	换手率（Turnover Rate）	衡量一定时间内股票的交易频率，即交易量与流通股本的比值	$换手率 = \dfrac{成交量}{流通股本} \times 100$	衡量股票的活跃度，换手率高表示交易活跃，可能有资金进出或趋势变化
	量比（Volume Ratio）	衡量当前成交量与过去一段时间成交量的比值，用于判断当前成交量的异常性	$量比 = \dfrac{当前成交量}{过去n天平均成交量}$	判断当日或某时段的交易量是否异常增加，有助于识别趋势变化或反转
	强弱指标（Force Index）	结合价格变动和成交量，衡量市场的买卖力量	Force Index=（收盘价 − 前收盘价）× 成交量	用于确认价格波动的力量及趋势强度
	趋向指标（DMI）	包括正趋向指标（+DI）和负趋向指标（−DI），用于识别趋势的方向和强度	$DMI = \dfrac{当前趋向}{趋向变化} \times 100$	用于确认市场是否存在明显趋势

17.3 基本面数据

17.3.1 基本面

对于不同资产，基本面数据不一样，对股票来说，主要指公司层面的财务数据，与股票相关的行业和宏观经济数据。对衍生品来说，是与对应底层标的相关的行业和宏观数据。例如对于期货来说，指的是与标的相关的实货供需信息和宏观层面的数据。

这些数据是价值投资方法中最常使用的数据。但量化投资策略用更加系统的方法来分析这些数据，以找到对证券价格影响的规律，开发出能够盈利的策略。

在公司层面，监管要求上市股票公司每年定期公布审计公司发表过没有保留意见的季度和年报频率的财务报表。这些报表中都会包括三个主要报表：资产负债表、利润表、现金流量表。

- **资产负债表**：提供公司在特定时间点的资产、负债和股东权益的情况，它反映了公司的财务状况，如资产质量和债务水平。
- **利润表**：显示公司的收入、成本和利润，反映公司的盈利能力。
- **现金流量表**：记录公司在一定时期内的现金流动情况，分为经营活动现金流、投资活动现金流和融资活动现金流。

我们可以通过炒股软件，或者通过交易所、公司网站获得这些报表数据，但整理清洗这些数据是非常费时费力的工作，尤其是多年的历史数据，所以在更多情况下我们会选择一个数据提供商来购买。

每一个财务报表都是对应季末后一个月或更多时间公布的，所以我们需要标注公布日期，因为这才是对股价有影响的时间点。更复杂的是一般公司都会提前公布业绩快报。业绩大幅变化的简单形式的快报公布会对股价有较大影响，而当正式公布财务报表时，股价变动反而不大了。所以财务数据快报是必不可少的基本面数据。

行业和宏观的数据来源就比较复杂，可能在行业协会网站、政府网站或者报告中，这些数据的提取和整合更加复杂。即使公司的财务数据有定期报表，但还是需要很多数据的对齐和特征提取。所以基本面数据的收集和处理比较复杂，用户一般会直接购买数据提供商提供的数据，而不做自行收集整理。

公司和行业层面的基本面源数据很难直接用到策略研发中，需要对它们进行特征提取，也就是将其计算整理成衍生指标。使用这些指标来做策略研发，例如公司层面的 P/E、ROE 指标，行业的平均毛利率等。我们获得的宏观层面的基本面数据就是一系列已经处理好的指标，如 GDP、M1（狭义货币供应量）、M2（广义货币供应量）等。毕竟从全国宏观的源数据中计算出这些数据是浩大的工程。

下面我们主要介绍各个层面的衍生指标。

17.3.2　基本面衍生指标

公司基本面指标

这些公司财务数据可以直接用于分析公司的财务健康状况、估值水平和盈利能力。但最常用的方法是基于这些报表中的数据计算出量化策略使用的估值指标，如市盈率（P/E）、市净率（P/B）、股息率等。在量化策略中这些估值指标可以用于筛选低估值的投资标的，或结合其他因子构建多因子模型。

表 17-4 所示是常用财务指标列表。

基本面数据是基本面量化策略（Quantamental Strategy）的核心，基本面量化策略也是一种因子策略，其使用的因子就是基本面因子。

行业基本面指标

股票有发行公司，所以公司的基本面数据就与股票价格相关。但期货和其他的一些衍生品是交易所发行上市的品种，所以这些衍生品没有发行公司的财务数据，但它们有着对应的标的或者对应的某个公司，或者有行业归属。对于对应公司的投资标的，我们可以分析上一节的公司基本面数据。对于各个行业来说，也是有基本面数据的。这些行业基本面数据反映了行业的现状和未来发展。相对于标的本身的微观财务信息，这些是影响相关证券价格的中观因素。

表 17-4 常用财务指标列表

财务指标	定义	公式	用途
每股收益（EPS）	公司净利润除以已发行普通股数量后的结果，表示公司每股带来的利润	EPS=净利润/流通股数	衡量公司盈利能力的关键指标，通常用作市盈率（P/E）的分母
市盈率（P/E, Price-to-Earnings Ratio）	市盈率是公司当前股票价格与每股收益（Earnings Per Share, EPS）的比率。它表示投资者愿意为公司每赚取一单位的收益支付多少倍的价格	市盈率（P/E）=股票价格/每股收益（EPS）	市盈率用于比较不同公司之间的估值水平，特别是在同一行业内。它帮助投资者判断一只股票相对于其收益来说昂贵还是便宜。通常，与同行业的平均 P/E 进行对比是常见的分析方法
市净率（P/B, Price-to-Book Ratio）	市净率是公司股票价格与每股净资产（Book Value Per Share）的比率。它表示投资者愿意为公司每一单位的净资产支付多少倍的价格	市净率（P/B）=股票价格/每股净资产	市净率常用于评估公司股票是否被高估或低估，特别是在公司资产负债表较为稳定的情况下。这个指标还可以帮助投资者了解公司账面资产的市场认可度。对于资产较多但盈利能力不强的公司，P/B 可能比 P/E 更有参考价值
毛利率（Gross Margin）	衡量公司销售收入中扣除生产成本后的部分所占总收入的百分比	毛利率=（营业收入-销售成本）/营业收入	较高的毛利率表明公司在生产和销售过程中拥有较高的利润空间
净利率（Net Profit Margin）	是衡量公司盈利能力的关键财务指标之一，显示公司在扣除所有费用、税费和利息后，能够从营业收入中获得多少净利润	净利率=（净利润/营业收入）×100%	净利率用于评估公司在利润生成方面的效率。较高的净利率通常表明公司拥有较强的竞争优势和经营能力。净利率也可以用于不同公司的横向比较，尤其是在同一行业内
流动比率（Current Ratio）	衡量公司偿还短期债务的能力，计算流动资产与流动负债的比率	流动比率=流动资产/流动负债	较高的比率表明公司在短期偿债方面更有保障，但过高可能显示资产未被有效利用
速动比率（Quick Ratio）	更严格的流动性衡量指标，即排除存货后的流动资产与流动负债的比率	速动比率=（流动资产-存货）/流动负债	更准确地反映公司偿还短期负债的能力，尤其在存货难以快速变现的情况下
资产收益率（ROA）	衡量公司利用其资产生利润的能力	ROA=净利润/总资产	较高的 ROA 表明公司有效利用资产创造利润，反映了管理效率

指标	含义	公式	解读
净资产收益率（ROE）	衡量公司盈利能力，反映公司利用净资产获取利润的效率	ROE = 净利润 / 平均净资产	较高的ROE表示公司利用自有资本的效率高，通常意味着公司更具投资吸引力
资产负债率（D/E）	反映公司财务杠杆使用情况的比率，通过总负债与股东权益的比率计算	D/E = 总负债 / 股东权益	较高的D/E比率表示公司财务杠杆较高，风险较大；较低则表明财务状况稳健
营收增长率（Revenue Growth）	衡量公司营业收入的增长速度，通常按年度或季度计算	营收增长率 =（本期营收 - 上期营收）/ 上期营收	持续增长的营收增长率表明公司业务扩展良好，是企业成长性的重要指标
息税前利润率（EBIT Margin）	衡量公司在不考虑税费利息支出的情况下的盈利能力	EBIT Margin = 息税前利润 / 营业收入	较高的EBIT Margin表明公司在控制成本和费用方面表现出色，盈利能力较强
利息覆盖率	衡量公司利用其盈利能力偿还债务利息支出的能力	利息覆盖率 = EBIT / 利息支出	较高的利息覆盖率表示公司在支付利息方面更有能力和安全性，较低的比率可能表明公司面临财务压力
现金流量比率	衡量公司现金流状况及其偿还短期债务的能力，为经营活动现金流量与流动负债的比率	现金流量比率 = 经营活动现金流量 / 流动负债	较高的现金流量比率表明公司具备较强的短期偿债能力
企业价值倍数（EV/EBITDA）	通过企业价值与其息税折旧摊销前利润的比率评估企业的整体估值水平	EV/EBITDA = 企业价值 / EBITDA	用于比较不同公司的估值水平，较低的EV/EBITDA可能表明公司估值较低，有投资价值
毛利率（Gross Margin）	衡量公司销售收入中扣除生产成本后的部分占总收入的百分比	毛利率 =（营业收入 - 销售成本）/ 营业收入	较高的毛利率表明公司在生产和销售过程中拥有较高的利润空间

不同的行业有不同的衡量行业情况的指标，表 17-5 是一些行业基本面指标。

表 17-5　行业基本面指标列表

行业	行业数据	定义及作用
能源行业	原油库存数据	反映市场供需平衡，高库存通常意味着供过于求，可能导致油价下跌
	OPEC 产量报告	石油输出国组织（OPEC）的产量决定全球石油供给，对油价有直接影响
	炼油厂开工率	反映炼油厂的生产能力利用情况，开工率下降可能表明需求疲软
农业行业	农产品产量报告	反映小麦、大豆、玉米等农产品的产量，直接影响相关期货的价格
	天气数据	天气状况影响农作物的产量，极端天气可能导致产量下降和价格上涨
	播种面积	反映未来的农产品供给水平，影响市场预期
金融行业	银行利率	影响银行的净息差和盈利能力，是金融行业的核心指标
	信贷增长	反映经济活动的活跃程度，是银行业务增长的指标
	不良贷款率	反映银行资产质量，高不良贷款率通常表明行业面临压力
制造业	制造业采购经理人指数（PMI）	衡量制造业活动的关键指标，50 以上表示扩张，50 以下表示收缩
	工业生产指数	反映一个国家或地区的工业生产活动水平，是制造业健康状况的重要指示
	库存水平	反映供需关系，过高的库存可能预示需求下降
科技行业	研发投入（R&D Expenditure）	衡量科技公司创新能力的关键指标，较高的研发投入预示着未来的竞争优势
	专利申请数	反映企业的创新活力，更多的专利申请表明行业技术进步快
	市场渗透率	反映新技术在市场中的普及程度，如智能手机或云计算的市场渗透率
房地产行业	房价指数	衡量住宅或商业地产的价格变化，是评估房地产市场热度的重要指标
	住房开工率	反映房地产市场的建设活动水平，较高的开工率预示着市场信心强
	抵押贷款利率	影响房屋购买成本，是影响房地产需求的重要因素
零售行业	消费者信心指数（Consumer Confidence Index）	反映消费者对经济前景的预期，直接影响零售销售
	同店销售增长率	衡量零售商现有门店的销售增长情况，较高的增长率表明业务健康
	库存周转率	衡量商品从进货到销售的速度，是零售商运营效率的重要指标

宏观指标

宏观数据如 GDP、通货膨胀率、利率等宏观经济指标常用于宏观策略和资产配置策略中（之前讲述的 FOF 和 MOM 策略中使用的策略）。例如，经济增长强劲时，可能偏好股票资产，而在高通胀时期，可能会选择抗通胀资产，如黄金或房地产。由于其数据更新频率不高，所以只能用于低频的量化基本面策略中。

表 17-6 所示是常用的宏观经济指标的定义、描述及其作用。

表 17-6 宏观经济指标

宏观经济指标	定义	描述	作用
GDP（国内生产总值）	衡量一个国家经济总量的指标，通常以年度或季度为单位计算	GDP 反映了一个国家的经济规模和健康状况，是衡量经济增长的主要指标	在经济增长强劲时，投资者可能偏好股票资产，而经济增长放缓时可转向债券或其他安全资产
通货膨胀率	表示物价水平的上升速度，通常通过 CPI 或 PPI 衡量	通货膨胀率反映了消费者或生产者价格的变动速度，高通胀通常会导致购买力下降，并影响央行的货币政策决策	在高通胀时期，投资者可能会选择抗通胀资产如黄金或房地产，央行可能通过加息来控制通胀
利率	借贷成本的价格，通常由中央银行设置	利率是金融市场的重要调控工具，影响经济活动、通货膨胀和货币供应。高利率通常会抑制借贷和消费，而低利率则有助于刺激经济增长	利率的变化会影响资产价格、货币价值和资本流动。低利率环境通常利好股票和房地产市场，而高利率环境下债券可能更具吸引力
失业率	反映有意愿工作但无法找到工作的人口占劳动人口的百分比	失业率是衡量经济健康的重要指标之一，高失业率通常表明经济疲软，低失业率表明经济活跃且就业市场紧俏	失业率的变化影响着消费者信心和支出，从而影响整体经济活动。高失业率可能导致政府出台刺激政策以促进经济复苏
汇率	一国货币与另一国货币的兑换比率	汇率影响国际贸易、投资流动和外债偿付能力。强势货币可能抑制出口，促进进口，弱势货币则可能增加出口竞争力	汇率波动直接影响进出口贸易和跨国投资决策，是外汇市场和国际经济策略的重要考量因素
财政赤字	政府支出超过收入的部分，通常需要通过借款来弥补	财政赤字反映了政府的财政状况，持续的赤字可能导致国家债务增加，并影响投资者对国家经济稳定性的信心	大规模财政赤字可能引发通胀或债务危机，影响利率和汇率。投资者在高赤字环境中可能寻求更安全的投资选择
货币供应量	经济中流通的货币总量，通常分为 M1、M2 等类别	货币供应量是央行控制经济活动和通货膨胀的重要工具，过多的货币供应可能导致通货膨胀，过少则可能导致经济停滞	货币供应量的变化影响利率、通货膨胀率和经济增长。过度增长可能引发资产泡沫，而紧缩的货币政策则可能引发经济衰退

（续）

宏观经济指标	定义	描述	作用
贸易余额	一国出口与进口的差额	贸易余额反映了一个国家与外部世界的经济关系，贸易顺差表明出口大于进口，贸易逆差则相反	贸易顺差通常利好本国货币并增强经济实力，而贸易逆差可能导致外债增加和货币贬值。政策制定者可能会通过关税或补贴调整贸易平衡
消费者信心指数	衡量消费者对经济前景的信心，通常通过调查获得	消费者信心指数反映了公众对经济健康状况的预期，高信心通常预示着消费和投资的增长，而低信心可能预示着消费减少和经济放缓	消费者信心的变化会直接影响消费支出，从而影响整体经济活动。投资者通常会根据该指数调整投资组合的配置，以应对未来的经济波动
制造业采购经理人指数（PMI）	衡量制造业活动的一个先行指标，通常由采购经理的调查结果汇总得出	PMI 指数高于 50 表示制造业扩张，低于 50 表示收缩。它是预测经济健康状况的重要先行指标，尤其是工业部门的表现	PMI 的变化预示着未来经济活动的走向，投资者和政策制定者常将其作为调整策略的参考。高 PMI 通常利好经济增长型资产，如股票，低 PMI 则可能推动防御性资产的需求

另外政府政策变动包括财政政策变动和货币政策变动，可能会对市场产生重大影响。例如，降息刺激股市上涨，加税则可能压制市场情绪。量化策略通常会监控这些政策变动，以调整资产配置或交易策略。

17.4 公司行为数据

公司行为（Corporate Action）数据包括：分红、分股、配股、并购重组、限售股东解禁等信息。这些信息对股价有一定的影响，所以也会纳入量化策略的输入数据范畴。下面介绍各部分数据信息。

17.4.1 分红数据

当公司有盈利时，董事会就会决定是否将公司的盈利以分红形式反馈给股东。分红有现金分红与股票分红两种类型。对于业绩稳定的公司来说，分红会每年，甚至每季度有规律发放，金额不会变动太大，有时候也会有特殊一次性的分红。

以下是分红数据中的关键字段及其含义：

- 公告日期（Announcement Date）：公司宣布分红的日期，投资者在此日期之后开始关注并准备调整持仓。
- 登记日（Registration Date）：在该日期之前购买登记股票的投资者有权获得此次分红，在此日期之后购买登记股票的投资者则无权获得此次分红。
- 除权除息日（Ex-Dividend Date）：股价调整后的第一个日期。
- 派息日期（Payment Date）：公司实际发放分红给股东的日期。
- 每股派息金额（Dividend per Share）：公司每股发放的现金金额，或每股分发的股票数量。
  - 示例：每股 0.50 美元（现金分红），每股 0.05 股（股票分红）。
- 分红类型（Dividend Type）：分红是现金分红、股票分红，还是特殊分红。
- 股息率（Dividend Yield）：通常以百分比形式表示，计算公式为每股派息金额除以股价，反映股息与股价的比率。

17.4.2 分股数据

分股（Stock Split）可分为正向分股和反向分股。正向分股是公司通过增发新股来降低股价，从而提高股票流动性的一种行为。分股不会改变公司的市值，但会增加股票的流通量。反向分股是将多股合并成一股。这一般是为了满足交易所对单股股价的要求而采取的行为。

以下是分股数据的关键字段及其含义：

- 分股比例（Split Ratio）：分股的比例，例如 2:1 表示每持有一股，股东将获得额外一股。
- 公告日期（Announcement Date）：公司宣布分股的日期。

- 执行日期（Effective Date）：分股行为正式生效的日期，自此日期起，股票将按照新的比例交易。
- 分股前股价（Pre-Split Price）：分股前的股票价格。
- 分股后股价（Post-Split Price）：分股后的股票价格，理论上为分股前股价除以分股比例。
- 分股类型（Split Type）：分股（例如正向分股、反向分股）。

17.4.3　配股信息

配股（Rights Issue）是公司向现有股东发行新股以筹集资金的一种行为，通常以折扣价格提供，允许股东按持股比例购买更多的股票。配股需要股东提供额外的资金，分红股则不需要。

以下是配股数据的关键字段及其含义：

- 配股比例（Rights Ratio）：现有股东可按其现有股份购买新股的比例。例如 1:5 表示股东每持有 5 股现有股份，可以购买 1 股新股。
- 配股价格（Rights Price）：配股价格通常低于市场价格。
- 公告日期（Announcement Date）：公司宣布配股的日期。
- 缴款截止日期（Payment Date）：股东必须在此日期之前支付新股的费用以获得配股。
- 配股类型（Rights Type）：例如是否为强制性配股（即股东是否必须参与）。

17.4.4　并购重组信息

并购重组（Mergers and Acquisitions，M&A）是公司通过购买、合并或重组其他公司或业务以实现战略增长的行为。并购重组会对股价产生重大影响。事件驱动策略要使用这部分数据。

以下是并购重组数据的关键字段及其含义：

- 交易类型（Transaction Type）：并购重组的类型，例如收购、合并、资产剥离、资产置换等。
- 目标公司（Target Company）：被收购或合并的公司名称。
- 交易对价（Deal Consideration）：收购价格，通常包括现金、股票或两者的组合。
  - 示例：20 亿美元（现金），或每股 1.5 股。
- 交易公告日期（Announcement Date）：并购重组的公告日期。
- 交易完成日期（Completion Date）：交易正式完成的日期。
- 支付方式（Payment Method）：收购方支付的方式，如现金支付、股票置换等。
  - 示例：现金和股票置换。
- 审批进度（Approval Status）：并购重组需要经过的审批情况，可能包括股东投票、监管批准等。

公司也可能破产，那么就会有关于破产重组的相关信息。这些信息对公司股价的影响极大。

17.4.5　限售股东解禁信息

限售股东解禁（Lock-up Expiration）是指原本受限的公司股东（通常是公司内部人员或早期投资者）在限售期满后可以自由交易股票的行为。这可能会导致市场上股票供应的增加，进而影响股价。

以下是限售股东解禁数据的关键字段及其含义：

- 解禁日期（Unlock Date）：限售股东股票解禁的日期，从此日期起，这些股票可以在市场上自由交易。
- 解禁股份数量（Unlock Shares）：解禁的股票数量。
- 解禁前持股比例（Pre-Unlock Holding）：解禁前限售股东所持有的股份比例。
- 解禁后持股比例（Post-Unlock Holding）：解禁后限售股东的持股比例（假设解禁后立即出售全部股票）。

- 解禁股东类别（Shareholder Type）：参与解禁的股东类型，例如公司高管、创始人、早期投资者等。

公司行为数据是量化策略中的重要输入变量。通过分析分红、分股、配股、并购重组、限售股东解禁等行为，量化投资者能够更全面地预测股价的波动和市场的反应，从而优化投资决策。

17.5 另类数据

上面描述的都是结构化数据。随着技术，尤其是移动互联网技术的发展，产生了大量的非结构化数据，比如卫星照片、新闻、自媒体和社交网站信息，以及海量结构化数据如电商产品销售数据等。这些被称为量化策略中的另类数据，以有别于传统的价量、财务和基本面等数据。

有研究表明这些数据对股票或者其他相关投资标的价格有一定影响。在难以找到挖掘出新的传统因子的情况下，量化策略研发人员开始分析和使用这些另类数据。

例如，通过自然语言处理技术，量化分析新闻标题和内容中的情绪信息，以预测市场走势。正面新闻情绪可能预示股价上涨，负面情绪则可能导致股价下跌。来自社交媒体讨论内容可以反映大众投资者的情绪和市场预期。量化策略可以通过分析这些数据来捕捉市场情绪的变化。我们还可以通过分析卫星图像获取公司工厂的活动情况、零售商的客流量、农作物的产量等信息，用于预测公司业绩或大宗商品价格。通过天气数据来分析天气变化对农产品、能源等行业的影响。量化策略可以利用天气预报数据来预测相关资产的价格波动。

17.6 数据来源

获得策略需要的数据的渠道有多种，包括交易所，商用数据提供商如万得、同花顺等。互联网上也有一些免费或者低成本的基本数据。对于复杂的数据，还是需要从商业专业数据提供商处购买这些数据。

对于初学者来说，可以使用 Tushare 和 Baostock 两个数据源来获得历史行情数据。

- Tushare：https://www.tushare.pro/。该平台通过社区采集和整理数据，之后经过质量控制再提供给用户，如公司行为数据、股票、期货、期权行情、公司财务信息等。注册完用户后，使用提供的 Python SDK 就可以方便地提取数据。Tushare 也提供爬虫的准实时行情数据。

首先按照 Tushare 接口包：

```
pip install tushare
```

下面是网站提供的 Python 接口读取数据示例。

```
pro = ts.pro_api()
df = pro.daily(ts_code='000001.SZ', start_date='20180701', end_date=
    '20180718')
# 多只股票
df = pro.daily(ts_code='000001.SZ,600000.SH', start_date='20180701',
    end_date='20180718')
```

或者，

```
df = pro.query('daily', ts_code='000001.SZ', start_date='20180701',
    end_date='20180718')
```

也可以通过日期获取某一天的全部历史数据。

```
df = pro.daily(trade_date='20180810')
```

数据样例：

```
  ts_code    trade_date   open   high   low    close  pre_close  change  pct_chg
     vol        amount
0 000001.SZ  20180718     8.75   8.85   8.69   8.70   8.72       -0.02   -0.23
     525152.77  460697.377
1 000001.SZ  20180717     8.74   8.75   8.66   8.72   8.73       -0.01   -0.11
     375356.33  326396.994
2 000001.SZ  20180716     8.85   8.90   8.69   8.73   8.88       -0.15   -1.69
     689845.58  603427.713
3 000001.SZ  20180713     8.92   8.94   8.82   8.88   8.88        0.00    0.00
     603378.21  535401.175
```

```
4  000001.SZ  20180712  8.60  8.97  8.58  8.88  8.64  0.24  2.78
   1140492.31  1008658.828
5  000001.SZ  20180711  8.76  8.83  8.68  8.78  8.98  -0.20  -2.23
   851296.70   744765.824
6  000001.SZ  20180710  9.02  9.02  8.89  8.98  9.03  -0.05  -0.55
   896862.02   803038.965
7  000001.SZ  20180709  8.69  9.03  8.68  9.03  8.66  0.37   4.27
   1409954.60  1255007.609
8  000001.SZ  20180706  8.61  8.78  8.45  8.66  8.60  0.06   0.70
   988282.69   852071.526
9  000001.SZ  20180705  8.62  8.73  8.55  8.60  8.61  -0.01  -0.12
   835768.77   722169.579
```

- Baostock：http://www.baostock.com。Baostock 是一个免费、开源的证券数据平台（无须注册），提供证券历史行情数据、上市公司财务数据等。用户通过 Python API 获取证券数据信息，以 Pandas DataFrame 类型返回。目前不提供实时行情信息。

首先安装 baostock 程序包：

```
pip install baostock
```

下面是来自 Baostock 网站的 Python 数据读取保存样例程序。

```
import baostock as bs
import pandas as pd

#### 登录系统 ####
lg = bs.login()
# 显示登录返回信息
print('login respond error_code:'+lg.error_code)
print('login respond  error_msg:'+lg.error_msg)

#### 获取沪深A股历史K线数据 ####
# 详细指标参数，参见"历史行情指标参数"章节；"分钟线"参数与"日线"参数不同。"分钟线"
    不包含指数。
# 分钟线指标：date,time,code,open,high,low,close,volume,amount,adjustflag
# 周月线指标：date,code,open,high,low,close,volume,amount,adjustflag,turn,pc
    tChg
rs = bs.query_history_k_data_plus("sh.600000",
    "date,code,open,high,low,close,preclose,volume,amount,adjustflag,tur
        n,tradestatus,pctChg,isST",
    start_date='2017-07-01', end_date='2017-12-31',
    frequency="d", adjustflag="3")
print('query_history_k_data_plus respond error_code:'+rs.error_code)
```

```
print('query_history_k_data_plus respond  error_msg:'+rs.error_msg)
#### 打印结果集 ####
data_list = []
while (rs.error_code == '0') & rs.next():
    # 获取一条记录,将记录合并在一起
    data_list.append(rs.get_row_data())
result = pd.DataFrame(data_list, columns=rs.fields)

#### 结果集输出到 csv 文件 ####
result.to_csv("D:\\history_A_stock_k_data.csv", index=False)
print(result)

#### 登出系统 ####
bs.logout()
```

市场上还有其他众多的数据来源,用户可以选择适合自己策略的数据源。

17.7 数据清洗、预处理与导入

数据的准确性和完整性对于量化策略至关重要。但在现实世界中,存在一定错误的或缺失的数据。这些缺陷可能导致错误的交易信号,进而引发亏损。所以我们需要对源数据进行数据清洗和预处理。

数据清洗和预处理工作的目的是确保所使用的数据准确、完整且具有一致性。这些过程能够减少数据噪声、处理异常值、填补缺失数据,从而提高模型的预测准确性和可靠性。以下是数据清洗和预处理的一些具体工作。

17.7.1 处理缺失数据

填补缺失值:在数据集中,有时会遇到缺失值。例如,某些交易日的价格或成交量数据缺失。常用的填补方法包括:

1)前向填充(Forward Fill):使用前一个有效数据填补缺失值。

2)后向填充(Backward Fill):使用后一个有效数据填补缺失值。

3)插值法:通过线性或多项式插值法估算缺失数据。

4)删除缺失值:在某些情况下,如果缺失值过多,可以考虑删除该数据行或列。

17.7.2　处理异常值

检测并处理异常数据点：在数据集中，可能存在异常值（Outliers），例如极端高或低的价格或成交量。这些异常值可能是数据录入错误或一次性事件的结果。常用的处理方法包括：

1）统计方法：如使用 Z 分数或 IQR（四分位距）法来检测和处理异常值。

2）替换异常值：用中位数或均值来替换异常值。

3）平滑处理：使用移动平均等方法来平滑数据，减小异常值的影响。

17.7.3　去重处理

删除重复数据：在数据采集过程中，可能会出现重复的记录。去重处理能确保每条数据在数据集中唯一存在，以避免对模型的训练和预测产生负面影响。

17.7.4　标准格式处理

统一数据格式。确保所有数据以相同的格式表示。例如，日期和时间应该采用一致的格式（如 YYYY-MM-DD），价格数据应该统一为某种货币单位。

处理不同来源的数据。当数据来自多个来源时，可能存在格式不一致的情况，这时需要对这些数据进行标准化，以便进行合并和分析。

17.7.5　数据对齐处理

时间序列对齐：在处理时间序列数据时，不同数据集的时间戳可能不一致，需要对数据进行对齐处理，例如：

1）重采样（Resampling）：将数据重采样到统一的时间频率（如分钟、小时、天）。

2）插值对齐：当不同时间序列数据的时间戳不完全匹配时，可以使用插值方法对齐数据。

17.7.6 数据归一化和标准化

归一化：将数据缩放到 0 到 1 的范围，适用于不同数据特征之间尺度差异较大的情况。

标准化：将数据转化为均值为 0、标准差为 1 的正态分布，适用于需要消除特征之间量纲影响的情况。

17.7.7 处理非结构化数据

文本处理：如果策略涉及文本数据（如新闻、社交媒体），则需要进行分词、去除停用词、词干提取等处理。

情感分析：对于社交媒体或新闻数据，可以通过情感分析提取情绪特征，作为策略的输入。

当然不是所有数据都需要以上所有数据处理工作。数据处理后我们还需要设定一些规则，对数据的正确性进行一致性和完整性检验。一致性检验是为了验证数据的逻辑一致性，如开盘价应小于等于最高价，收盘价应大于等于最低价等。完整性检验是确保数据集没有遗漏关键的字段或信息，例如某些字段在策略中至关重要，不能缺失，或者非停牌日也需要有数据。

17.7.8 数据的导入

在数据清洗、预处理后，需要保存下来。你可以将数据保存成文本文件，但更有用的是将这些数据导入数据库。

首先我们需要对每一类数据在数据库中定义对应的表格。表格中的每一个字段就是各个数据的某一个属性，如日期、证券 ID 等。然后使用 Python 程序将处理后的数据用 API 形式写入到这些表格中，也可以使用数据库提供的 ETL（抽取、转换、装载）工具来批量导入这些处理好的数据。

我们可以通过这些数据清洗、预处理和导入工作大幅提升数据的质量，积累起量化数据，为量化策略的开发和执行提供可靠的基础。

17.8 小结

量化策略依赖于多种数据类型，包括价格数据、成交量数据、市场深度数据、基本面数据、宏观经济数据和另类数据。这些数据对于量化策略的重要性体现在多个层面，包括策略研发、策略执行、风险分析管理、策略优化、市场适应性判断、合规和监控等方面。

我们需要使用数据库技术收集和积累这些相关数据，将这些源数据进行处理提取成量化策略可以使用的因子或者其他形式。这是量化研发的必备资产。

量化策略的核心在于通过数据驱动实现交易决策，而数据的质量和处理能力直接影响策略的有效性和收益，所以需要建立起完善的数据质量管理体系。

随着大数据和人工智能技术的进步，另类数据在量化策略中的作用将更加关键，它可以推动策略的不断创新和进化。

下一章将介绍量化投资系统平台。

| 第 18 章 |

量化投资系统平台

18.1 引言

前面我们介绍了量化投资全过程,包括策略研发、策略模拟盘运行和策略实盘运行三个阶段的工作。对于专业的量化投资机构来说,这三个阶段都需要能完成相应工作的计算机系统来支持。这些计算机系统组成了量化投资系统平台。

市场上有很多开源或者商业的量化投资系统平台,有些平台覆盖因子挖掘、策略回测、实盘交易等全部量化策略执行功能。有些平台则专注于量化投资过程中的一个部分,如因子挖掘和策略回测。对于初学者来说,建议先使用已有的开源平台进行学习和研究。对于专业人士或者机构来说,则需要自行开发量化投资系统平台,或者基于开源平台进行改造。

即使使用开源平台,我们也需要对量化投资平台的组成部分、功能和其关系有所了解,这样才能深入理解和挖掘平台能力,再者如果后续决定从事量化投资行业,还是需要对量化平台有深入了解才能对其进行改造或者自行开发平台。

有了量化投资平台并不意味着你就不用开发任何程序了。量化平台的作用是完成量化策略研发和运行基本的功能,但策略本身还需要用户在量化平台上开发和运行。具体来说，就是量化平台提供基础功能，其中有个策略模块，这个模块需要用户来开发，开发完将这个模块嵌入到量化平台上进行回测分析，或者模拟盘和实盘运行。

量化投资平台的用户包括数据科学家、策略研发人员、交易员、投资经理、风控人员等。他们会使用这个平台不同的功能来完成各个岗位的核心工作，如数据分析、策略编写回测、策略执行、风险管理等。

在介绍量化投资系统平台之前，我们先澄清一些系统方面的名词，需要注意的是这些名词在不同场景，解释可能不同。

首先我们来看系统（System）和模块（Module）这两个名词。它们是从不同角度来描述完成特定量化投资功能场景的计算机软件、硬件，或者软硬件一体的结合。系统是从计算机技术视角来描述的，而模块是从抽象概念角度来描述的。在日常工作中我们一般不对这两个名称做区分，而是统称为系统模块。注意这里使用的模块这个词与计算机编程语言中的程序库或者模块代表着不同的意思。

其次是服务（Service）这个词。这里的服务特指后台计算机服务软件（Backend Services），是指无须界面程序而在后台独立运行并能通过应用程序接口（API）与外部程序进行交互的软件程序。一个或者多个服务如果能完成特定功能也会用系统模块来描述。微服务框架是大型软件采用的系统架构。这个架构由多个能完成特定功能的服务组成，每一个服务就是单独运行并能完成一个业务功能的程序。

最后是平台（Platform）。平台一般指多个系统组合成的能够提供某个领域比较全面的功能的软件、硬件或者软硬件一体的结合。这里我们讨论的量化投资平台是指软件领域上的平台。

行业中对量化投资平台中特定系统组成部分的叫法比较模糊，有的叫模块、服务，有的叫系统，实际上没有规范地在同一层次上进行命名。但为了方便读者熟悉行业名词，我们在后续描述量化投资平台的各个组成部分时，就遵循行业常规，而没有统一在一个层面上进行枚举。

市场上有很多开源的量化投资平台和需要付费购买的商用平台。对于大部分用户，尤其是初学者，无须自己开发一整套量化投资平台。你应该选择一个开源平台或者低成本费用但比较开放的平台。

本章介绍市场上的量化投资平台，量化投资平台的组成模块，以及各个模块的基本功能。

18.2 市场上的量化投资平台

市场上有很多与量化投资相关的系统或者平台，我们将它们分成开源软件和商用软件两大类。

开源量化平台软件中有的只能提供策略研发的功能，不提供交易执行功能；有的软件平台只提供交易执行功能，但需要从合作券商处申请交易账户。这类开源软件与证券经纪商合作提供实盘交易的功能。商业软件一般都提供策略研发、模拟盘和实盘策略执行功能，但各部分功能的完善程度不同。

表 18-1 所示为国内外市场上常用的开源和商用量化投资交易平台。

上面提到的有些平台提供云端服务，用户可以在网页上编写策略函数，然后使用平台内置的数据和因子，设置完策略参数后，一键执行回测功能，最后获得图形化展示的回测结果，这非常适合初学者学习量化策略。但如果你准备把量化投资作为一个未来职业，开发复杂一些的策略，最好是选择一个能够本地部署的开源框架，安装在自己的机器上进行策略编写和回测。这样的知识和策略积累在未来的职业发展中非常有价值。

18.3 量化投资平台组成模块

从用户需要的功能视角看，在量化策略研发阶段需要有数据采集、存储、处理、及数据分析、策略编写、回测、评估等相关的系统功能模块。在模拟盘运行阶段需要实时行情与/或因子数据处理、证券信息、策略执行、仿真交易、策略管理、评估、策略损益及风险计量监控等模块。在实盘运行阶段则需要实时行情与/或因子数据处理、策略执行、策略管理、交易执行、持仓和现金管理、损益风险计量监控、策略评估等模块。

表 18-1 国内外市场上常用的开源和商用量化投资交易平台

平台名称	类型	公司名称	功能	特点
Zipline	开源	Quantopian	策略研发、回测	Python 开源库，专注回测，需自行解决数据和交易执行。中国市场使用需要客制化
QuantConnect	开源	QuantConnect	策略研发、回测、模拟交易、实盘交易	核心代码 C# 开源，支持 Python 和 F#。提供商业云端服务版本，也提供 SDK 供本地部署
Backtrader	开源	Daniel Rodriguez	策略研发、回测、模拟交易	Python 开源库，支持多资产和数据格式。专业机构也经常使用此平台
聚宽量化投研平台	部分功能免费	北京小龙虾科技有限公司	策略研发、回测、模拟交易	除了 Python，还有 C、C++、MATLAB 等语言调用数据的接口。支持股票、期货的策略研究。网页版可视化策略编写和回测
米筐量化平台	商用	深圳米筐科技有限公司	策略研发、回测、模拟交易	提供金融终端和网页版的平台，用户可以在上面写策略，免费试用数据
VN.PY	开源	上海韦纳软件科技有限公司	策略研发、回测、期权账号的可以实盘交易	功能完备，支持连接较多交易柜台
万得	商用	万得信息技术股份有限公司	策略研发、回测、模拟交易、与经纪商合作支持实盘交易	在其线上平台上可以免费使用万德（Wind）的数据，内容涵盖股票、债券、基金等
QMT	商用	迅投公司	行情展示、策略研究、交易执行和风险管理	全内存交易实现高频交易，支持多种编程语言（如 Python、C++）进行策略编写与回测功能
PTrade	商用	恒生电子公司	支持多种交易接口、实现自动化交易、策略回测、风险控制等功能	提供了包括股票、期货、外汇等多种金融产品的交易函数库，方便投资者根据自己的需求选择合适的策略进行回测和实盘交易
QuantLib	开源	Open Source	金融工程与定价模型	C++ 开源库，专注于定价和风险管理，不提供交易功能
MetaTrader (MT4/MT5)	商用	MetaQuotes	策略研发、回测、模拟交易、实盘交易	外汇和 CFD（差价合约）市场，支持自动化交易，使用 MQL 语言
AlgoTrader	商用	AlgoTrader	策略研发、回测、模拟交易、实盘交易	支持高频交易，功能丰富，集成多种经纪商和数据源
Interactive Brokers (IB) API & TWS	商用	Interactive Brokers	策略开发、回测、模拟交易、实盘交易	低交易成本，API 接口支持多种编程语言，全球市场覆盖
Bloomberg Terminal	商用	Bloomberg	策略研发、回测、模拟交易、实盘交易	高端数据和分析工具，广泛市场覆盖，费用高

从量化平台的技术实现视角看，量化投资平台一般需要以下系统：

- 数据管理系统与数据采集变换导入 ETL 程序（Database Management System，DBMS &ETL）。
- 因子服务（Factor Service，FS）。
- 策略回测引擎（Strategy Back-testing Engine，SBTE）。
- 订单管理系统（Order Management System，OMS）。
- 交易执行系统（Execution Management System，EMS）。
- 策略引擎（Strategy Engine，SE）。
- 实时风控系统（Risk Management System-Realtime，RMS-RT）。
- 投资组合管理系统（Portfolio Management System，PMS）。

这些系统中包括了上面描述的从用户需求视角出发的各项功能，相当于对上述功能细项进行了归类。行业中更多以这些系统来描述量化投资平台的属性。

图 18-1 所示为量化投资交易平台策略研发模块示意图，主要由策略数据输入，通用数据管理，策略回测及评估，模拟交易所，策略编写五大模块，加上外部数据源组成。

策略研发的部分系统模块在模拟盘/实盘运行时也是需要的。这些功能模块可能具有相同的功能，那么在这三个阶段中就可以复用，但一般通过系统参数的不同配置来适应不同的阶段。

图 18-2 所示为量化投资交易平台策略运行模块示意图。它由策略数据输入，通用数据管理，策略执行及管理，交易所，策略程序研发五大模块，加上外部数据源组成。与策略开发相比，增加了更多子模块如风险管理、订单管理等。

很多量化投资平台对图中描述的功能都做了简化或者合并，甚至把图中的多个系统合并成一个计算机程序。如果合并的话，图中描述的这些功能模块就不是以独立的服务或者系统存在了，而是以这个程序中的不同函数来存在。这样的做法往往只是因为要开发的量化策略比较简单，或者为了极速要求。但对于大型机构来说，图中的模块一般都是各自运行但相互联系的多个系统。这样有利于系统的功能扩展和运行的维护。

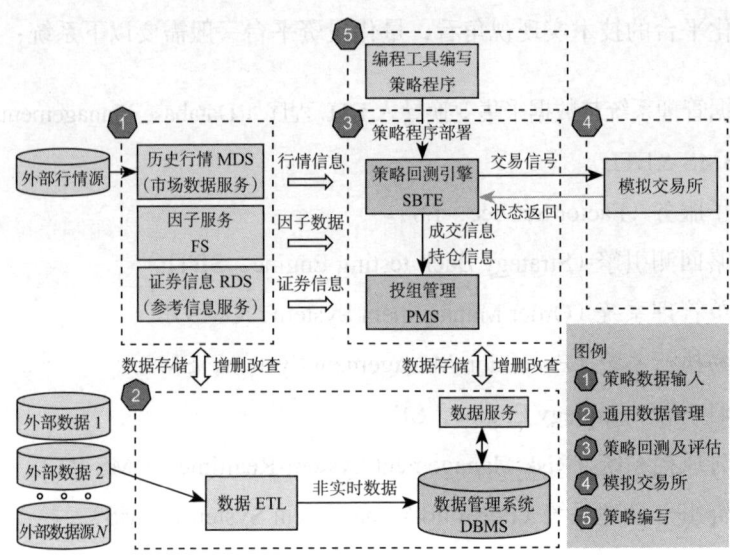

图 18-1　量化投资交易平台策略研发模块示意图

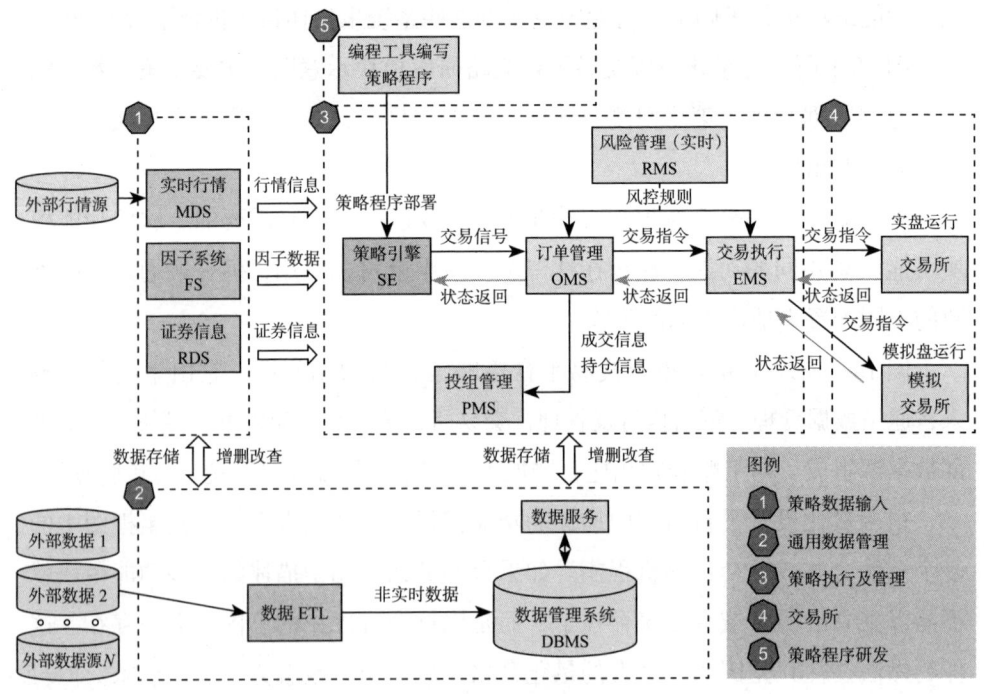

图 18-2　量化投资交易平台策略运行模块示意图

机构在建设量化投资平台的过程中，也不一定会自行研发上述的所有模块或者系统。最常见的是采用自研与外购的混合模式，即自己开发核心模块，其他模块则购买商用平台的软件产品。

灵活的量化投资平台必将是复杂的，但如果你使用一个已有的量化平台，平台会具有绝大部分量化投资研究和执行的功能，你只需要编制策略信号部分和准备策略数据部分的程序，其他的功能平台都会提供。平台会给你提供策略编写模板，或者你按照平台要求的规则编写策略程序，策略平台可以直接导入和执行你写的策略部分程序，并对它的运行状态进行监控管理。

对于量化投资初学者个人来说，不建议自己构建一个新的量化投资平台，而应使用市场上很多开源软件或者购买商业的平台进行策略研发和策略执行。这样就可以将精力集中在学习和钻研最重要的策略逻辑上面。

18.4 策略数据输入模块

在量化投资的策略研发、策略模拟盘运行和策略实盘运行阶段都需要有系统来支持数据的收集、处理和分析。只是在研发阶段关注的是历史数据，而在模拟盘和实盘中一般是先根据历史数据计算出一些因子或者指标，然后获得或者实时订阅新的数据，或者用这些新的数据更新之前用历史数据计算的因子指标，再把更新后的因子指标输入到策略模型中处理；或者直接把历史数据计算出来的因子和新的数据一并输入到策略模型中。

策略一般需要三类数据：市场行情数据、因子数据、证券信息数据。对应的三个系统为市场数据服务（Market Data Service，MDS）、因子服务（Factor Service，FS）和参考信息服务（Reference Data Service，RDS）。

18.4.1 市场数据服务

市场数据服务（Market Data Service，MDS）负责从各个市场数据源收集实时行情数据，包括股票、期货、期权等金融产品的价格、成交量、盘口等信息，并将其分发给策略引擎和其他需要实时数据的系统。同时它也保存多年的历史行情数据，以供策略研发和回测使用。数据包括开盘价、收盘价、最高价、最低价、成交量等。

MDS 系统一般包括**数据源接口层**、**数据处理层**、**数据存储层**、**数据访问层**几个部分。

- 数据源接口层与多个数据供应商（如交易所、第三方数据提供商）对接，通过 API、FTP（文件传输协议）等多种方式获取原始数据。
- 数据处理层则完成数据清洗、标准化、补齐缺失数据、异常数据处理等工作。
- 数据存储层一般使用高性能的数据库系统来存储和管理历史数据和实时数据。
- 数据访问层支持行情流式推送和查询。这就需要支持流式信息传递的平台软件如 Kafka、RabbitMQ，但对于高频交易来说，这类通用的信息传递平台不能满足性能要求，往往需要自研。查询提供标准化的 API 接口（如 RESTful、Web Socket、gRPC）供内部系统或用户查询数据。

18.4.2 因子服务

因子服务（Factor Service，FS）负责计算和管理各类因子，包括基本面因子、技术面因子、情绪因子等。因子的计算可以是基于历史数据的静态因子，也可以是基于实时数据的动态因子。因子服务也应该包括因子实时数据，并将更新后的数据推送至策略模型中，它也支持高效因子的存储、版本管理和查询，并可以从多维度进行查询，如时间、标的、因子类别等。在策略研发阶段，因子服务还会提供因子挖掘相关功能。

首先因子服务需要一个计算引擎，通常采用分布式计算框架（如 Spark、Dask 等）来支持大规模因子计算，也可以采用 Python、C++ 等语言编写的自定义计算模块。

配套系统包括任务调度系统，使用调度系统来管理和调度因子计算任务可以确保计算任务的定时执行和依赖管理。

因子定义和数据存储在数据库中，可以使用关系型数据库如 MySQL、Oracle 等，但更多的是使用高性能的流式数据库如 KDB、DolphinDB 等。

因子服务提供对因子数据的查询接口（RESTful API、GraphQL），并支持通过 Web Socket 或消息队列如 Kafka、RabbitMQ 等实时订阅因子更新。

18.4.3 参考信息服务

参考信息服务（Reference Data Service，RDS）提供证券标的的静态信息，包括标的代码映射、交易所信息、市场状态（交易时段、节假日信息）等，以及公司基本资料、行业分类、财务指标等，这些信息用于策略的基础分析和筛选。同时也提供公司行为事件处理，包括分红、拆股、增发等公司行为事件的管理，以确保这些事件在策略和回测中得到正确的处理。

与 MDS 系统类似，RDS 系统一般包括数据源接口层、数据处理与整合层、数据存储层、数据访问层几个部分。

- 数据源接口层从公开市场、财务报告、公司公告等多个数据源收集参考信息。
- 数据处理与整合层对不同来源的数据进行清洗、标准化和整合，以确保数据的准确性和统一性。
- 数据存储层使用传统的关系型数据库（如 PostgreSQL、SQL Server）来管理参考信息数据，以确保数据的结构化存储和高效检索。
- 数据访问层通过 API 或批处理接口（如 REST API、GraphQL、ETL 工具）提供参考数据的访问和查询。因为参考信息更新不频繁，尤其是日内，所以可以不支持流式信息推送。

18.5 通用数据管理模块

通用数据管理模块是对量化策略中产生的数据进行存储的数据库，和围绕它的数据抽取、转换、装载和数据查询服务。这类数据库有别于因子服务中的流式数据库，更多使用关系型数据库系统。

简单的系统可以使用选定的数据库，比如 MySQL 自带的工具或者接口完成上述功能。但行业中一般使用单独的 ETL 工具或者自编程序和数据服务来完成。这样其他的程序只是与数据服务连接，而不需要清楚底层到底使用的是哪种数据库。这样就提供了数据可控和后续可扩展的能力。

18.5.1　数据抽取、转换、装载

数据抽取、转换、装载（Extraction，Transformation，Loading，ETL）的工作是从外部数据源获得量化投资需要的数据，包括行情、证券信息、财务数据、因子数据等，并对这些数据进行处理，最后导入到数据库的过程。

- **数据抽取**（Extraction）是从多种外部数据源中获取数据，这些数据源可以包括市场数据提供商、交易所、财务数据供应商、公司公告等，抽取的数据类型包括市场行情、公司财务数据、证券信息、因子数据等。
- **数据转换**（Transformation）是对抽取的数据进行清洗、标准化和转换的工作。数据清洗包括处理缺失值、异常值和不一致数据。数据标准化是将数据转化为统一的格式和单位，以便后续的分析和使用。数据转换还包括数据聚合、分组、计算衍生指标等。
- **数据装载**（Loading）是将转换后的数据装载到目标数据库中，通常是关系型数据库或其他适合的数据存储系统。

有两种方法来实现 ETL 工作。一种方法是使用商业或开源的 ETL 工具（如 Apache NiFi，Talend，Informatica，Pentaho 等）来自动化数据抽取、转换和装载过程。这些软件也提供了调度处理和监控的功能。但具体的数据 ETL 逻辑还是需要自己编写。商业软件有很多通用数据源的接口，这也简化了开发的过程。另外一种方法是自己使用编程语言（如 Python，Java，SQL）编写自定义脚本，实现需要的数据处理逻辑。对于个人学习者来说，这种办法最适合。

常用的爬取公共网站数据的爬虫软件也属于 ETL 软件。ETL 中也经常使用管道技术，包括一系列的处理节点，每一个节点的处理后信息是下一个节点的输入信息。

18.5.2　数据管理系统

数据管理系统（Database Management System，DBMS）包括数据管理引擎和数据库两个主要部分，数据管理系统厂商也会提供基础的数据读取更新工具软件和编程语言接口。

在这个数据库系统中，我们将存储量化投资平台需要的和所产生的所有数据。当然还计划采用其他时间序列数据等类型数据库，相应数据存储在那里。但一般来说，还是在这个通用的数据库里面存储一份相同的数据，以便与其他数据进行链接和处理。

除了之前介绍的 MDS、FS、RDS 的数据外，数据库还将存储交易流水、持仓、损益、风险指标、系统参数等历史和实时产生的数据。这些数据为后面处理分析提供了可能性。

数据库的操作通过 SQL 或者 API 进行，包括将数据导入到数据库，更新或者删除旧的数据等。我们一般将常用的操作写成一系列带参数的脚本，之后根据需求，改变参数再直接链接数据库进行运行。

大型系统用户多，一般不允许直连数据库，而是中间加上一个数据服务层，其他应用通过数据服务与数据库进行通信，以便控制和后续扩展。

对数据库的备份非常重要，数据库系统提供了备份工具，用户需要定期备份，并检验备份数据是否可恢复可用。

ETL 和 DBMS 是量化投资平台的数据管理核心。ETL 专注于数据的获取、处理和导入，是数据流入的关键通道。DBMS 则负责数据的存储、管理和安全，确保数据在整个策略开发和执行过程中的可用性和一致性。通过分离 ETL 和 DBMS 的职能，可以实现更高的系统可控性和扩展性，为量化投资提供稳定可靠的数据支撑。

18.6 策略回测与评估模块

在量化策略研发阶段，需要由系统来支持策略使用历史数据进行回测运行，并计算回测后的策略指标来进行策略的评估，以决定是否能够进入模拟盘运行。策略回测由一个策略回测系统完成，策略评估一般是投资组合管理系统功能的一部分。当然在策略回测模块中也可以内置策略评估模块，这样就不需要 PMS 来参与策略回测。

18.6.1 策略回测引擎

策略回测引擎（Strategy Back-testing Engine）模拟策略在历史市场环境中的表现，通过执行策略的历史交易来评估其潜在表现。一个回测引擎大约包括以下几个模块：

- **历史数据处理模块**：此模块从数据库或数据管理系统中导入历史市场数据，包括价格、成交量、公司事件、财务数据等。如果之前没有对数据进行特殊处理，还需要进行数据清洗和预处理，以确保数据的完整性和一致性。
- **策略执行模拟模块**：此模块执行用户定义的策略逻辑，对历史数据进行逐步模拟。有些回测引擎只支持单种证券类型，但大部分回测引擎支持多种资产类型（如股票、期货、外汇等）和复杂策略（如多因子模型、机器学习模型）。
- **成交模拟模块**：此模块模拟订单执行、成本计算、滑点、交易延迟、市价单、限价单等真实交易条件，用户可以根据不同资产类型自定义这些参数，以获得最合理的交易结果和交易成本。
- **账户管理与资金模块**：此模块根据初始本金、交易流水和保证金费用等信息计算出每日持仓、可用资金余额，也可以进行资金和头寸的配置，同时计量损益情况。
- **回测结果展示模块**：此模块输出展示详细的交易日志、订单记录、头寸变化等信息。同时提供策略表现的图表化展示，如资金曲线、风险指标变化等。

在开源或者商用的策略回测引擎软件中，还有后面要介绍的策略执行模块中都有一个核心函数，命名为类似于 onBar( )、onMarketTick( )、next( ) 这样的名称。当回测循环播放市场行情变化时，每一次市场变化就会调用这个函数。这个函数会就根据市场行情或者其他策略输入的数据变化来决定买卖信号。这部分就是策略的核心逻辑所在。用户使用现成的策略回测引擎时，一般只需要编写这个函数的内容，就可以完成策略的回测。

在我们自己编写的回测程序中不一定非得有这样的函数，因为回测使用的是历史数据，我们已经有了这部分数据，就不需要按时间 Bar 或者 Tick 逐个时刻处理，只需要使用批处理或者矩阵矢量计算方法快速完成回测。

使用 onBar( )、onMarketTick( )、或者 next( ) 这样函数结构的回测引擎好处在于转到后面的策略模拟盘和实盘运行阶段时不需要太多程序的改变。

下面是一个动量策略的 onBar( ) 函数示例。

```python
class MomentumStrategy:
    def __init__(self, short_window=20, long_window=50):
        self.short_window = short_window    # 短期窗口（用于计算短期均线）
        self.long_window = long_window      # 长期窗口（用于计算长期均线）
        self.position = 0                   # 当前持仓状态（0 表示空仓,1 表示持仓）
        self.prices = []                    # 存储历史价格数据

    def onBar(self, bar):
        """
        onBar 函数在每次市场行情变化时被调用，bar 代表当前的市场数据，包括价格、成
            交量等。
        :param bar: dict, 包含当前的市场行情数据，例如 {'close': 100, 'open':
            98, ...}
        """
        # 获取当前收盘价并添加到历史价格中
        current_price = bar['close']
        self.prices.append(current_price)

        # 如果历史价格数据不足以计算均线，则直接返回
        if len(self.prices) < self.long_window:
            return

        # 计算短期和长期均线
```

```python
            short_moving_avg = sum(self.prices[-self.short_window:]) / self.
                short_window
            long_moving_avg = sum(self.prices[-self.long_window:]) / self.
                long_window

            # 买入条件：短期均线从下方穿越长期均线（动量增加，表示上涨趋势）
            if short_moving_avg > long_moving_avg and self.position == 0:
                self.buy(current_price)
                self.position = 1  # 更新持仓状态为持有

            # 卖出条件：短期均线从上方穿越长期均线（动量减少，表示下跌趋势）
            elif short_moving_avg < long_moving_avg and self.position == 1:
                self.sell(current_price)
                self.position = 0  # 更新持仓状态为空仓

    def buy(self, price):
        """
        买入逻辑：可以在此处添加实际的买入操作代码
        """
        print(f"Buying at price: {price}")

    def sell(self, price):
        """
        卖出逻辑：可以在此处添加实际的卖出操作代码
        """
        print(f"Selling at price: {price}")

# 示例回测调用
strategy = MomentumStrategy(short_window=20, long_window=50)

# 模拟市场数据（假设是从回测引擎中传入的市场行情）
market_data = [{'close': p} for p in [99, 100, 101, 98, 102, 105, 107, 110,
    108, 106, 104, 102, 101, 99, 95, 92, 91, 93, 97, 100]]

# 模拟每次接收市场数据时调用 onBar 函数
for bar in market_data:
    strategy.onBar(bar)
```

在上面这段代码中：

__init__()：初始化策略参数，包括短期和长期均线窗口，以及当前持仓状态和历史价格数据。

onBar(bar)：核心策略逻辑，每次接收到新的市场数据（bar）时调用。通过计算短期和长期均线，判断买卖信号。

Buying at price 和 Selling at price：买入和卖出操作，在实际使用中可以将这部分代码与订单管理系统对接以实现真实的交易。

示例回测调用：模拟市场数据输入，通过循环调用 onBar( ) 函数展示策略的执行过程。

18.6.2 策略评估

每一次策略回测完成，我们都需要对策略结果进行评估，以寻找可以优化的点，或者判断策略是否满足进入模拟盘阶段的条件。策略评估模块（Strategy Evaluation Module）需要做的就是收集如交易流水、市场等相关数据并计算这些评估指标。

这部分程序可以是策略回测引擎的一部分，也可以单独存在，并复用于很多其他策略评估场景。

指标计量可以使用开源软件如 TA-Lib，也可以自己编写扩展这些计量的指标。大家可以复习第 5 章投资策略绩效评估里面的内容。一般的商用或者开源模块都支持大部分常用指标的计量。

18.7 策略执行与管理模块

在完成策略研发阶段的策略编写、策略回测、策略评估后，就进入策略模拟盘运行或者策略实盘运行阶段了。从回测阶段到模拟盘和实盘运行一般需要对策略研发阶段的策略程序进行改写，以在策略模拟盘和实盘运行的环境中运行。二者的主要区别是策略在数据接收和处理方面从历史数据转换到实时数据，并将策略加上风控规则、更多的错误处理等模块。有些平台设计的时候会通过不同参数配置让策略研发阶段的策略程序直接使用在模拟盘和实盘运行环境中。

前面提到过如果回测平台支持 onBar( )、onMarketTick( )、next( ) 这样的逻辑分割函数，那么程序改写就容易得多。

18.7.1 策略引擎

模拟盘运行试图模拟实盘运行的各种场景，只是交易执行时二者有所不同，一个是模拟执行交易，一个是在交易所执行真实交易。二者的系统架构和程序应该尽量相同。我们后续讨论策略引擎部分时，也就不对它们进行区分，而是主要描述实盘运行的功能。

实盘运行的策略引擎（Strategy Engine）包括策略信号产生的核心模块和策略运行管理两大部分。策略信号产生模块的主体就类似 onBar( ) 函数部分，是策略的核心，由策略研发人员编写。策略运行管理模块则负责策略信号模块的系统载入、运行启停、状态监控等功能，这部分主要由机构中的 IT 人员自行开发，或者由开源平台提供。

对于类似 Python 这样可以动态加载解释运行的语言，策略信号函数部分和策略运行管理部分可以比较容易地进行分割。一个策略引擎平台可以同时装载多个策略信号产生模块，也可以使用 Docker 程序把策略信号产生程序进行封装，这时的策略运行管理就变成了对多个 Docker 运行实例的管理。

18.7.2 订单管理系统

机构里有多个策略，多只基金或者交易台，需要根据这些领域不同的属性进行风险管理、成交分配，或者交易通道管理。完成这部分工作的模块就是订单管理系统（Order Management System，OMS）。

OMS 是量化交易和传统投资机构中的关键组件，用于协调多个策略、基金或交易台的订单管理、风险控制和交易执行。OMS 连接 RDS、MDS、EMS、RMS 等多个模块，为整个投资过程提供了核心的订单管理和协调功能。

OMS 的主要功能包括：

- **订单生成与管理**：订单创建接收来自策略引擎或交易员的订单请求，生成标准化的买入、卖出订单。这些订单请求中的字段可能不是完整的，需要 OMS 补充部分信息，然后传递到交易执行模块。OMS 可以根据用户需求或者系统配置来将交易指令转换成支持多种订单类型，如市价单、限价单、止损单、限价止损单等。同时也要负责管理订单的全生命周期，包括创建、修改、取消和状态追踪（如未成交、部分成交、全部成交）。
- **风险控制**：OMS 可以独立完成或者将订单信息传递给单独的风险管理模块来做预交易风险检查，也就是在订单进入市场之前进行风险评估和控制，如头寸限制、资金检查、风险敞口限制等。同时机构也有合规性检查，以确保订单符合内部风险管理策略和外部监管要求，防止违规交易。
- **订单路由与分配**：OMS 根据订单属性（如交易量、资产类型）和市场条件（如流动性、价格）智能选择最佳执行场所（如交易所、做市商、暗池等），同时将来自多个策略或基金的订单聚合后，根据预设规则（如数量比例、资金比例）进行成交结果的分配。

对于自己从事量化交易的人员来说，我们不需要编写复杂的 OMS 模块，甚至不需要单独的 OMS 模块，只需要将这部分工作融合在策略引擎部分，在策略信号产生后使用类似下面的 Pseudo 程序：

If 品种 = 股票：go to 股票 EMS 函数

Elseif 品种 === 期货：call 期货 EMS 函数

其中 EMS 是下面要介绍的交易执行系统。

18.7.3　交易执行系统

OMS 产生的订单传递给交易执行系统（Execution Management System，EMS），EMS 将其发送到交易所执行交易。根据策略的复杂程度和需要交易的品种，一个 OMS 可能连接着多个交易执行系统。例如期权与标的套利策略需要一个交易引擎连接期权交易所，一个交易引擎连接投资标的的交易所。然后 OMS 负责这些交易引擎的路由和状态管理。

EMS 会将交易所返回的信息传递回 OMS，OMS 汇总后决定是否重新发起交易或者完成一个整个交易执行流程。

EMS 中也会包括算法交易功能，该功能用来支持交易大单。算法交易模块支持多种执行策略，如限价单、冰山单、TWAP（时间加权平均价格）、VWAP（成交量加权平均价格）等，能适应不同市场条件和策略需求。

EMS 都会与交易所连接。连接的协议视交易所支持能力的不同而有所不同。交易所一般都支持行业标准交易协议，例如 FIX、FAST 协议，交易所也会提供更精细化或者高速的自定义协议。

FIX 协议（Financial Information Exchange）是全球广泛使用的电子交易通信协议，最初为证券交易所设计，现已扩展到多种资产类别和交易场所。它支持订单的发送、修改、取消等操作，并提供订单状态、成交收益、取消确认等信息。FIX 标准化程度高，具有良好的扩展性和灵活性，支持多种金融产品和交易场所。

FAST 协议是对 FIX 协议的优化，用于减少市场数据传输的延迟和带宽使用。优化后的消息编码格式提高了数据传输效率，特别适合高频市场数据的传输。相比传统 FIX 协议，FAST 协议具有更高的数据压缩率和传输效率，适合大数据量、低延迟场景。

18.7.4　风险管理系统

我们在第 4 章介绍过风险管理的相关知识。在交易执行中，风险管理注重于实时交易限额部分。因为程序化交易速度很快，可能由于各种原因导致超过限额，甚至出现致命的策略逻辑导致大幅损失。所以需要进行风险限额控制。管理风险的模块就是风险管理系统（Risk Management System，RMS）。

策略执行过程中的风险管理更强调实时交易限额控制。程序化交易的速度极快，在极短时间内可能执行大量订单，如果不加以控制，可能瞬间超出风险限额。同时策略逻辑中也可能存在没有处理的场景，例如一些策略在市场条件变化时可能会触发大量订单或异常行为，导致巨额亏损。因此，必须对交易限额进行实时监控和控制。最后也需要防止系统性错误、程序错误或通信故障可能导致的错误的订单生成和执行，因此需要以限额控制作为防线，防止不可预见的损失。

这部分风控功能一般会以单独的风险管理模块来完成，以方便风控规则的单独设置和扩展。对于小型系统来说，这部分风险管理功能可以直接在策略信号部分或者 OMS、EMS 中完成。对于低复杂度、低交易量的策略或系统来说，集成的风险管理方式能够快速响应策略信号和订单执行情况，但在这种情况下必须保证 OMS、EMS 中的错误不会影响风控程序的运行。

风控系统支持规则化的限额设定，可以设定账户、策略、单笔交易、日交易量、资金使用等多维度的限额。需要实时监控策略生成的信号和执行的订单，对每笔订单进行风险检查，如是否超过预设的限额、是否符合风险参数。如果超限则进行预警，自动干预或执行阻断。

风险管理系统也包括交易后的风险管理。这部分功能与投资组合管理的部分功能是相同的。

风险管理系统需要处理大量的市场数据和订单信息，有些场景下也需要高效的实时数据流处理技术，如基于内存计算、流式处理框架等。

18.7.5　投资组合管理

一个机构或者大型量化基金会包括很多交易策略，这些交易策略的持仓组成了投资组合。除了对单个策略进行分析管理，还需要对多个策略的投资组合进行分析管理。完成这部分功能的系统叫投资组合管理系统（Portfolio Management System，PMS）。

投资组合管理系统是一个用于管理和优化多策略投资组合的核心系统，特别是对于大型量化基金或机构投资者而言。PMS 不仅负责单个策略的管理，还需要对整个投资组合进行全面的分析、监控和优化。其目标是确保投资组合在遵循既定投资目标和风险偏好的前提下，实现最佳的风险收益表现。

PMS 的主要功能包括投资组合构建与优化、风险管理与监控、绩效评估与归因分析、交易成本分析、报告等。

投资组合构建与优化包括新策略组合构建或者资产配置，以及组合优化与再平衡。在组合构建过程中会根据预设的投资目标和风险偏好，将多个策略组合成一个整体投资组合。PMS 应该支持多种策略的组合，如股票、期权、期货、外汇等。PMS 也可以基于现代投资组合理论（如均值-方差优化、Black-Litterman 模型等）实现资产配置的优化，确保投资组合在预定的风险水平下实现收益最大化。组合一旦构建就会使用模型调整各策略或资产的权重，以应对市场变化或投资目标的调整。结论经过确认后传入 OMS 和 EMS 执行。

风险管理与监控部分包括多维风险指标计量分析、压力测试与情景分析、VaR（风险价值）计量等。

- PMS 提供投资组合的多维风险指标计量分析，包括波动率、最大回撤、交易成本等。
- 压力测试与情景分析模拟不同市场条件下投资组合的表现，对组合进行压力测试和情景分析，评估极端市场环境下的潜在损失。
- VaR 反映的是投资组合在一定置信区间和时间段内的最大损失，该指标在 PMS 中实现，有助于识别潜在风险。

绩效评估计算投资组合的整体绩效指标，如年化收益率、夏普比率、信息比率等，并与基准进行比较，评估组合的投资表现。归因分析对投资组合的收益进行归因分析，分解收益来源（如市场、策略、资产类别），识别出超额收益的主要贡献因子。

交易成本分析会跟踪和分析交易成本（如市场冲击、滑点等），评估交易对组合绩效的影响，并优化交易执行策略以降低成本。

报告功能会自动生成投资组合的各种报告，包括日常报告、月度报告、绩效报告、风险报告等，以满足投资人和监管的需求。

从系统角度看，PMS 的系统架构会包括数据管理层，核心功能模块，用户界面与报告层。

- 数据管理层集成 PMS 计量需要的多种数据源，包括市场数据、交易数据、持仓数据、财务数据、风险因子数据等，确保了分析和决策的数据基础完整和准确。
- 核心功能模块包括组合管理模块、风险管理模块和绩效评估模块。组合管理模块负责投资组合的构建、优化和再平衡，包含组合分析和优化算法；风险管理模块能实时计算和监控组合的风险指标、情景分析、VaR

等计量；绩效评估模块用于计算组合的绩效指标，并进行归因分析和风险调整后收益计算。
- 用户界面与报告层提供图形化的用户界面，便于组合管理人员进行组合的监控、分析和调整。

PMS 需要与 OMS、EMS、风险管理系统、数据供应商等进行深度交互，以确保数据和交易的流畅性。

投资组合管理系统是管理和优化多策略投资组合的关键工具，它涵盖从投资组合构建、优化、风险管理到绩效评估的全方位功能。PMS 的目标是确保投资组合在风险可控的前提下，实现最优的收益表现，同时确保投资行为符合合规和审计要求。对于大型机构或基金来说，PMS 的高效运作是实现投资目标的核心保障。

18.8 小结

本章从系统视角描述了量化投资的策略研发、策略模拟盘运行、策略实盘运行阶段需要的量化投资平台的各个模块。

量化投资系统平台在量化策略研发阶段需要有数据采集、存储、处理，以及数据分析、策略编写、回测、评估等相关的系统功能模块。在模拟盘运行阶段需要实时行情与/或因子数据处理、证券信息、策略执行、仿真交易、策略管理、评估、策略损益及风险计量监控等模块。在实盘运行阶段则需要实时行情与/或因子数据处理、策略执行、策略管理、交易执行、持仓和现金管理、损益风险计量监控、策略评估等模块。这些系统模块能帮助我们研发新的策略，执行模拟盘和实盘，并进行量化策略管理。

我们从专业量化平台角度分模块介绍了这些模块的功能。对于初学者来说，不用自行开发一个量化投资系统平台，重要的是理解各个模块的功能，选择一个开源的或者低成本甚至免费的平台进行策略的学习和探索，后续进阶策略或者如果进入机构后，可以再对量化投资平台进行改造或者重新开发。

下一章将以 Dual Thrust 策略为例来演示量化投资全流程示例。

| 第 19 章 |

量化投资全流程示例

19.1 引言

通过前面的学习，我们了解了量化投资策略的基本概念，主要的量化投资策略，以及量化策略的编程语言和量化投资系统平台的知识。

量化投资全流程分成策略研发、策略模拟盘运行、策略实盘运行三大阶段。其中策略研发是从事量化投资的个人和机构的核心能力，也是策略最终能够实盘运行并盈利的前提条件。策略研发流程包括策略设计与建模、数据收集与清洗处理、衍生指标计量和因子挖掘、策略程序编写、回测与调优，以及策略评估六个主要步骤。这些步骤都是相辅相成的，依赖量化投资系统平台开发出能够进行实盘交易的策略。

本章将通过演示量化 CTA 策略中的 Dual Thrust 策略从研发到实盘上线的全部流程，来让读者对量化策略执行有直观的了解。读者之后就可以使用类似的方法和流程来实现书中介绍的量化投资策略，以及更多的新策略。演示程序使用的标的是期货，但 CTA 策略使用的技术指标也可以应用在股票和其他证券品种上，本质上都是因子策略。

我们选取了开源量化平台 Backtrader，使用 Python 语言来编制策略程序。

19.2 策略研发

策略研发的第一步是找到新策略的灵感。策略灵感可以来自很多方面，例如从书本上、互联网上学习到的传统的主观基本面策略和技术分析策略，或者研报、专业金融杂志、学术论文中读到的关于投资策略的文章。本章我们选择技术分析 Dual Thrust 策略来演示量化投资的全过程。

Dual Thrust（双向推动）策略由 Michael Chalek 于 20 世纪 80 年代末提出，其核心思想是基于价格波动来制定买入和卖出信号。

Dual Thrust 策略的灵感来源于对股票、期货等证券价格波动的观察。正常情况下，这些价格都在一个相对稳定的价格范围内波动，当价格突破这个价格范围时，说明有影响价格的推动因素导致这个范围的突破。我们不需要知道具体是什么推动因素，只要观察价格变动区间，并假设这个推动因素是持续起作用的，因为价格变动反映了市场上的大部分信息，且更多投资者会跟随价格变动。

如果我们观察价格向上突破，则可以判断这个推动因素是正向的，可以做多这个证券（买入）。反之，如果价格向下突破，则可以判断这个推动因素是负向的，我们就可以做空这个证券（卖出）。

Dual Thrust 策略实际上属于价格突破趋势策略，由于其简单和有效，成为华尔街流行的策略之一。

有了这个策略的基本思路，我们就需要对其建模、回测来验证这个策略是否有效。

19.2.1 策略的设计和建模

Dual Thrust 策略根据波动范围来制定买入卖出信号。那么如何具体计算出这些范围呢？

Dual Thrust 策略认为，在没有额外信息的推动下，正常的今日价格波动往往会在前面几天的价格区间范围内。如果价格突破这个范围，就是有利好或者利空的驱动因素驱动价格变化，假设这个驱动因素会持续起作用，或者有更多投资者会跟随价格变动，这时也就有理由做多或者做空这个资产。

因此 Dual Thrust 策略可以利用前 N 个交易日的最高价、最低价以及收盘价来计算出一个区间，然后这个区间的上下限就可以设定为当前交易日的买卖阈值。

策略关键参数的计算步骤如下：

1）找到前 N 日的行情中：

- 最高价的最高价，也就是 N 日的最高价，定义为 HH。
- 最低价的最低价，也就是 N 日的最低价，定义为 LL。
- 收盘价的最低价，也就是 N 日内的最低收盘价，定义为 LC。
- 收盘价的最高价，也就是 N 日内的最高收盘价，定义为 HC。

2）确定价格波动的基础范围（Range）为：

$$Range = \max(HH-LC, HC-LL)$$

也就是说波动范围是 HH-LC，HC-LL 的最大值（见图 19-1）。

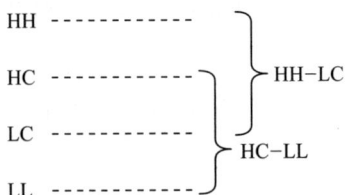

图 19-1　Dual Thrust 策略的价格波动范围

3）今天开盘后，有了开盘价格，再确定买卖阈值线（见图 19-2）：

- **买入阈值**：如果今天的市场价格超过了今天的开盘价（Open Price）加上一定比例 $k1$ 的价格波动范围上限（通常是 0.5 倍到 1 倍之间），则认为是一个买入信号。
- **卖出阈值**：如果今天的市场价格低于今天的开盘价减去一定比例 $k2$ 的价格波动范围（通常是 0.5 倍到 1 倍之间），则认为是一个卖出信号。

具体公式如下：

- 买入线阈值（Buy Level）：

$$\text{Buy Level} = \text{Open Price} + k1 \times \text{Range}$$

- 卖出线阈值（Sell Level）：

$$\text{Sell Level} = \text{Open Price} - k2 \times \text{Range}$$

式中，$k1$，$k2$ 是策略参数，通常设置在 0.5 至 1 之间。不同的 $k1$，$k2$ 值代表着证券价格预测的偏向性。

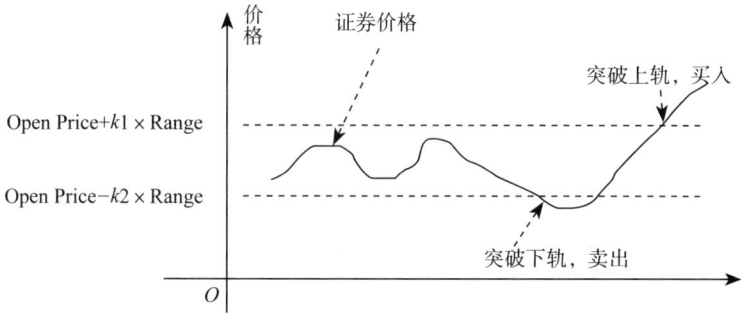

图 19-2　Dual Thrust 买卖价位点示意图

将策略公式化的好处是后续可以更准确地编写程序实现这个逻辑。

我们准备将 Dual Thrust 策略用在中证 500 指数期货合约 IC 上。因为期货有到期日，如果回测时间超过期货合约的存续期，就得使用主连合约作为回测标的，或者在主力切换前，关闭掉旧的主力合约，将持仓切换到新的主力合约。这里我们选择直接使用主连合约进行回测。

下一步是准备策略回测和模拟盘、实盘运行步骤中需要的数据。

19.2.2　数据收集与清洗

从 Dual Thrust 策略设计和建模的公式中，我们知道需要 IC 主连合约每日 Open（开盘价）、High（最高价）、Low（最低价）、Close（收盘价）的价格数据。

我们需要两部分数据：截至前一天的历史收盘数据和当天的实时数据。历史数据是为了回测，当天数据为了策略执行。

首先需要从数据源处一次性获得截止到前一天的一段时间的历史数据。历史数据追溯时间取决于做策略回测的时间。假设使用 1 年的回测时间，那么就可以写一个数据提取程序来读取这一年的数据，并将读取的数据存于 CSV 或者数据库中。这样每次运行回测时，就不需要再连接数据源了。后续最好使用数据库来存储这些数据（第 16 章介绍了数据库的基本操作）。

在一次性读取历史数据后，我们还需要编写一个程序每天收盘后运行它来读取当天收盘的数据，并将这个数据追加到历史数据中。

数据源，例如 Tushare，一般会直接提供主连合约数据。但如果你对这些主连数据的构建方式不满意，也可以自己构建主连合约，即根据自己定义的规则来选取主力合约和主力合约切换，构建自己的主连合约价格数据。

策略运行当日开盘后，新的价格数据不断产生，如果要监控这个实时产生的价格数据，就需要消息流式处理机制从数据源处订阅数据，或者以轮询方式定时（例如每分钟）调用一次数据接口获得数据。轮询方式会缺失部分实时信息，所以只能在策略对轮询间隔时间不是很敏感的时候使用，例如日频以上持有期的策略。其他策略都需要使用实时消息流订阅的模式来读取数据。所以要选择能够提供这些接口的数据源。对于期货来说，期货公司提供 CTP 行情和成交接口。可以使用这些 CTP 行情和成交接口获得实时行情。大部分量化投资平台支持 CTP 接口，所以你只需要使用平台的函数就可以获得实时数据。具体使用方式可以参考你选择的量化投资平台的文档。

19.2.3 衍生指标计量和因子挖掘

Dual Thrust 策略中使用的重要衍生指标是波动范围 Range。策略是通过价格是否突破这个 Range 来决定买卖交易信号的。策略盈利来源在于股票价格向上或者向下突破后持续保持同方向动量。我们的策略例子中假设这个衍生指标已经可以作为策略的有效因子。如果没有这个假设的话，因子挖掘的工作就是寻找这个 Range 的计算方法,并进行因子检验工作以判断这个因子是否有效。

具体工作就是寻找一种计算 Range 的方法,并使用历史数据来计算这个 Range,然后统计策略标的价格突破 Range 的概率、突破 Range 并且下一个交易日保持价格突破的概率、持续趋势时间、持续趋势幅度、突破下一个交易日回撤幅度等指标。通过这些指标来分析这个策略信号出现的概率、赢率(突破 Range 并保持同方向股价运动的概率)、赔率(持续趋势的幅度/回撤的幅度)。信号出现概率代表着交易信号出现的频率,如果太低,策略表现没有统计意义。我们一般也不希望赢率低于 0.5,否则就需要高赔率来弥补赢率。

当探索出某种计算方法的 Range 各项统计指标能作为有效因子时,我们就完成了因子挖掘工作。

19.2.4 策略程序编写

有了策略需要的数据,现在我们需要编制策略程序。至少需要编写两个程序:回测程序和策略运行程序(模拟盘和实盘)。模拟盘和实盘程序一般使用同样的程序,但通过设置不同的参数来实现。

这一节先介绍回测程序编写。在策略模拟盘运行一节,我们介绍策略运行程序的编写。

我们介绍过市场上有多个开源的或者商用的量化投资平台。这里我们选择使用开源平台 Backtrader 来编写策略回测程序。因为该平台程序内置了很多回测相关的功能,我们只需要编写策略最核心的买卖逻辑。

首先要安装 Backtrader,命令非常简单:

pip install backtrader

安装成功后,使用微软的开源编程平台 Visual Studio Code 编写 Python 回测程序(见图 19-3)。

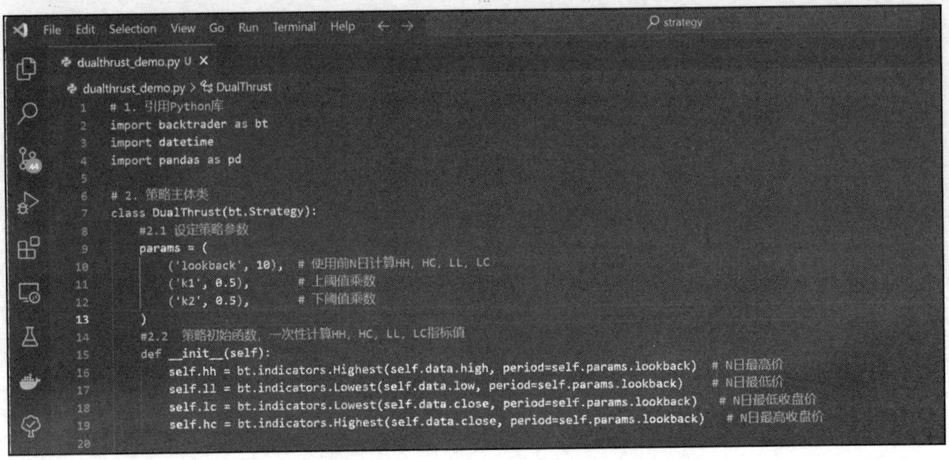

图 19-3 Visual Studio Code 界面

完整的回测程序如下：

```python
# 1. 引用 Python 库
import backtrader as bt
import datetime
import pandas as pd

# 2. 策略主体类
class DualThrust(bt.Strategy):
    #2.1 设定策略参数
    params = (
        ('lookback', 10),      # 使用前 N 日计算 HH, HC, LL, LC
        ('k1', 0.5),           # 上阈值乘数
        ('k2', 0.5),           # 下阈值乘数
    )
    #2.2 策略初始函数，一次性计算 HH, HC, LL, LC 指标值
    def __init__(self):
        self.hh = bt.indicators.Highest(self.data.high, period=self.
            params.lookback)    # N 日最高价
        self.ll = bt.indicators.Lowest(self.data.low, period=self.
            params.lookback)    # N 日最低价
        self.lc = bt.indicators.Lowest(self.data.close, period=self.
            params.lookback)    # N 日最低收盘价
        self.hc = bt.indicators.Highest(self.data.close, period=self.
            params.lookback)    # N 日最高收盘价

    #2.3 打印日志的函数
    def log(self,txt,dt=None):
        dt=dt or self.datas[0].datetime.date(0)
        print('%s, %s' % (dt.isoformat(),txt))
```

```python
#2.4 策略的主体函数，包括处理计算逻辑，买卖订单的逻辑都在这里。回测时对于每一天
#    的数据都会执行这个函数
def next(self):

    # 如果当前数据长度小于 N 日，则不处理。
    if len(self) < self.params.lookback:
        return

    # 计算价格波动范围
    range_ = max(self.hh[0] - self.lc[0], self.hc[0] - self.ll[0])

    # 获得当天的开盘价
    open_price = self.data.open[0]

    # 计算突破价格
    upper_trigger = open_price + self.params.k1 * range_
    lower_trigger = open_price - self.params.k2 * range_

    # 判断当前是否有持仓，没有持仓的话，判断当日收盘价是否超越范围的上下范围
    # 超过的话发出买卖订单。
    if not self.position:
        # 检查买入信号
        if self.data.close[0] > upper_trigger:
            self.buy(size=1)  # 发出订单，会以下一日开盘价买入

        # 检查卖出信号
        elif self.data.close[0] < lower_trigger:
            self.sell(size=1) # 发出订单，会以下一日开盘价卖出
    # 已有持仓，平掉当前持仓，不再继续开仓。
    elif (self.data.close[0] > upper_trigger) or (self.data.close[0] < lower_trigger):
        self.close() # 平仓，以下一日开盘价卖出
        self.log('sent close signal {}'.format(self.data.close[0]))
#2.5 每次发出订单后，都会调用这个函数。
def notify_order(self,order):
    #打印订单发出消息
    if order.status in [order.Completed]:
        self.log('order sent {}, today close price {}'.format
            (order.ordtype,self.data.close[0]))
        pass


#2.6 每次有一个交易平仓后，都会运行这个函数。打印出一个来回的损益，和累计损益
def notify_trade(self,trade):
    # 打印出一个来回交易的损益，和累计损益
    if trade.isclosed:
        self.log(' Trade Profit, gross {}, Net {}'.format(trade.pnl,trade.pnlcomm))
        pass
```

```python
#2.7 策略结束后打印策略参数和最终策略市值。
def stop(self):
    self.log('(lookback Period %2d K1 %.1f K2 %.1f) Ending Value %.2f' %
        (self.params.lookback,self.params.k1,self.params.k2, self.
            broker.getvalue()))

#3. 自定义交易费用类
class CommInfo_Fut_Perc_Mult(bt.CommInfoBase):
    params = (
        ('stocklike', False),   # 不是股票,是期货 F
        ('commtype', bt.CommInfoBase.COMM_PERC),   # 使用 % 交易佣金
    )

    def _getcommission(self, size, price, pseudoexec):
        return abs(size) * price * self.p.commission * self.p.mult

#4. 作为一个分析模块,打印历史交易清单函数,
class trade_history(bt.Analyzer):
    def __init__(self):
        self.trades = []

    def notify_trade(self, trade):

        if trade.isclosed:
            brokervalue = self.strategy.broker.getvalue()

            dir = 'short'
            if trade.history[0].event.size > 0: dir = 'long'

            tradeprice = trade.history[len(trade.history)-1].status.price
            closeprice = trade.history[len(trade.history)-1].event.price
            tradedate = bt.num2date(trade.history[0].status.dt)
            closedate = bt.num2date(trade.history[len(trade.
                history)-1].status.dt)

            if trade.data._timeframe >= bt.TimeFrame.Days:
                tradedate = tradedate.date()
                closedate = closedate.date()
            size = value = 0.0

            for record in trade.history:
                if abs(size) < abs(record.status.size):
                    size = record.status.size
                    value = record.status.value

            self.trades.append({'no.': trade.ref,    \
                'ticker': trade.data._name,  \
```

```python
                        <direction>: dir,       \
                        <opendate': tradedate,   \
                        <openprice': tradeprice, \
                        <closedate': closedate,  \
                        <closeprice': closeprice,\
                        <size>: size,     \
                        <marginvalue': value})

    def get_analysis(self):
        return self.trades

#5. 主程序运行
if __name__ == '__main__':

    #5.1 创建回测引擎
    cerebro = bt.Cerebro()

    #5.2 添加数据
    data = bt.feeds.GenericCSVData(
        dataname='IC.csv',    # 确保文件路径正确
        dtformat='%Y-%m-%d',
        tmformat='%H:%M:%S',
        fromdate=datetime.datetime(2020, 1, 1),   # 回测开始时间
        todate=datetime.datetime(2023, 6, 30),    # 回测结束时间
        openinterest=-1,
        nullvalue=0.0,
        datetime=0,
        high=5,
        low=6,
        open=4,
        close=7,
        volume=11,
    )

    cerebro.adddata(data)

    #5.3 添加策略
    cerebro.addstrategy(DualThrust)

    #5.4 设置初始资金
    cerebro.broker.setcash(1000000)

    #5.5 通过调用 brokers 的 set_slippage_fixed 方法设置固定滑点
    cerebro.broker.set_slippage_fixed(fixed=0.4)

    #5.6 设置期货佣金模式
    comminfo = CommInfo_Fut_Perc_Mult(
        commission=0.1,   # 0.1%
```

```
            mult=200,
            automargin = 80,# set Margin automatic calculated by IC multiplier
                and margin rate 40% 200*0.4
)
cerebro.broker.addcommissioninfo(comminfo)

#5.7 添加需要的分析器
cerebro.addanalyzer(bt.analyzers.SharpeRatio, _name="sharpe") # 添加
    SharpeRatio 分析器
cerebro.addanalyzer(bt.analyzers.DrawDown, _name="drawdown") # 添加
    DrawDown 分析器
cerebro.addanalyzer(bt.analyzers.TradeAnalyzer, _name="trades")# 添加
    TradeAnalyzer 分析器
cerebro.addanalyzer(trade_history, _name='tradehistory') # 添加自定
    义交易历史分析指标
cerebro.addanalyzer(bt.analyzers.PyFolio, _name='pyfolio')# 添加 quantopian
    的 pyfolio 分析器

#5.8 运行回测
results = cerebro.run(tradehistory=True)

#5.9 提取最大回撤,Sharpe 比率
drawdown = results[0].analyzers.drawdown.get_analysis()
sharpe_ratio = results[0].analyzers.sharpe.get_analysis()[<sharperatio>]

print(«Sharpe Ratio: {},Max Drawdown: {}».format(sharpe_ratio,
    drawdown.max.drawdown))

#5.10 获取并打印交易列表
# 返回结果
ret = pd.DataFrame(results[0].analyzers.tradehistory.get_analysis())
print(«trades {}».format(ret))

#5.11 绘制策略回测结果
cerebro.plot()

#5.12 使用 pyfolio 和 quantstats 输出更多图表和指标
strat = results[0]
pyfoliozer = strat.analyzers.getbyname('pyfolio')
returns, positions, transactions, gross_lev = pyfoliozer.get_pf_items()

import quantstats as qs
qs.reports.metrics(returns=returns, mode=›full›,rf=0.03) # 设置计算 sharpe
    比率使用的无风险利率为 3%
qs.reports.html(returns,output=›stats.html›,rf=0.03) # 将 quanstats 的
    图表和统计指标输出成 html 格式文件
```

上述策略程序主要分成 5 个部分,每一部分都有详细的注释。

主策略类

Backtrader 的每一个策略都需要定义一个 Class 类。这个类的关键函数为：

- __init__(self) 函数（注释 2.2）：一次性计算需要的四个范围边界指标 HH、HC、LL、LC。
- next(self) 策略逻辑主函数（注释 2.4）：这个函数在程序遍历回测日期的过程中，会在每个日期调用一次，并传入当前日期的数据。也就是说，在这个函数中可以使用每日的回测价格信息。同时需要根据指标和当前日期的价格来做出买卖决定，发出交易订单信号。这个交易订单信号要等到循环到第二天以开盘价成交，这个是假设我们以日频交易。如果需要以当时突破时的市场价交易，那么就需要在数据中加入分时数据。
- notify_order(), notify_trade()（注释 2.5，2.6）：这两个函数在发出订单（包括订单状态改变）和成交时调用。用户可以在这里打印出信息，也可以根据订单状态或者成交结果计算一些指标。
- stop()（注释 2.7）：这个函数在策略完成后调用。这里打印出策略的参数和最终策略市值。

佣金，保证金设置

在"#3. 自定义交易费用类"部分设定了期货模式和佣金以百分比设置的基础类。在"#5.6 设置期货佣金模式"中设置了具体的佣金为 0.1%，乘数为 200（IC 期货），自动保证金计算系数 80=200×40%（保证金比率设置为 40%），这个系数乘以成交价格就是需要的保证金。

策略执行主进程

在"#5. 主程序运行"部分中，需要新建一个 Backtrader 的策略引擎 Cerebro。这个引擎是管理策略回测的主要基础类。它将数据、策略参数、交易费用、各项分析器等传入这个策略引擎，然后启动引擎进行回测。回测后通过分析器获得策略回测的各项指标结果。

在"#5.2 添加数据"部分，我们使用了保存好的 IC.csv 连续合约数据文件的输入方式。参数包括文件名称、各个字段的映射列的顺序。这个 CSV 数据文件的部分样例如图 19-4 所示。

	A	B	C	D	E	F	G	H	I	J	K	L	M
1	asofdate	instr_ID	thscode	lastclose	open	high	low	close	avgprice	change	changeper	volume	amount
2	4/16/2015	IC.CFE	IC.CFE	NULL	7681	7790	7480.2	7707.8	7669.131	-110.8	-1.417134	116888	179285879
3	4/17/2015	IC.CFE	IC.CFE	7707.8	7722	7918.8	7631.2	7758.2	7798.518	115.4	1.509918	114214	1.7814E+1
4	4/20/2015	IC.CFE	IC.CFE	7758.2	7760	7857	7582	7622.2	7721.202	-181.2	-2.322065	98781	1.52542E+
5	4/21/2015	IC.CFE	IC.CFE	7622.2	7650.2	8147	7640.2	8140.4	7898.271	519.2	6.812575	132545	2.09375E+
6	4/22/2015	IC.CFE	IC.CFE	8140.4	8158	8237.8	8104.4	8189.8	8164.518	134.2	1.665922	121034	19763685
7	4/23/2015	IC.CFE	IC.CFE	8189.8	8193	8378.8	8160.4	8265.6	8260.496	68.4	0.834431	132278	2.18536E+
8	4/24/2015	IC.CFE	IC.CFE	8265.6	8247.8	8349.8	8123.8	8327.2	8220.689	60.8	0.735508	126381	2.07788E+
9	4/27/2015	IC.CFE	IC.CFE	8327.2	8368	8548	8292	8347.2	8400.034	39.6	0.476672	125335	2.10564E+
10	4/28/2015	IC.CFE	IC.CFE	8347.2	8308	8419	8011.6	8147	8192.9	-214.6	-2.566494	164120	2.68924E+
11	4/29/2015	IC.CFE	IC.CFE	8147	8138	8309	8079	8302.2	8221.89	214.8	2.655983	134158	2.20606E+

图 19-4 策略输入数据(部分)

在"#5.7 添加需要的分析器"部分,作为样例,我们加入了夏普比率和最大回撤、自定义交易历史分析指标,以及 Pyfolio 分析器。

分析器(Analyzers)是 Backtrader 中用于评估策略的整体表现,提供如年化收益、夏普比率、回撤等指标的分析工具。这部分功能的主要作用是实现我们之前介绍的策略评价需要做的工作。因为分析器可以嵌入回测流程的函数中,所以也可以提供信息转换、汇集、展示等功能,如这里的自定义交易历史分析指标。

Backtrader 也集成了 Pyfolio 绩效评估软件包。Pyfolio 是 Quantopian 公司之前开源的进行策略指标计算和分析展示的模块。但因为其已经停止更新,所以现在安装使用 Pyfolio 比较困难。我们只使用这个分析器将交易流水等策略信息返回,然后将这些信息传入另外一个策略指标计算和图形展示 Python 三方库 QuantStats,使用 QuantStats 进行指标计算和图形展示。

至此,我们完成了策略回测程序的编写。下一步就是运行这个回测程序,并对参数进行优化,获取最佳的 Lookback(价格范围的回溯时间)、$k1$、$k2$ 的设置。

19.2.5 策略回测和调优

有了策略回测程序,我们就可以进行回测运行了。我们先选择了 Lookback= 10 天,$k1=k2=0.5$ 这些策略参数进行回测。运行后,在 VS Code 结果窗口可以看到类似图 19-5 所示的输出。

```
PROBLEMS   OUTPUT   DEBUG CONSOLE   TERMINAL   PORTS
2023-06-29, 30, 1.0, 1.0, 1000000.0
PS C:\gitrepo\strategy> & C:/Python/python.exe c:/gitrepo/strategy/dualthrust_demo.py
2020-02-03, order sent 1, today close price 4805.4
2020-04-02, sent close signal 5130.4
2020-04-03, order sent 0, today close price 5061.6
2020-04-03,  Trade Profit, gross -59720.00000000007, Net -61701.88000000007
2020-04-23, order sent 0, today close price 5282.6
2020-07-29, sent close signal 6501.4
```

图 19-5　策略回测运行输出

可以将打印的交易流水拷贝到 Excel 表格中，做进一步验证和分析（见图 19-6）。

```
PROBLEMS   OUTPUT   DEBUG CONSOLE   TERMINAL   PORTS
Sharpe Ratio: 0.48308868337117605,Max Drawdown: 24.122731735351007
trades    no. ticker direction    opendate    openprice    closedate    closeprice   size  marginvalue
0          1    IC     short      2020-02-03    4805.4      2020-04-03     5104.0     -1    384432.0
1          2    IC     long       2020-04-23    5310.8      2020-07-30     6517.6      1    424864.0
2          3    IC     short      2020-09-08    6449.4      2020-11-02     6094.8     -1    515952.0
3          4    IC     short      2020-11-26    6324.8      2020-12-02     6420.4     -1    505984.0
4          5    IC     long       2021-04-19    6312.2      2021-06-11     6753.6      1    504976.0
5          6    IC     long       2021-07-08    6750.4      2021-07-27     6846.2      1    540032.0
6          7    IC     long       2021-11-22    7175.4      2021-12-07     7240.2      1    574032.0
7          8    IC     long       2021-12-09    7272.4      2022-01-06     7195.2      1    581792.0
8          9    IC     short      2022-01-26    6789.4      2022-03-09     6422.8     -1    543152.0
9         10    IC     long       2022-03-31    6358.4      2022-05-25     5687.8      1    508672.0
10        11    IC     short      2022-08-25    6251.8      2022-09-16     6055.4     -1    500144.0
11        12    IC     short      2022-10-31    5764.6      2023-01-04     5959.0     -1    461168.0
12        13    IC     long       2023-02-10    6352.4      2023-03-08     6257.6      1    508192.0
13        14    IC     short      2023-04-27    6123.6      2023-06-07     5972.4     -1    489888.0
```

图 19-6　策略回测交易流水输出

Backtrader 内置的图形输出如图 19-7 所示。这里包括证券价格和每一次买卖的标识，以及现金余额曲线和收益曲线。最下面还有用于计算价格范围的四个指标历史值。

我们可以看到最终的策略组合价值为 1 255 560.48 元，与初始资金 1 000 000 元相比收益为 255 560.48 元。

QuantStats 还可以输出更多指标和策略表现图表（见图 19-8、图 19-9）。我们将这个策略统计以 html 形式输出。

在上一节编写的策略回测程序中，Lookback（价格范围的回溯时间）、$k1$ 和 $k2$ 这两个参数（下面简称 k 值）是我们事先设定的。我们可以通过改变这两个参数来看我们策略的表现，最后选取比较合适的 k 值。

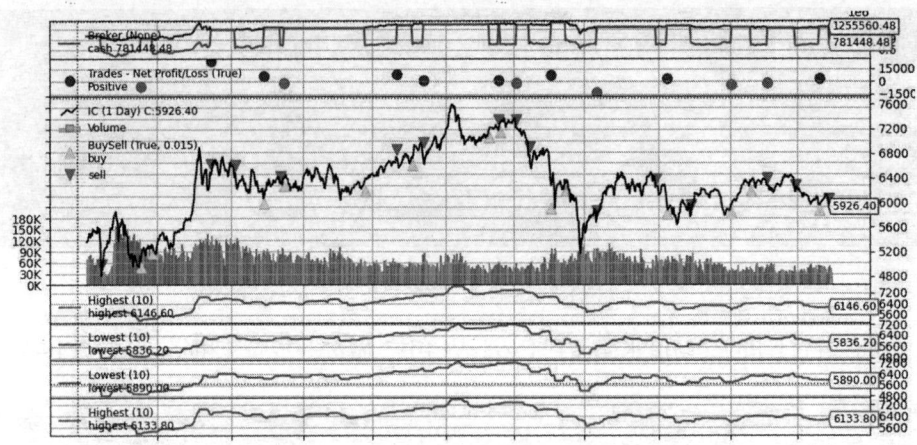

图 19-7 Dual Thrust 策略回测结果图

Strategy Tearsheet 2 Jan, 2020-29 Jun, 2023

Generated by QuantStats (v.0.0.62)

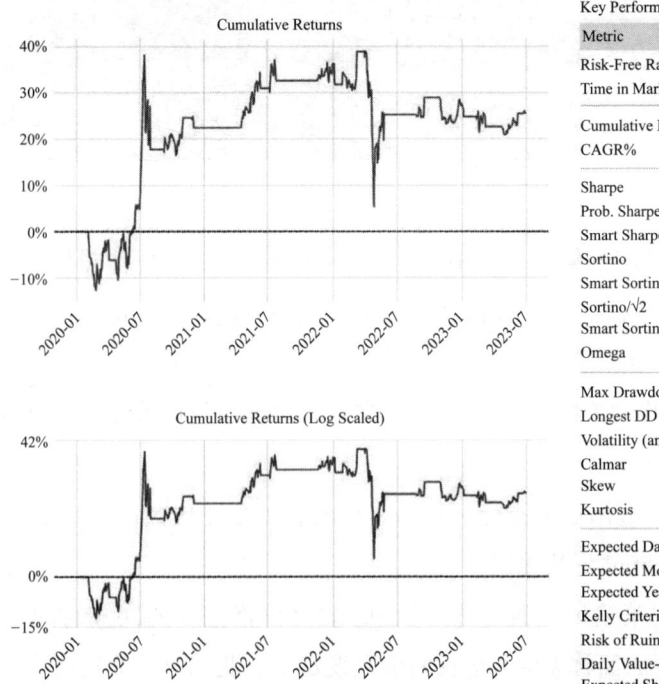

Key Performance Metrics	
Metric	Strategy
Risk-Free Rate	3.0%
Time in Market	49.0%
Cumulative Return	25.56%
CAGR%	4.6%
Sharpe	0.31
Prob. Sharpe Ratio	50.05%
Smart Sharpe	0.3
Sortino	0.45
Smart Sortino	0.43
Sortino/√2	0.32
Smart Sortino/√2	0.3
Omega	1.1
Max Drawdown	−24.12%
Longest DD Days	603
Volatility (ann.)	18.18%
Calmar	0.19
Skew	−0.4
Kurtosis	16.54
Expected Daily	0.03%
Expected Monthly	0.54%
Expected Yearly	5.85%
Kelly Criterion	6.66%
Risk of Ruin	0.0%
Daily Value-at-Risk	−1.85%
Expected Shortfall (cVaR)	−1.85%

图 19-8 Dual Thrust 策略回测 QuantStats 结果 1

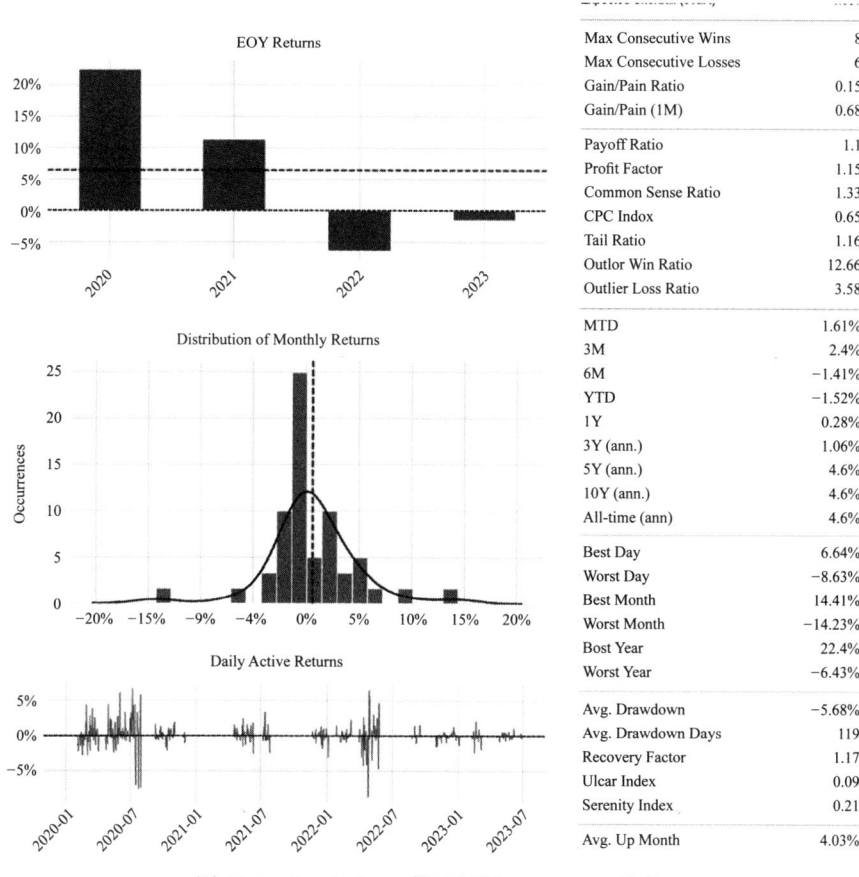

图 19-9　Dual Thrust 策略回测 QuantStats 结果 2

这就体现出有回测平台的优势，Backtrader 可以自动根据设置变化参数，然后对每一个参数变化场景进行回测运行输出结果。这里我们打印出每一种参数组合（Lookback，$K1$，$K2$）的策略最终组合价值。最大价值的那个组合就是最优的参数情景。

下面是策略回测优化参数的程序。

```
# 1. 引用 Python 库
import backtrader as bt
import datetime
import pandas as pd

# 2. 策略主体类
class DualThrust(bt.Strategy):
```

```python
#2.1 设定策略参数
params = (
    ('lookback', 10),    # 使用前 N 日计算 HH, HC, LL, LC
    ('k1', 0.5),         # 上阈值乘数
    ('k2', 0.5),         # 下阈值乘数
)
#2.2 策略初始函数，一次性计算 HH, HC, LL, LC 指标值
def __init__(self):
    self.hh = bt.indicators.Highest(self.data.high, period=self.
        params.lookback)   # N 日最高价
    self.ll = bt.indicators.Lowest(self.data.low, period=self.
        params.lookback)    # N 日最低价
    self.lc = bt.indicators.Lowest(self.data.close, period=self.
        params.lookback)    # N 日最低收盘价
    self.hc = bt.indicators.Highest(self.data.close, period=self.
        params.lookback)    # N 日最高收盘价

#2.3 打印日志的函数
def log(self,txt,dt=None):
    dt=dt or self.datas[0].datetime.date(0)
    print('%s, %s' % (dt.isoformat(),txt))

#2.4 策略的主体函数，包括处理计算逻辑，买卖订单的逻辑都在这里。回测时对于每一天
    的数据都会执行这个函数
def next(self):

    # 如果当前数据长度小于 N 日，则不处理。
    if len(self) < self.params.lookback:
        return

    # 计算价格波动范围
    range_ = max(self.hh[0] - self.lc[0], self.hc[0] - self.ll[0])

    # 获得当天的开盘价
    open_price = self.data.open[0]

    # 计算突破价格
    upper_trigger = open_price + self.params.k1 * range_
    lower_trigger = open_price - self.params.k2 * range_

    # 判断当前是否有持仓，没有持仓的话，判断当日收盘价是否超越范围的上下范围
    # 超过的话发出买卖订单。
    if not self.position:
        # 检查买入信号
        if self.data.close[0] > upper_trigger:
            self.buy(size=1)    # 发出订单，会以下一日开盘价买入

        # 检查卖出信号
```

```python
            elif self.data.close[0] < lower_trigger:
                self.sell(size=1)  # 发出订单, 会以下一日开盘价卖出
        # 已有持仓, 平掉当前持仓, 不再继续开仓。
            elif (self.data.close[0] > upper_trigger) or (self.data.close[0]
                < lower_trigger):
                self.close()  # 平仓, 以下一日开盘价卖出
                #self.log('sent close signal {}'.format(self.data.close[0]))

    #2.5 每次发出订单后, 都会调用这个函数。
    def notify_order(self,order):
        # 打印订单发出消息
        if order.status in [order.Completed]:
            #self.log('order sent {}, today close price {}'.format(order.
                ordtype,self.data.close[0]))
            pass

    #2.6 每次有一个交易平仓后, 都会运行这个函数。打印出一个来回的损益, 和累计损益
    def notify_trade(self,trade):
        # 打印出一个来回交易的损益, 和累计损益
        if trade.isclosed:
            #self.log(' Trade Profit, gross {}, Net {}'.format(trade.pnl,
                trade.pnlcomm))
            pass

    #2.7 策略结束后打印策略参数和最终策略市值。
    def stop(self):
        self.log('%2d, %.1f, %.1f, %.2f, %.3f' % (self.params.lookback,
            self.params.k1,self.params.k2, self.broker.getvalue(),(self.
            broker.getvalue()/1000000-1)))

#3. 自定义交易费用类
class CommInfo_Fut_Perc_Mult(bt.CommInfoBase):
    params = (
        ('stocklike', False),   # 不是股票, 是期货F
        ('commtype', bt.CommInfoBase.COMM_PERC),   # 使用 % 交易佣金
    )

    def _getcommission(self, size, price, pseudoexec):
        return abs(size) * price * self.p.commission * self.p.mult

#4. 略过历史交易打印模块

#5. 主程序运行
if __name__ == '__main__':
    #5.1 创建回测引擎
    cerebro = bt.Cerebro()

    #5.2 设定优化参数范围
```

```python
cerebro.optstrategy(
    DualThrust,
    lookback=(1,2,5,10,15,20,25, 30),
    k1=(0.2,0.3,0.5,0.8,1.0),
    k2=(0.2,0.3,0.5,0.8,1.0),)

#5.3 添加数据
data = bt.feeds.GenericCSVData(
    dataname='IC.csv',    # 确保文件路径正确
    dtformat='%Y-%m-%d',
    tmformat='%H:%M:%S',
    fromdate=datetime.datetime(2020, 1, 1),  # 回测开始时间
    todate=datetime.datetime(2023, 6, 30),   # 回测结束时间
    openinterest=-1,
    nullvalue=0.0,
    datetime=0,
    high=5,
    low=6,
    open=4,
    close=7,
    volume=11,
)

cerebro.adddata(data)

#5.4 添加策略, 优化时不需要添加这个策略
#cerebro.addstrategy(DualThrust)

#5.5 设置初始资金
cerebro.broker.setcash(1000000)

#5.6 通过调用 brokers 的 set_slippage_fixed 方法设置固定滑点
cerebro.broker.set_slippage_fixed(fixed=0.4)

#5.7 优化需要运行很多次, 这里就不添加分析器, 而是根据最后的市值来判断哪一个参数
#    组合最优。

#5.8 设置期货佣金模式

comminfo = CommInfo_Fut_Perc_Mult(
    commission=0.1,   # 0.1%
    mult=200,
    automargin = 80,# set Margin automatic calculated by IC multiplier
        and margin rate 40% 200*0.4
)
cerebro.broker.addcommissioninfo(comminfo)

#5.9 运行回测
```

```
print(<Ending Date,Lookback Days,K1,K2,Ending Value' )
results = cerebro.run(tradehistory=True,maxcpus=1)
```

这个参数寻优程序与策略回测程序差别不大。主要有三处修改：

- "#5.2 设定优化参数范围"：这里面设定了三个参数的范围。回测程序会根据这三个参数的范围进行组合运行。每一个组合都会产生回测结果。

```
#5.2 设定优化参数范围
cerebro.optstrategy(
    DualThrust,
    lookback=(1,2,5,10,15,20,25, 30),
    k1=(0.2,0.3,0.5,0.8,1.0),
    k2=(0.2,0.3,0.5,0.8,1.0),)
```

- 不需要在引擎中添加策略（#5.4）。
- 不需要添加分析器（#5.7），我们只需要打印出最高组合的价值参数，然后对这个参数做细致的回测。

程序运行后，打印出各个参数组合以及组合价值（见图 19-10）。

```
PROBLEMS    OUTPUT    DEBUG CONSOLE    TERMINAL    PORTS
PS C:\gitrepo\strategy> & C:/Python/python.exe c:/gitrepo/strategy/dualthrust_opt_demo.py
Ending Date,Lookback Days,K1,K2,Ending Value
2023-06-29,   1, 0.2, 0.2, 451739.76
2023-06-29,   1, 0.2, 0.3, 470368.40
2023-06-29,   1, 0.2, 0.5, 437158.04
2023-06-29,   1, 0.2, 0.8, 671416.68
2023-06-29,   1, 0.2, 1.0, 618216.72
2023-06-29,   1, 0.3, 0.2, 450746.28
2023-06-29,   1, 0.3, 0.3, 460186.64
2023-06-29,   1, 0.3, 0.5, 469816.08
2023-06-29,   1, 0.3, 0.8, 537331.92
2023-06-29,   1, 0.3, 1.0, 469277.52
2023-06-29,   1, 0.5, 0.2, 451425.00
2023-06-29,   1, 0.5, 0.3, 449506.28
```

图 19-10   Dual Thrust 策略参数优化

我们将上面的输出拷贝到 Excel 中，并对组合价值进行排序，结果如图 19-11 所示。

从这些不同参数集的运行结果来看，最大收益是 Lookback Days = 25、$k1 = 0.3$、$k2 = 0.5$ 的参数集。但是否就选择这个参数做模拟盘和实盘运行呢？下面我们会详细讨论如何选择。

为前段行情以震荡为主，计算出来的结果刚突破范围开仓后行情就回头了，所以亏损。

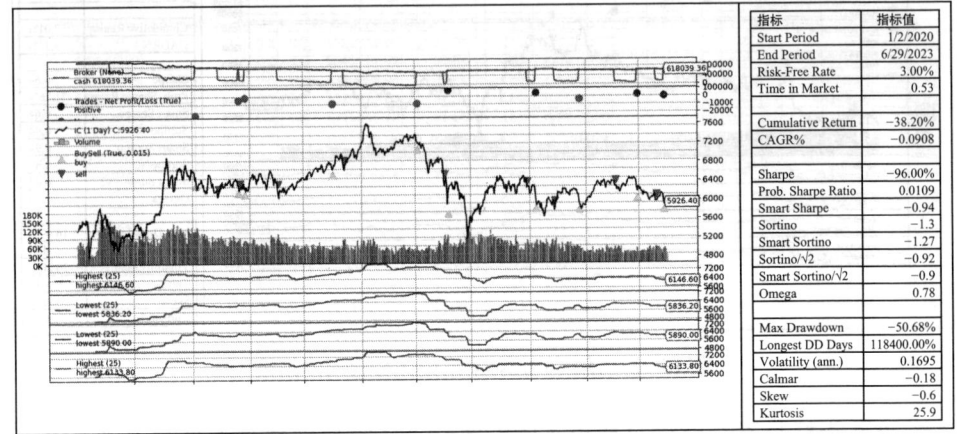

图 19-14　Dual Thrust 策略最差参数策略结果

我们还可以做更多不同参数，以及样本外的不同时期的回测和分析，这里就不再一一讨论。但核心思想就是要了解这个策略的特征，了解这个策略在哪些市场情况下表现较好。如果整体还可以，就可以选择它。否则就需要与其他策略进行配合，以适应更多市场变化。

Dual Thrust 的策略本质是趋势动量策略，需要行情突破后持续一段时间。这样即使后续掉头也可以积累收益。总结来说，Dual Thrust 的策略特征如下：

- **多空 / 市场中性**：多头或者空头策略，同一资产在不同时间持有多仓或者空仓，所以不是市场中性的，但可以将策略使用在多个资产上，这时就可以降低市场风险。
- **换手率 / 持仓周期**：这取决于参数选择和市场变化，如果 K 值选择较小，那么换手率就可以很高。同样，Lookback 变小，换手率也可以提高。
- **杠杆率**：由于此策略波动高，所以不适合加杠杆。
- **适用市场**：适用于向上或者向下的趋势市场，策略能捕捉住市场突破变化而开仓。
- **资金容量**：适用于中等规模资金。

19.3 策略模拟盘运行

策略模拟盘和实盘运行也需要程序来执行。因为模拟盘运行的目的就是尽可能与实盘相近，所以这两个场景通常使用同一个程序来执行。二者的最大区别在于，实盘运行阶段交易发送到真正的交易所执行；模拟盘运行阶段交易发送到模拟的交易所执行。所以一般使用一个参数来将程序设定成模拟盘或者实盘的不同交易执行场景。以下我们统称模拟盘和实盘运行程序为策略执行程序。

策略执行程序与回测程序的区别在于我们不需要复杂的回测和数据回放程序，只需要使用历史数据计算一次价格范围，然后实时监控当天的价格变化。

下面是一个策略执行程序的样例。这个策略执行程序不包括 LivedataAPI 包和 OrderAPI 包。LivedataAPI 是实时读取行情的程序包，OrderAPI 是发送订单到模拟交易引擎或者交易商的程序包。这依据你选择的数据源和模拟交易引擎来决定，编程就留给读者自行完成。

```
file = open('IC.csv', 'r')    # 以只读模式打开文件
import pandas as pd
import time
import livedataAPI    # 实时数据接口
import orderAPI       # 发送订单的接口。可以只是一个 txt 文件

# 设定参数
k1 = 0.3
k2 = 0.5
lookback = 25    # 前 N 日

# 读取昨日价格数据文件
def load_price_data(file_path):
    data = pd.read_csv(file_path)
    return data

def calculate_indicators(data):
    HH = data['High'].max()      # N 日最高价
    LL = data['Low'].min()       # N 日最低价
    LC = data['Close'].min()     # N 日最低收盘价
    HC = data['Close'].max()     # N 日最高收盘价
    return HH, LL, LC, HC

# 计算范围
def calculate_range(HH, LL, LC, HC):
    return max(HH - LC, HC - LL)
```

```python
# 设置价格订阅接口
exchange = dataAPI.()     # 使用适合你的交易所
symbol = 'IC.CFE'         # 替换为你监控的交易对

# 主程序
def main():
    # 加载数据
    data = load_price_data('yesterday_prices.csv')   # 替换为你的数据文件路径
    HH, LL, LC, HC = calculate_indicators(data)
    range_ = calculate_range(HH, LL, LC, HC)

    # 开盘之前启动,获得的第一个价格作为开盘价
    open_price = livedataAPI.fetch_ticker(symbol)['last']
    # 进入行情监控循环。
    while True:
        # 获取当前价格
        ticker = livedataAPI.fetch_ticker(symbol)
        current_price = ticker['last']
        print(f"Current price: {current_price}")

        # 计算上下阈值
        upper_trigger = open_price + k1 * range_
        lower_trigger = open_price - k2 * range_

        # 判断是否超越上下轨
        if current_price > upper_trigger:
            print("Buy signal triggered!")
            order API.buy('IC.CFE',1,'marketorder')
        elif current_price < lower_trigger:
            print("Sell signal triggered!")
            order API.sell('IC.CFE',1,'marketorder')
        time.sleep(10)   # 每10秒检查一次

# 主程序执行
if __name__ == '__main__':
    main()
```

与回测程序相比,策略执行程序只是对当前市场信息进行监控,然后执行策略的逻辑。所以在数据处理上会比回测程序简单。如果策略需要某个历史数据的指标,一般在开盘前就通过历史数据计算好,存在数据库或者文件中。这样会节省策略执行程序的运行时间。当策略执行程序启动时,读取这个历史数据指标,开始监控当前市场信息,运行策略逻辑,产生买卖信号。

模拟交易可以使用 SimNow 账户。SimNow 是上海期货交易所全资子公司上期技术公司专为投资者打造的期货模拟仿真交易平台,该产品仿真各交易所

的交易及结算规则研发，目前已经支持国内各期货交易所的商品期货业务。

即使对于同样的策略，也建议同时运行多个模拟策略程序实例，每一个实例使用不同的参数。这样就可以实时观察不同参数对于策略的影响。

19.4　策略实盘运行

策略实盘运行与模拟盘运行的差别在于实盘运行需要连接到经纪商的交易柜台的交易接口进行自动化交易，或者策略产生信号后向你发出提示，由你手工进行交易。当然手工交易会导致滑点变大，但如果你的策略不是高频的话，还是可以承受的。高频则必须使用程序化的交易接口。

策略实盘之前，需要在经纪商开账户，打入资金。从经纪商处获得行情接口地址和交易服务器地址。期货都支持 CTP 协议，所以上面的 liveDataAPI 和 orderAPI 可以基于 CTP 协议编写。编写这些接口时需要更多的错误处理和风控规则，以预防特殊情况发生。要在交易接口中实现风控规则，如最高价格、最低价格偏离度，或者每笔订单手数等，以防止程序或者数据出错导致错误开仓。这就是 18.7 节中描述的量化投资平台模块组成中标注为风险管理实时部分的程序。

实盘时建议先用小资金运行策略，以避免策略不稳定导致较大的损失。实盘运行时还需要进行策略实时盯盘监控，收盘后进行盘后管理工作。

19.5　策略盘后分析和管理

实盘运行阶段（也包括模拟盘运行）每日收盘后，都需要进行盘后分析和管理工作，即策略复盘。这些工作包括：

- 策略指标计量：使用历史和当天交易流水计量策略的各项指标，这与策略回测时计算指标没有太多差距，可以直接使用 quantstats 进行指标计量。
- 当日交易分析：对当天交易进行分析，判断其是否符合策略预期。

- 当日市场分析：看当日和最近的市场是否发生状态改变，策略是否还能适用这样的市场。
- 风险分析：对当前持仓，选择几个不同的市场变动情景，进行情景分析，以判断明日开盘时的损益和风险敞口变化，提前判断是否需要进行对冲或者策略调整。
- 绩效分析：计算各种绩效指标，关注这些指标是否在正常范围内。

量化投资平台中的投资组合管理系统（PMS）就可以协助以上的复盘工作。

这些复盘工作的主要目的是提前发现策略的问题，进行优化策略或者做出停止策略的决定，以降低策略风险。需要注意的是策略指标的持续恶化。

19.6 策略优化及拓展

之前描述的 Dual Thrust 策略是有很多优化空间的。下面提供了几个优化方向和思路：

- 开仓和平仓逻辑优化：目前设定的如果没有持仓且出现交易信号时直接开仓，但如果当前有持仓且出现交易信号时只是进行平仓。这就有两种情况：

  1) 当前是空头，又出现卖出交易信号，这时实际上是将之前的空头平掉，接近于止盈（有些情况下之前空头是亏损）。

  2) 当前是空头，出现了买入交易信号，这时实际上是将之前的空头平掉，并没有接着开多仓买入，这类似于止盈（也可能有亏损）。

  对于当前是多头持仓，也存在类似问题，那么就可能错过趋势。所以可以变化开平仓逻辑来进行回测分析。

- 加入更多指标：我们知道 Dual Thrust 是趋势策略，那么是否可以加入趋势判断指标来作为开平仓前提？期间还需要考虑波动率的变化。

- K 值的设定：是否可以加入动态变化 $K1$ 和 $K2$ 的机制，让系统根据市场变化来自动变化 K 值。

- 多资产策略：可以同时使用 Dual Thrust 在不同的期货品种上，这样就形成了自然对冲，有助于降低风险，但很可能也降低了收益，需要使用回测程序进行分析，包括多资产品种选择和资金配比的优化。

量化策略优化是一个复杂的过程，需要多方面学习和尝试才能更有效地发现问题，找到解决方案。

19.7 小结

本章通过 Dual Thrust 策略研发，策略模拟盘运行和策略实盘运行，以及后续优化的讨论，让读者对于量化策略的全流程有了感性的认识。

首先我们得先在脑海中构建一个量化投资策略，灵感可以来源于传统的主观策略，技术分析策略，或者研报，学术文章等。然后根据策略需要的数据进行数据收集，根据策略逻辑和公式来编制策略程序。通过策略回测进行策略评估、策略验证和策略参数优化。在各项指标满足要求的情况下，将这个策略在模拟盘平台上运行观察一段时间以验证样本外市场环境下的策略表现。最后满足要求的模拟盘策略得以分配资金，进入实盘策略阶段。

这里提供的样例程序主要用于演示和学习，上实盘之前还有很多优化空间。但我相信读者在熟悉量化投资的研发流程后，可以自行使用回测平台在本书的基础上不断优化和调整，最后找到满足要求的 Dual Thrust 延展策略。

资本的游戏

书号	书名	定价	作者
978-7-111-62403-5	货币变局：洞悉国际强势货币交替	69.00	（美）巴里·艾肯格林
978-7-111-39155-5	这次不一样：八百年金融危机史（珍藏版）	59.90	（美）卡门 M. 莱茵哈特 肯尼斯 S. 罗格夫
978-7-111-62630-5	布雷顿森林货币战：美元如何统治世界（典藏版）	69.00	（美）本·斯泰尔
978-7-111-51779-5	金融危机简史：2000年来的投机、狂热与崩溃	49.00	（英）鲍勃·斯瓦卢普
978-7-111-53472-3	货币政治：汇率政策的政治经济学	49.00	（美）杰弗里 A. 弗里登
978-7-111-52984-2	货币放水的尽头：还有什么能拯救停滞的经济	39.00	（英）简世勋
978-7-111-57923-6	欧元危机：共同货币阴影下的欧洲	59.00	（美）约瑟夫 E.斯蒂格利茨
978-7-111-47393-0	巴塞尔之塔：揭秘国际清算银行主导的世界	69.00	（美）亚当·拉伯
978-7-111-53101-2	货币围城	59.00	（美）约翰·莫尔丁 乔纳森·泰珀
978-7-111-49837-7	日美金融战的真相	45.00	（日）久保田勇夫